Kerstin Höckel

Wie kannst du so fest glauben

Kerstin Höckel

Wie kannst du so fest glauben

Meine Schwester, der Gott der Juden und ich

Piper
München Zürich

Schalom Schwesterherz

ISBN 978-3-492-05027-2

Satz: Filmsatz Schröter, München
Druck und Bindung: GGP Media GmbH, Pößneck
Printed in Germany

www.piper.de

Inhalt

Erwachen im Streifenland 11

Kinderreich 27

Spaziergang durchs Streifenland 41

Das Wort Jude 65

Sonnenuntergang im Streifenland 93

Seid ihr noch ganz koscher 110

Schabbat im Streifenland 137

Deine Jaworte 153

Wortwechsel im Streifenland 180

Die Hand vom Kind 194

Abschied vom Streifenland 232

Dank 255

Es scharrt im Sand. Mein Kopf kippt lautlos zur Seite, ein Ohr richtet sich aus. Steine werden zermahlen unter Gewicht. Die Glastür in den Garten steht offen, das Rollo ist bis auf einen Schlitz über dem Boden heruntergelassen, ein Gittertor verriegelt alles von außen. Durch die Luftlöcher im Laden dringt mattes Mondlicht auf die Schemen der zwei leeren Kinderbetten gegenüber meiner Pritsche. Es kann nichts passieren. Außer, daß eine Rakete abstürzt auf das Viertel, unwahrscheinlich, höhere Gewalt. Über mir werden Stühle gerückt, Tische, ein Überfall, ich starre reglos ins Dunkel. Sie fangen den Tag an und bauen aus dem Schlafzimmer einen Wohnraum, mitten in der Nacht, sie haben nicht viel Platz, beruhige ich mich, es muß eine Erklärung geben, sie haben Sitten, dann wird es wieder still. Ich nicke ein, erwache Augenblicke später von anschwellendem Surren. Ich schlage nach der Stechmücke an meinem Hals, treffe das aufmerksame Ohr, ein Fiepen krabbelt hinein, dann wieder das Scharren vor der Tür. Tapsen, Schritte, deutlich jetzt. Ich bin zu erschlagen, um aufzustehen und nachzusehen, Faulheit fesselt mich, Dämmerung graut durch die Ritzen. Es wird die Katze sein, die tagsüber den Müll auf dem verrotteten Olivenhügel untersucht und mich angesehen hatte mit ihren ruhigen Augen. Eine arabische Katze. Oder der Fuchs, von dem Herr Freymann mir erzählt hatte, der unverschämte Fuchs, gegen den Ben eine

Falle aufgebaut hatte in seinem Garten. Zwei haben sie damit gefangen seither, zwei freche Füchse.

Die Schritte sind schwer, Menschenschritte, Sandstein wird zu Staub. Ein Mensch im Garten meiner Gastgeber, vor der Verandatür, ein Mann mit einem Messer. Der Araber. Ich liege reglos, stelle das Atmen ein, um zu lauschen. Er macht sich am Rollo zu schaffen. Ich starre rüber, suche Schatten auf den Kinderbetten. Nichts. Zur Dunkelheit gesellt sich hämisch meine Kurzsichtigkeit, alles ist unscharf, die Matratzen, die Flecken, die Tür. Ich verfluche meine Brille, die auf dem Schreibtisch ihre Arbeit verweigert. Fluchen sollst du nicht, du sollst nicht falsches Zeugnis ablegen wider deine Brille. Er klingt nah, ich lausche nach seinem Atem, während meiner flach das Laken hebt. Die Haut auf meinem Bauch ist dünn wie das Tuch, ein Stich, mehrere Messerhiebe in Bauch und Brust, und ich bin hin. Ist das ein guter Zeitpunkt, sterben im Streifenland, mitten in Zion, immerhin in Seiner Nähe, ich wäre in Obhut, Abkürzung zum Jüngsten Gericht. Er muß hier irgendwo hocken zwischen den Hügeln und dem Himmel, der sich abends mild verfärbt nach einem glühenden Spätsommertag, Pläne schmieden für ein neues, eindeutig Heiliges Wort und sich totlachen über die Streitigkeiten zwischen den bestehenden Interpretationen, falls ein Zynismus seinen Zorn geschwächt hat.

Das Scheppern am Rollo wird unwillig, ich meine, Schnaufen zu identifizieren, Sekundenschnaufen. Das Gitter vor dem Rolladen fällt mir ein, dafür würde sein Messer nicht ausreichen, auch ein Säbel nicht, das Gitter ist aus Eisen, aber habe ich den Schlüssel abgezogen. Was sich im Geiste abbildet, ist das meine Hand, die den Schlüssel an den Haken neben der Flurtür hängt, nachdem ich das Reiseshirt reingeholt habe, oder ist es die Hand der Gastgeberin, Frau Freymann, als sie mir den Vorgang demonstriert, steckt am Ende der Schlüssel noch im Schloß.

Aus dem Scheppern wird ein Zerren, jemand reißt das Gitter auf, sehe ich ihre Hand den Schlüssel aufhängen, oder meine, meine, ihre, das Rollo wird hochgeschoben, noch mehr Dämmerung, deutlich kann ich seinen Atem hören. So einfach ist das, ich spiele mit dem Gedanken, mich in mein Schicksal zu ergeben, was kann ich ausrichten, das ist die Strafe für den Schlitz unterm Rolladen, den ich gelassen habe, damit die Sonne früh auf leisen Sohlen ins Zimmer findet, Irrsinn, sich irgendwo auf der Welt in Sicherheit zu wähnen, angrenzend an einen vergilbten arabischen Olivenhain erst recht, den niemand mehr bestellt, weil der Besitzer angeblich zu alt geworden ist, keine Lust mehr verspürt auf seinen Garten Eden, Grenzland, das nur noch Katzen und Füchse beehren, ihren Kot ablegen, nach Beute Ausschau halten zwischen verkrüppelten Büschen und zerbeulten Plastikflaschen.

Laß es einen Fuchs sein, einen scheuen Fuchs, der gleich seinen Irrtum bemerkt und davonhumpelt, einen Fuchs mit einer Beinverletzung, daher das kräftige Scharren im Sand. Jetzt verwischen die weißen Mondpunkte auf dem Kinderbett, der Laden kräuselt sich, in Ordnung, er ist drin, denke ich, jeden Augenblick ist es aus. Sei ehrlich, ein Fuchs hätte nicht den Schlüssel gefunden, abgesperrt hatte ich, soviel stand fest, und den Schlüssel stecken lassen hatte ich ebenso, so daß der Araber jetzt – Soll ich mich schlafend stellen, niemals töte der Mörder sein Opfer im Schlaf, das widerstrebe dem menschlichen Instinkt, dem Opfer ins Auge sehen. Bin ich gerettet, wenn ich mich schlafend stelle, wenn ich schlafe, besser ich schlafe, andererseits unter den besonderen Bedingungen und der Hitze hier, ob sich da alle an diese überkommenen Regeln der Menschlichkeit halten? Er ist gekommen, um zu meucheln, was klingt nach im Schlaf ermorden, im Schlaf, im Bad, im Delirium. Vielleicht läßt sich etwas richtigstellen, wenn ich wach bleibe, ich bin bestimmt nicht das, was der Mörder in dem orthodoxen Kinderzimmer erwartet, ich bin neutrale Zone, das muß ich ihm klarmachen. Die Augen geschlossen halten und den Kopf unmerklich wie bewegungslos zurücksinken lassen ins Kissen, schlafen, der Fremde tappt durchs Zimmer. Vorsichtshalber stelle ich das Atmen ein. *Mi se*, schießt mir durch den Kopf, hebräisch für *Wer ist das*, und daß ich kein Wort Arabisch beherrsche, kein einziges Wort, Rache für Ignoranz, ich bin so gut wie tot. Dabei hatte ich dem Mann des Lebens versprochen, auf mich achtzugeben. Der Araber kommt näher ans Kissen, alles schwarz, ich ohne Regung. Er langt nach mir und verströmt einen Geruch von Ziegen, Schweiß und Motoröl. Ich meine, durch meine geschlossenen Augen das Weiß um seine schwarze Iris zu erkennen, über mir wütendes Weiß in dem dunklen Männergesicht, Wut über den abermals beginnenden Tag in der Siedlung, das Messer blitzt graue Dämmerung zurück, Haß. Warum benutzt er ein Messer, denke ich noch, wo sie über die ägyptische Grenze massig ordentliche Waffen einliefern, moderne Schußwaffen und Raketen für die große Intifada. Ich halte still, halte mich raus, wehre mich nicht, ich atme, solange es geht, trotz der Stiche und der schwarzen Blutflecken auf den leeren Kinderbetten. Leise atmen. Es wird wieder still. Nicht fluchen. Der Ansturm ist vorüber, das Rollo bleibt ungerührt zurück, nur noch der Herzmuskel, der lärmt. Ich drehe mich auf die Rechte, ziehe das Laken über den Kopf, der Fuchs hat das Interesse verloren, die Mücke sucht einen neuen Weideplatz, während sie hier den Tag beginnen und sich der Araber vom Hügel gegenüber auf den Weg macht in die jüdische Siedlung für seinen Tagelohn.

Erwachen im Streifenland

Mein Kopf ist ein Stein. Ich schäle mich aus dem Laken und öffne den Rolladen. Die Morgensonne knallt mir eine. Ich halte mich im Hintergrund, weil die kleine Veranda von den schräg anschließenden Nachbarhäusern eingesehen werden kann und weil ich einen Pyjama trage statt Leggings und knielanges Nachthemd, barfuß bin, barhäuptig, unkeusch. Vor der Tür im Sand keinerlei Fußspuren, kein bißchen Fuchskot, kein Hinweis auf Katze oder Igelbesuch. Hab ich mir den Lärm nur eingebildet, das Scharren im Sand, das Rütteln am Rolladen, das Keuchen vor der Tür. Oder war es der Wind, die sanfte Morgenbrise, die mich erschreckte und zugleich den ersten Betenden Frische verheißt, endlich Herbst in den Hügeln von Judäa, bevor die Sonne dann doch, auch Mitte September, in ihrer Erbarmungslosigkeit losbrennt auf die Gemüter unter den Hüten und Tüchern. Mein persönliches Morgengrauen, ich danke dem hier Allgegenwärtigen für das Überleben der ersten Nacht, danke, Gott, ist schließlich nicht selbstverständlich.

Halb neun auf dem Display meines Handys macht halb zehn israelischer Zeitrechnung, kommt mir obszön spät vor, längst sind alle wach und beim Waschen, Brotbacken, Säugen, Kinder in der Schule, Männer zum wievielten Mal beim Gebet. Ich verabschiede den Beschluß zu duschen, obwohl ich das abends erst getan hatte. Die Wohnung scheint leer, das Wohnzimmer erstaunlich frisch, die Gastgeber sind bei der Arbeit, die Mutter ist runter zur Schwester, um vor der Schule mit den Enkeln zu frühstücken. Ich streife mir ein langes Kleid über den Pyjama für den Weg zum Bad, man kann nie wissen, ob der Hausherr auf einen Kaffee rüberkommt vom Büro. Um Strom zu sparen, begnüge ich mich Hals über Kopf mit kalt. Die Kühle der gewaschenen Haare hält für circa zwei Minuten an, in denen ich mich frage, warum ich bei nächtlichen Geräuschen vor der Tür zum Garten ausgerechnet einen Araber einbrechen höre, warum nicht einen jüdischen Dieb, einen orthodoxen Mörder, einen zionistischen Lustmolch. Nach Ausschluß von Katze und Fuchs war mir sofort klar gewesen, daß es sich bei dem Besucher um einen palästinensischen Mörder handelt, der Rache nimmt an den Besiedlern seines kahlen Hügels und an diversen Vergeltungsschlägen der israelischen Armee gegen Anstifter palästinensischer Selbstmordattentäter in Hebron. Er hatte sich in der Tür geirrt und würde statt einer orthodoxen Siedlerin eine unorthodoxe Berlinerin abmurksen, das Malheur würde sich rumsprechen in den Hügeln, es würde ihm zu keinen besonderen Ehren verhelfen, er würde den Hohn seiner Gefährten ernten, woraufhin sich der Attentäter Schläfenlocken wachsen ließe und mit Hut und schwarzem Mantel in einen Bus voller jüdischer Schulkinder auf einem Ausflug in die Heilige Stadt setzen würde, seinen Sprenggürtel zünden und erschrocken in die Luft gehen, um endlich ins Paradies und zu den vierzig Jungfrauen zu gelangen, die sich für den Rest seines zweiten Lebens um ihn kümmern würden, wieso ausgerechnet vierzig, wo habe ich das wieder gelesen, Ali Baba. Die Hitze gewinnt Oberhand, der Denkfluß wird träge, ich krümme mich an den Schreibtisch des Kinderzimmers und mache mir ein paar Notizen über die vergangenen Tage.

Als ich mich entschloß, die Mutter ins Gelobte Land zu begleiten, hatte sie ihren Flug lange gebucht und fragte erstaunt, ob das wirklich mein Ernst sei. Ja, mein Ernst, ich will diese große Schwester besuchen, deine Tochter. Ach Kind, wie schön, dann fliegen wir zusammen, ja. Ich wäre abergläubisch genug gewesen, nicht ausgerechnet am elften September in einen Flieger nach Israel zu steigen, aber die Mutter hatte als passionierte Schnäppchenjägerin den Flug um dreiundzwanzig Uhr siebenundvierzig gewählt, entsprechend leer war die Maschine, ich konnte mich quer legen und zwei Stunden schlafen, während die Mutter sich sämtliche Angebote des Flugpersonals zu Gemüte führte, Erfrischungstuch inklusive, da sie nun mal im Preis inbegriffen waren. Vor dem Start amüsierten wir uns über unsere Kopfbedeckungen für den Schabbat, Mutters Exemplar ein aus Polyester gehäkeltes hellgrünes Hütchen in der Unform eines Klorollenschutzes, ähnlich den Hüten, die die Schwester zu Beginn ihrer großen Veränderung getragen hatte, ich wiederbelebte einen alten Strohhut, den ich vor Jahren geschenkt bekommen hatte, schwarz mit breitem weißem Band, Schnalle, schräger Zwanzigerjahre-Krempe, der würde meine kurzen Haare mit Stumpf und Stiel schlucken. Schick, fand die Mutter und bot mir im selben Atemzug eine Plastiktüte an, um ihn zu verstauen. In Gedanken nannte ich sie eine Beutelratte und unterdrückte den Impuls, sie auf die Sinnlosigkeit von Hüten in Tüten hinzuweisen, um ausführliche Diskussionen zu vermeiden, Mutter/Kind, ewige Rangeleien. Ich war froh, nicht alleine zu reisen. Im Zug nach Frankfurt hatte ich mir eingestehen müssen, daß ich mindestens so viel Respekt vor dem Zusammenleben auf engstem Raum mit dem Muttertier hatte wie vor der Begegnung mit der verrückten Schwester und ihrer strenggläubigen Mischpoke.

Der Flughafen in Tel Aviv war nicht wiederzuerkennen. Mir war ein flacher, deprimierend beleuchteter Quader in schmutziggelben Tönen und voller Soldaten in Erinnerung, den draußen eine vergreiste staubige Palme zierte, uns erwartete Hightech, ein Riesending, luftige Architektur, Laufbänder, Werbung, Taghelligkeit hinter Glas, wenige sichtbare Maschinengewehre, um vier Uhr morgens war in der Halle die Hölle los, vermutlich wegen der bombigen Klimaanlage. Während die Mutter sich mit dem Geldautomaten um die Höchstauszahlung stritt, streifte ich meinen bodenlangen Rock über die Hose.

Bei Inspektion meines Kleiderschrankes in Berlin war mir bewußt geworden, daß meine Klamotten ausnahmslos dafür geschaffen waren, einen halbwegs jungen, weiblichen Körper vorteilhaft zur Schau zu stellen. Hosen, T-Shirts, Röcke waren für die Siedlung zu eng, kurz, durchsichtig, ausgeschnitten bis zur Besinnungslosigkeit. In den Geschäften dieselben Symptome westlicher Zivilisation, alles, was in meiner Größenordnung angeboten wurde, sexy bis halbnackig. Bei C&A in der Oma-Abteilung gab es zwar keusche Blusen, aber die waren entweder aus Polyester oder zum Kotzen oder beides. Zuletzt hatte ich auf einer Tour durch die Secondhandläden der Stadt diesen Rüschenrock und eine weiß-rot gestreifte Bluse aus Baumwolle ergattert, die mir irgendwie gefiel, obwohl sie überhaupt nicht aufreizend war.

Vier Uhr irgendwas, keine Spur vom Schwager, der uns abholen wollte, die Mutter in Sorge mit ihrem Mobiltelefon zu Gange. Ich hocke mich auf den Gepäckwagen neben die Berge ihrer Mitbringsel und grüble, ob es ein irreversibler Fehler gewesen war, mich auf dieses Abenteuer einzulassen. Die Schwester hatte mich im Juni zum Abschied gefragt, wann kommst du, Kleines, eine Floskel aus alten Zeiten, als wir noch Schwestern gewesen waren, die sich zufällig auf Familienfeiern trafen. Während Hugos Hochzeitsfest im Garten der Eltern war ich ihr weitläufig aus dem Weg gegangen, ich hatte fürs Familienfoto einen scheinheiligen, splitternackten Arm um sie gelegt, wir hatten gelächelt und kaum ein Wort gewechselt. Ein schlechter Scherz, wann kommst du. Nie, wie versprochen, das hatte ich mir und ihr Jahre zuvor geschworen, sie nie dort zu besuchen im Besetzten Gebiet, das die Schwester schlicht Gebiet nannte, schon aus Prinzip nicht und aus Angst, und weil ich immer noch beleidigt war.

Diesmal hallte die Frage einen Sommer lang in mir nach, einen Sommer ohne weitere Blessuren, einen ruhigen Sommer, in dem es das Leben gut meinte, und ich dachte mir, scheiß drauf, jetzt will ich es mal wissen, ich bin in Entdeckerlaune, hab zum ersten Mal die Kohle, das hat sie nun davon, ich hab die Kraft, ich hab Zeit, und ich will mit eigenen Augen sehen, wie es sich da siedelt mitten in der palästinensischen Autonomie, bei ihren Orthodoxen, in Ordnung, ich komme. Haben wir uns was zu sagen, haben Schwestern sich überhaupt was zu sagen. In wenigen Stunden werde ich all ihre Kinder wiedersehen, die vier Neffen, die Nichte, fünf Kinder, Tendenz steigend. Der Älteste, Elieser, mein erster Neffe und Liebling, ist jetzt zwölf, nächstes Jahr wird er ein Mann, wird er mich überhaupt ansehen dürfen. Mag er sich an unsere Spiele erinnern, unsere Knetwesen, das Fußballtraining, die ersten Versuche mit dem Dreirad. Kann ich mit ihm reden. Worüber. Worüber mit der Schwester. Daß ich jetzt fürs Fernsehen schreibe und damit finanziell fürs erste aus dem Schneider bin. Daß ich mit meinem Mann des Lebens ein Abkommen geschlossen habe, nach dem wir fremdgehen dürfen, solange wir nicht darüber sprechen. Daß ich die Schauspielerei an den Nagel gehängt habe, daß ich manchmal in Berlin in eine offene Kirche renne und eine Stunde mit ausgeschaltetem Handy da sitzen bleibe. Es wird kompliziert werden und schmerzhaft, warum tu ich mir das an? Außerdem steht der Schwager unter Streß, wenn gleich zwei Besucherinnen aus Deutschland kommen. Außerdem hasse ich es, an Flughäfen und Bahnhöfen nicht rechtzeitig abgeholt zu werden. Außerdem graut mir davor, mit der Mutter zehn Tage lang die Couch im Wohnzimmer zu teilen. Außerdem kann hier jeden Augenblick eine Bombe hochgehen.

Aus den dunklen Seiteneingängen des Parkhauses taucht die Schwester auf. Sie sieht toll aus. Souverän. Sie lacht. Sie fällt der Mutter um den Hals. Sie winkt zu mir rüber. Sie ist so schmal, wie sie da auf mich zueilt. Ich komme mir vor wie ein kleiner Elefant mit meinem Plüschrock über der Hose, den verborgenen Kanonenknien. Sie fragt, bist du etwa müde, Kleines. Ich scherze zurück, nein, hellwach hahaha undsoweiter, und frage mich, warum scherzen wir schon wieder, macht man das so unter Schwestern. Ich bin benommen. Sie trägt einen dunklen Rock und dunkle Strümpfe und dunkle formlose Schuhe und eine dunkelgrüne Seidenbluse, darüber ein dunkles Jackett, leger, eine dunkle Mütze und eine schwarze Handtasche, schlicht, schick, Frau von Welt. Sie wirkt hellwach, aufgedreht, obwohl sie kaum geschlafen hat, eben noch das Kind gestillt, dann fast den Weg nicht gefunden, weil am Ortsausgang eine Umgehung, die sie nicht kannte. Sie muß noch schnell pinkeln, die Mutter auch. Ich warte im Parkhaus mit den Gepäckbergen und setze die Brille auf, um nahende Attentäter frühzeitig zu orten.

Auf der Fahrt überlasse ich das Gespräch den Frauen vorne, von wegen wie gut, daß das Baby wieder eingeschlafen sei, bevor sie viel zu spät aufgebrochen, ehrlich gesagt, wie seltsam diese Umleitung, wo doch die normale Straße keine Schäden aufweise, ob ich Kuchen wolle, sie habe welchen in der grünen Tasche neben mir. Ich futtere das selbstgebackene Kokosapfelgemisch und starre auf die kargen Hügel, die sich Morgenrosa überstreifen. Es geht in die Berge hinauf, die Straße windet sich, Schilder donnern vorbei mit hebräischen Schriftzeichen darauf, in der Kurve rattern wir an einem Autobus vorüber. Sandfarben. Ich öffne das Fenster und lasse mir die Dämmerung um die Ohren brausen. Mir knattert *karg* durch den Kopf, das Wort karg. Rosa Kargheit. Dörfer kleben mit ihren weißen Häusern an Hügelkuppen, ich kann nicht unterscheiden, ob sie jüdisch sind oder arabisch oder gemischt oder was, sie sind morgendlich graurosa und wirken aus der Entfernung karg und verschlafen. Hier lebt sie also jetzt. Sind wir schon in Besetztem Gebiet? Nee, Kleines, das ist noch eine ganze Ecke. Kleines darf nur die große Schwester sagen, bildet sie sich jedenfalls ein. Die Mutter erzählt von einem Araber, der mal in einer Kurve auftauchte, und wie ihr Schwiegersohn, der Mann meiner Schwester, da zusammengezuckt sei neben ihr am Steuer, vor Schreck. Die Schwester nickt, ja, manchmal kriegt man da einen Schreck.

Hin und wieder steht ein Araber am Straßenrand, steht stumm in der Gegend mit seinen schwarzen Augen, wartet, die Füße im Sand, auf irgendetwas, mit oder ohne Bündel über der Schulter. An einer staubigen Bushaltestelle hält eine kleine Frau den Zeigefinger nach unten auf die Straße, so macht man das hier. Respekt, denke ich, um halb fünf in dieser gottverlassenen Gegend Autostop. Von wegen gottverlassen, von wegen, korrigiere ich mich sogleich, während die Schwester am Straßenrand hält und sich die hübsche junge Frau mit schwingendem Rock dem Auto nähert. Wo mag sie ihre Nacht verbracht haben. Ich will protestieren, weil es hinten zu eng ist neben dem leeren Kindersitz und meinem Computer, weil es zu früh ist für sozialverträgliches Verhalten, und weil ich mich frage, woher die Schwester wissen will, daß dieses hübsche Mädchen auf ihrer Seite ist und nicht unter ihrem schwingenden Rock anderen als den zu befürchtenden weiblichen Sprengstoff bereithält. Nachdem die beiden auf hebräisch geklärt haben, wo es hingehen soll, nehme ich seufzend meinen Computer auf die Knie, presse mich dicht ans Seitenfenster und lächle der jüdischen Tramperin schüchtern zu. Die Schwester ist in Plauderlaune und verteilt koschere Hustenbonbons aus dem Handschuhfach. Dort bewahrte ihr Mann früher seinen Revolver auf, erinnere ich mich und verfalle wieder in mein stummes Starren aus dem Fenster auf die Hügel. Wie mutig sie ist, die große Schwester, wie fürsorglich und selbstbewußt, wie ein Mensch, der eine Heimat hat, eine richtige große Schwester. Ich hatte einmal eine große Schwester. Claudia. Jetzt heißt sie Sara.

An einem beschrankten, staubigen Ortseingang lassen wir die Tramperin aussteigen. Sie grüßt, winkt und hüpft durch die Kontrolle in ihre Siedlung hinein. Wir sind gleich da, Kleines. Ob wir schon im Besetzten Gebiet seien, will ich wissen. Der Fahrtwind bläst mir ins Gesicht. Willst du nicht lieber das Fenster zumachen, fragt die Mutter, wegen der Steine, die hier bisweilen vom Straßenrand geflogen kommen, sie hat schließlich Erfahrung, war schon zehnmal hier, mindestens. Ich schüttele stumm den Kopf, was sie vorne nicht hören kann, ich bin jetzt verstockt. Sie dreht sich um mit auffordernden *Hm*. Ich zucke die Schultern. Sie soll von selbst auf die Idee kommen, daß ich das klapprige Panzerglasschiebefenster nicht geöffnet hätte, wenn ich Angst vor arabischen Steinen und Bombensplittern hätte. Beleidigt versucht sie, der Schwester einen Kommentar abzujagen über ihre unvernünftige Schwester. Die Große lächelt ihr charmantes Lächeln, erwachsen, fröhlich, stolz, weil ich mich nicht fürchte bei ihr, mit einer Brise Albernheit, weil sie kaum geschlafen hat. Und schwer erleichtert ist, daß ich meine Berliner Sommergarderobe zuhause vergessen habe. Wie einfach das sein könnte, wieder eine Schwester zu haben. Steht ihr immer noch, diese Albernheit, für die sie früher bei uns Geschwistern verschrien war, weil sie sich in der Stimmung kringeln konnte über jeden Quatsch, die blödsinnigsten Witze, reine Lebensfreude, ungezügelt und ein klein bißchen dämlich. Die Mutter rebelliert mit hörbarem Kopfschütteln, sie meint es schließlich so gut wie immer. Ach, Mutter. Die Luft ist rosa, der Sommer war in Ordnung, mein Computer hat die brutalen Zollkontrollen überlebt, die Geige schaukelt unbeschadet im Heck. Um den Echtheitsgehalt der Situation zu überprüfen, messe ich meinen Puls an der Halsschlagader. Das Herz schlägt, tatsächlich, ich bin im Streifenland, Wahnsinn.

Nach weiteren Kurven, Hinweisschildern Richtung Jerusalem und wenigen arabischen Tagelöhnern passieren wir den Kontrollpunkt ihrer Siedlung, Sara winkt den Soldaten zu, wir fahren ohne Umschweife in die Stadt ein, die sich majestätisch in hellem Sandstein über den höchsten Hügel der Gegend wölbt. Rechts ins Tal hinunter entsteht ein neues Stadtviertel, doppelt so groß wie die alte Stadt, erklärt Sara mit Besitzerstolz. Die *alte Stadt* ist gerade mal dreizehn. Sieht irgendwie sozialistisch aus, finde ich, einheitlicher Fertigbau, zwölf identische Kästen zähle ich pro Straße, das einzig Schöne ist der grob behauene, helle Stein, mit dem der Beton kaschiert wird, auch Gehwege und Treppen strahlen hell wie Jerusalem. Und dazwischen liegen die palästinensischen Olivenhaine, zetert die Mutter, wie kommen die jetzt noch da ran, die Bauern. Die Schwester lächelt eine Mischung aus Unschuld, Qual und einem Hauch Arroganz der Empörung der Mutter gegenüber, durch einen unterirdischen Gang, Mama, es gibt einen Tunnel. Vereinzelt huschen Männer in schwarzen Mänteln mit schwarzen Hüten und wehenden Schläfenlocken über ansonsten menschenleere Straßen. Wir haben hier mindestens sechzig Synagogen, erklärt Sara, wenn wir Zeit haben, machen wir die Tage mal eine richtige Rundfahrt mit dir. Das macht fünfhundert Einwohner pro Synagoge, rechne ich, da die Frauen außer am Schabbat meistens nicht hingehen, über den Daumen zweihundertfünfzig Einwohner pro Synagoge, da die kleinen Kinder auch noch nicht hingehen, vielleicht hundertfünfzig Einwohner pro Synagoge, da sind die immer noch ordentlich ausgelastet bei den vielen gemeinsamen Gebeten und Torastunden, die täglich stattfinden. Die Rechnung geht nicht auf, wie ich später feststelle, da auf jeden Erwachsenen mindestens vier Kinder kommen, auf jedes Paar im Schnitt also acht Kinder, davon sind mindestens zwei in dem Alter, in dem sie dreimal am Tag zum Gebet gehen, es sei denn, es sind Mädchen.

Wir fahren eine steile Straße hinunter. Da vorne wohnen wir, Nummer sechs, rechts der Supermarkt ist zu teuer, wir gehen in den großen ein Stück weiter oben, warte mal, ich fahr hintenrum, das ist leichter mit dem Gepäck. War das eine Aufforderung an mich, ihr bei Gelegenheit den Einkauf abzunehmen. Ach übrigens, ich habe doch ein Zimmer für euch gefunden, ein Stück die Straße hoch, bei den Eltern einer Nachbarin, den Freymanns, ein ehemaliges Kinderzimmer, nur am Schabbat könnt ihr da nicht schlafen, weil sie da Besuch kriegen von ihren Enkeln. Großartig, fantastisch, danke, sie hat rumgefragt, nachdem ich zwei Tage vor der Abreise inständig gebettelt hatte, da ich Ruhe brauche zum Atmen und Arbeiten und es in ihrer Dreißigtausendeinwohnerstadt kein Hotel gibt, die Vorstellung, sich zurückziehen zu können, beruhigt mich.

Trotzdem wird mir mulmig, je näher wir Saras Zuhause kommen, wie soll ich mich verhalten. Sara deutet an, daß ich ihrem Mann besser nicht die Hand gebe, keine Berührungen. Das ist neu. Wieso, der kennt mich doch, ich bin seine olle Schwägerin, die Schwester seiner Frau, mittlerweile sogar standesamtlich verheiratet mit dem Mann des Lebens, wir haben uns hundertmal die Hand gegeben oder gar umarmt, was soll schon passieren. Ich halte meine Klappe, der plötzliche Ausblick auf den Grenzstreifen schüchtert mich ein. Die Mutter hat angedeutet, daß er ziemlich zugewachsen ist von seinem Bart und den Schläfensträhnen, daß ich ihn womöglich gar nicht wiedererkenne, den Schwager. Die Großen auch lieber nicht anfassen, das würde sie irritieren, die Kleinen schon. Der zehnjährige Schimon und sein Bruder bereiten sich auf ihre baldige Männlichkeit vor, da ist Schluß mit Kuscheln. Wir poltern über einen Sandweg zwischen der letzten Reihe Häuser und dem Pfad der Armeeposten entlang. Der militärische Hochsitz wirkt verlassen, im Tal Stacheldraht. Weiße Würfel übersäen den niedrigeren Hügel gegenüber, das arabische Nachbardorf, wo Hunde den Tag einbellen. Da solltest du lieber nicht spazierengehen, albert die Schwester. Echt, denke ich, was würde passieren, würden die mir ansehen, daß ich mit einer Konvertitin verwandt bin, die ihnen mit ihren orthodoxen Freunden die Aussicht auf den kahlen Berg vor ihrer Nase versaut hat.

Ich erkenne Getümmel auf der Veranda, vier Kinderköpfe neben der Schiebetür aus dünnem Glas, die prompt in das führt, was meine Schwester als *unser Garten* präsentiert, eine trostlose Mischung aus Lehmwüste und Schrottplatz, umzäunt, vereinzelt grasbebüschelt, mit direktem Blick auf den verlassenen Grenzposten und den unfreundlich gesinnten Nachbarn, unmittelbar in seiner Schußlinie. Der Sonnenball hat sich an sein Tagwerk gemacht, die rissige Erde heizt sich auf. Ben kommt auf uns zu, er hat den Kopf zur Seite gelegt und gleichzeitig ein bißchen nach vorne geschoben, stirnbietend, er lächelt freundlich und winkt abweisend. Ich winke zurück. Mann der Schwester, denke ich. Hi. Schalom. Keine Hand schütteln. Die Gleichzeitigkeit aus unwillkürlicher Freundlichkeit und krampfhafter Distanzierung wird die nächsten zehn Tage bis auf einen kurzen lichten Augenblick nicht von ihm weichen, und es tut mir jetzt schon leid für die Anstrengung, die wir Gojim ihm zusätzlich zum freiwillig gewählten Joch des Judentums aufbürden. Die Mutter stürzt sich auf die verschlafenen Kinder in Socken. Schalom Schalom. Schalom Michal, Schimon, Schalom kleiner Mosche, Schalom Israel Meir. Sie wird dafür, daß es fünf Uhr dreißig ist und den Kindern noch Schlaf in den Augen klebt, ziemlich stürmisch begrüßt, Oma, Oma, Schalom Oma. Die Kinder lachen und umarmen ihre glückliche Oma wie ganz normale Kinder, die sich über den Besuch ihrer Oma freuen, ist mein erster Gedanke. Sie sind extra wegen euch so früh aufgestanden, berichtet die Schwester, sie wollten unbedingt wach sein, wenn ihr kommt. Ich winke scheu Schalom. Die Tochter lächelt lieb, sie reicht den Kleinsten ihrer Mutter, damit sie ihre Oma umschlingen kann und dann mich küssen, Küßchen, wie zärtlich die sind, wohlerzogen, fröhlich um die Uhrzeit. Ich bin ziemlich überwältigt, als mir kurz darauf ein sechsjähriger Mosche an der Hüfte baumelt. Er umklammert meine Oberschenkel und strahlt mich dreist an. Wieso hat der mich jetzt schon lieb, wir kennen uns kaum. Ist das so Sitte bei euch, unbekannten Tanten Liebe zu bezeugen. Diesen Zweitjüngsten habe ich zuletzt als kleine Kröte auf der Gartenbank meiner Eltern getroffen, vor Jahren, da hat er noch kein Wort gesprochen, aus schrägen Augen übellaunig in die Gegend gestarrt. Ich habe damals eine gewisse Verwandtschaft zwischen uns festzustellen geglaubt, Jahrzehnte zuvor war ich als schielende Bulldogge zur Welt gekommen, ein dicker Brocken Menschenfleisch ohne Haare auf dem überdimensionalen Schädel mit bedrohlich tiefhängenden Backen um das zusammengequetschte Mündchen, vielleicht ist er deshalb so zutraulich. Die großen Augen heften sich auf mich, als wolle der Zwerg augenblicklich von mir erfahren, was eine Sünde ist. Schalom, kleiner Mann. Ob der Große schon in der Synagoge ist zum Morgengebet. Michal führt mich galant an der Hand in die Wohnung, Kommkomm. Ehe sie sich's versieht, sitzt die Oma am runden Tisch im überfüllten Wohnzimmer und wird von den Enkeln genötigt, ihnen Deutsch beizubringen. Offenbar hat die Schwester den Sprößlingen nahegelegt, ihrer Oma mit besonderem Lerneifer Freude zu bereiten, und in den ersten Stunden erinnern sie sich an die guten Vorsätze. Die ehemalige Grundschullehrerin ist in ihrem Element, kontrolliert Übungshefte, lobt, prüft und überrascht die Kinder mit den Hebräischvokabeln, die sie sich inzwischen in ihrem Volkshochschulkurs reingepaukt hat. Ich stehe im Weg, Stühle werden um mich rumgeschifft, Stifte aus dem Durcheinander geklaubt, jeder schaufelt sich soviel Tisch frei, wie er für seine kleine Lebensaufgabe benötigt. Das Wohnzimmer wirkt beengt, die Wände sind zugestellt mit Sofa, Siebzigerjahre-Schrankwand aus Claudias Jugendzimmer, ihrem altem Klavier, einem Bücherregal voller hoher hebräischer Rücken. Neben dem Klavier krächzt in Bodennähe ein Pärchen Wellensittiche um die Wette, ich fliehe mit meiner Aufmerksamkeit zu den beiden Blauen, die von Stange zu Stange springen, sich in ihrer Sprache Heimlichkeiten zugurgeln, mit ihren Schnäbeln unter den Flügelkuppen kitzeln, die Köpfchen wenden und mich an meinen Wellensittich erinnern, der eines Tages an Altersschwäche und Unterernährung gestorben ist, ganz in Grün, während ich einen Pianisten küßte.

Das stickige Chaos und Stimmengewirr im Wohnzimmer löst leichten Schwindel aus, ich sehne mich nach unserer Schlafgelegenheit bei den Freymanns. Nein, was ist das für ein Buchstabe, guck mal auf dem Bild, das ist doch kein Baaaach da, weißt du, was ein Baaaach ist, ja, Wasser, Schlängelbewegung ihrer Hände, die kleinen Omahände, die erste Flecken bekommen haben, genau, prima, aber das ist kein Aaaaa in der Mitte, jetzt guck mal das Bild, oder guck mal da, auf dem Regal, da stehen auch ganz viele, ach, der Elieser, na, hast du ausgeschlafen, mein Schatz. Plötzlich seine Stimme, morgenrauh und sanft wie das Fell einer jungen Ziege, durch das bei Berührung ihre zarten Sehnen und Knochen zu spüren sind. Ja, sagt er. Kehliges Scharren, ich lausche, die Stimme meines Neffen im Umbruch, vor Schreck kriecht mir eine Gänsehaut über die Unterarme, ich hab ihn einige Jahre nicht gesehen und trotzdem gleich erkannt an dieser mitgewachsenen, warmen Stimme. Ich drehe mich um, Elieser steht im Durchgang zum Wohnzimmer, in Socken wie seine Geschwister, und wirft neugierig einen Blick zu mir rüber. Schalom, krächze ich. Er lächelt und nickt, hallo, an einem komplizenhaften Flackern in seinem Blick merke ich, er kennt mich noch, Spielkamerad, Herz hüpft, er winkt rüber, ich winke zurück. Er beugt sich lässig über das Lesebuch. U, Buch. Jawoll, freut sich die Oma, das ist ein Buch, prima, aber daß du das weißt, war mir klar, deine Schwester soll das lernen, Buuuuuch, Michal, wo steckt die denn schon wieder, Herrgottnochmal. Nicht fluchen hier, Mutter.

Ich beschließe, daß der Große mit seinen Segelohren immer noch mein Lieblingsneffe ist, und folge Sara in die Küche, wo sie mir zeigt, welches Waschbecken für das milchige Geschirr ist, mit welchem Lappen ich das abwaschen kann, falls ich Lust habe, wo es abtropfen soll und welche technischen Tricks man für den Wasserkocher beherrschen muß, falls ich mal einen Tee möchte oder Kaffee. Der hat nämlich einen Knacks und muß immer genau dann, wenn das Wasser zu kochen beginnt, von Hand abgeschaltet werden, da er sonst einen Kurzschluß in der ganzen Wohnung inklusive Werkstatt verursacht, nichts Gottgewolltes, Mysterien der Technik. Zum Frühstück knallt Sara eine Plastikschüssel mit Salzbrezeln auf den Tisch im Wohnzimmer, die Reste vom Kokosapfelkuchen und eine Flasche eisgekühltes Leitungswasser. Sie verfrachtet einen Haufen unsortierte gewaschene Socken vom Sofa auf einen Plastikstuhl, pflanzt sich daneben und nimmt ihren Jüngsten zur Brust. Ben schiebt die Gartentür auf, durchquert den Raum, indem er Blickkontakt mit den Neuankömmlingen vermeidet, Omas braven Schülern väterlich über den Kopf streicht und seinen Ältesten mahnt, daß sie gleich losmüssen, er kocht sich einen Kaffee, verursacht einen Kurzschluß, unterdrückt ein Fluchen und fingert die Sicherung wieder rein, auf daß der Kühlschrank nicht abtaut. Ich quetsche mich zwischen Schrankwand und Wohnzimmertisch auf einen Stuhl und knabbere Salzbrezeln, damit ich etwas zu tun habe, die Wellensittiche unterhalten sich angeregt, Elieser winkt und sagt Schüß, Schalom, dann verläßt er mit seinem Aba die Wohnung. Ich bin immer noch benommen und erleichtert, ist in Ordnung, hier zu sein, ist schon in Ordnung.

Sobald die Schulkinder in der Schule sind, mache ich mich auf einem der Betten lang, um Schlaf nachzuholen. Die Betten sind auf zwei winzige Zimmer aufgeteilt, eins für die Eltern und das Baby, eins für die vier anderen. Außer mit Schlafgelegenheiten sind die Räume mit Schränken und Regalen voller Kleider und Spielsachen gefüllt und heillos durcheinander, so wirkt es jedenfalls auf mich. Mit der Zeit finde ich heraus, daß jedes Mitglied der Familie sehr wohl die Anordnung der Unordnung durchschaut und zielsicher Klebstreifen, Musikinstrumente oder Sägeblätter findet. Sara sagt, wir haben eben unsere, wie heißt das Wort. Prioritäten, nicke ich und erinnere mich vage an unseren Haushalt in Berlin und die Prioritäten meines Manns des Lebens. Erstens Ruhe, äußerste Ruhe, zweitens Ordnung, Klarheit, weiße

Wände, drittens Platz und viertens Ruhe. Wenn der Mann des Lebens gerade keine Oper inszeniert, bereitet er an den Vormittagen zuhause in Filzpantoffeln minutiös seinen nächsten Wurf vor, er läßt die Musik vor seinem inneren Ohr erstehen und stellt die Inszenierung durch, dabei hört man ihn bisweilen Sprünge machen und keuchen vor Anstrengung. Während ich auf Socken an seinem Zimmer vorbei in die Küche schleiche und mir leise einen Kaffee zubereite, huscht er mit seinen Eingebungen zum Schreibtisch und macht sich unleserliche Notizen in sein Arbeitsbuch. Ich verziehe mich in mein Zimmer, hocke mich an den Schreibtisch und verderbe mir Augen und Rücken, weil ich im Eifer des Gefechtes vergesse, geradezusitzen und dicht vor dem Bildschirm als Schildkröte zusammensinke. Gäste sind in unserer Wohnung nicht besonders willkommen, und das wissen sie mittlerweile. Alle zwei Jahre überrede ich den Mann des Lebens zu einem großen Essen, für das er sich einen Abend lang zusammenreißt und stolz ist auf meine Kochkünste, oder zu einer Geburtstagsparty mit Bier und Wodka, bei der er drei Tage im voraus Reißaus nimmt. Fremde Menschen, insbesondere Kinder, flößen dem Mann des Lebens panische Angst ein, er findet sie anmaßend, vor allem die ganz kleinen, die noch überzeugt sind, die ganze Welt drehe sich nur um sie. Außerdem befürchtet er, ich könnte allein von ihrem Anblick Drillinge bekommen, und schildert mir das Leben danach in den gräßlichsten Farben. Dabei kenne ich das Leben danach ganz gut.

Kinderreich

Als ich zur Welt kam, waren die zwei Großen schon da. Mein Zwillingsbruder Hugo rang noch drinnen um Sauerstoff und sein Leben, ich hatte versehentlich beim Rausquetschen seine Nabelschnur gekappt. Diese Erfahrung schweißte uns diametral zusammen, wobei wir so unterschiedlich blieben, daß keiner glaubte, wir hätten zeitgleich im Bauch der Mutter von einem Kuchen gefuttert. Ich war groß, dick und häßlich, er zart und schön und noch eine Weile rührend bläulich von der rauhen Wirklichkeit. Die ganze Familie hatte ein schlechtes Gewissen wegen der Geschichte mit der Nabelschnur, ich besonders, und Hugo lernte, das schamlos auszunutzen, während ich mir Manöver ausdachte, trotz meines erschreckenden Äußeren Freunde zu finden.

Wir wuchsen mit dem Rest der Familie zusammen, die sich einmal im Monat zu demokratischen Familienkonferenzen im Eßzimmer traf, um abzustimmen, wer den Rasen mäht, wer die Spülmaschine einräumt, Schnee schippt, wer die Hunde ausführt undsoweiter, Paul der Große machte den Protokollführer, ich erteilte das Wort, Claudia wickelte den Vater um den Finger und Hugo forderte mehr Taschengeld. Paul bestach die Mutter mit seiner Logik, brachte Claudia mit derselben zum Weinen, das reizte den Vater zum Aufdentischhauen, woraufhin ich friedenstiftend behauptete, ich übernähme das und das gerne, was gelogen war, das ahnte die Mutter, dankte mir für den Momentanfrieden, bis Hugo wie von der Tarantel gestochen aufsprang, brüllte, keiner habe ihn lieb, die Treppe raufpolterte, sein Federbett schulterte, dann mitsamt Daunendecke die Treppe runter und durch den Garten auf die Straße, um für immer zu verschwinden. *Für immer* dauerte ein paar Minuten, in denen wir Zurückgebliebenen unter hysterischem Geschrei und Tränen klärten, wer ihm folgen sollte. Bevor eine Lösung in Sicht war, denn wir diskutierten vorsorglich auch die Taschengeldfrage noch einmal demokratisch durch, knallte der Vater die Tür zum Eßzimmer zu und lief in langen Schritten seinem Jüngsten nach, den er entweder als reumütiges Häufchen Elend plus Federbett auf starken Armen ins traute Heim zurücktrug oder als plärrenden Suppenkasper nach Hause zerrte, wobei das Federbett über Gras und Kiesel in der Einfahrt schleifte und Hugo, sobald er uns oben am Fenster gewahrte, in den Knien nachgab und sich ebenfalls schleifen ließ.

Bis ich acht war, nässte ich ins Bett, schuld war Jesus, der in meinen Träumen Aufgaben prophezeite, die mir keine Zeit ließen, aufs Klo zu rennen. Ich entwickelte eine Vertuschungstaktik, indem ich das Laken über den Bettrand hängte und den Rest der Nacht wegen schlangenartiger Ungeheuer, die aus der Kloschüssel gekrochen waren, im Bett der Mutter verbrachte. Die Mutter duftete herrlich nach meiner Mutter, sie war weich und tröstlich und atmete gleichmäßig durch die Nase ein und nach einem leisen Klicken durch den Mund wieder aus, sie bot Schutz vor Ungeheuern und versprach im Halbschlaf, niemandem von meinem Malheur zu erzählen. Mein Vertrauen zu ihr war ohne Grenzen. Irgendwann kletterte Hugo unter ähnlichen Vorwänden in die Ritze zwischen den Eltern. Im Morgengrauen schlichen wir zurück, das Laken war getrocknet, ich erpreßte Hugos Schweigen mit Erledigung seiner Hausaufgaben.

Nachdem wir den Großteil unserer Kindheit auf dem Land mit Schlafanzugspaziergängen, Kinderhorden auf Kindergeburtstagen und diversen Haustieren, die unter dubiosen Umständen zu Tode kamen, verbracht hatten, kauften die Eltern für einen Apfel und ein Ei ein großes Haus mit Garten und Kirschbaum in gehobener Wohngegend der nächsten Kreisstadt. Unter Protest bezogen wir eigene Zimmer und gewöhnten die Überreste der Haustiere an die bürgerliche Umgebung. Die Großen schlugen sich mit den ersten Ausläufern ihrer Pubertät herum, während wir Kleinen uns heimlich um die Bravo rissen. Paul reifte zum Gerechtigkeitsfanatiker, der es fertigbrachte, im Kinderzimmer Kerzen auszublasen, da das entstehende CO_2 die Ozonschicht beschädige, und Claudia gedieh zu dem echten Mädchen, als das sie eigentlich schon zur Welt gekommen war. Das ist hübsch, lacht viel, singt gerne, weinen tut es auch, viel lieber als streiten. Es backt Kuchen und spielt Klavier. Es liebt es, kleine Kinder auf seinem Schoß zu halten und zu liebkosen. Es liebt es, sie zu füttern, zu wickeln und in den Schlaf zu wiegen. Dabei lächelt es und strahlt eine irdische Ruhe aus. Es trinkt Tee mit seinen Freundinnen, blödelt, liest Mädchenbücher über Ponys und erste Lieben. Es wird gemocht von seinen Lehrern und dem Pfarrer. Es leitet das Flötenquartett und den Kindergottesdienst. Es hat etwas im Blut von den Eltern, die alles mögliche besser wissen. Es ist eine sehr gute Schülerin, eine der besten. Sie ist sehr hübsch. Ihre Augen sind große Hände. Als könnten sie nach etwas greifen, wie versehentlich Wasser schöpfen und verströmen. Sie sind die mächtigen Augen einer Elchkuh, gierig und treu. Schwer werden der Kuh breite Lider nach dem Mahl und den Mühen des Gemolkenwerdens. Ihr Haar schlängelt in kräftigen Wellen über Stirn und Wangenknochen, es schlingert um die Nase, die himmelwärts spitz zuläuft und deren Haut sich kräuselt, wenn sie kichert. Haselnußbraunes Haar wie das eines

Mädchens, das es zur Seite wischt, ohne sich der Geste bewußt zu sein. Seine bewußtlosen Hände sind rauh. Seine Berührungen sind kraftvoll, zärtlich und staubtrocken, und geschickt unter dem Horn, auf den Handrücken bilden sich viele kleine Warzen. Seine Brustwarzen wippen auf appetitlichen Anhöhen. Seine Beine sind lang, seine Fesseln schmal, seine Knie sind spitz, gen Po werden die Schenkel breiter, seine Taille schmiegt sich eng über das Becken, das früh vom Gebären kündet. Claudia war herangewachsen zu etwas, was man bald getrost eine schöne Frau nennen würde. Sie wußte von der Macht der Tränen und der blinden Liebe des Vaters. Sie nutzte beides im Kampf gegen die Geschwister, die ihr zusetzten mit aufklärerischen Reden, schmutzigen Späßen und Vergleichen der Schwester mit wiederkäuendem Weidentier. Sie merkte, wie ihr fremde Jungen verfielen, wenn sie lachte oder Andeutungen machte. Sie unternahm nichts gegen den Verfall. Sie hatte kaum einen Zweifel, so schien es mir, weder am Wesen der Dinge noch am Sinn des Seins, noch am sich wandelnden Selbst. Sie ging auf in der Gemeinschaft von Gläubigen. Sie wandte sich dem Allmächtigen zu, um auch ihm den Kopf zu verdrehen.

Paul und Claudia sorgten auf dem Gymnasium dafür, daß den Zwillingen ein Ruf von Scharfsinn und guter Führung vorauseilte, den Hugo unter Aufbietung all seiner Kräfte zu ruinieren suchte. Ich wurde ein paarmal fast Klassensprecherin, aber nur fast. Hin und wieder verknallte ich mich in ältere Jungs, die meiner Schwester die Welt zu Füßen legten. Nachher ließ ich meine Haare wachsen, versteckte die Brille im Bettkasten und wurde auch noch zum Mädchen, das Tricks beherrschte. Ein Langstreckenläufer aus meiner Klasse knabberte an meiner Unterlippe, wir kundschafteten in aller Unschuld unsere schmalen Körper aus, bis der Sommer kam. Das Evangelische Jugendwerk hatte zur Bootsfreizeit geladen, im Angesicht Gottes und einer Vielzahl seiner Himmelskörper trug mich ein schöner Fußballer auf seinen Schultern durch die Nacht. Als die anderen außer Sicht waren, stellte er mich vor sich ab und küßte mich ungefragt. Küssen. Er wurde meine erste große Liebe, ich platzte vor Glückseligkeit und heulte die Kajüte voll wegen des Betrugs am Langstreckenläufer, dem ich noch vor Beginn des neuen Schuljahres den Laufpaß geben mußte. Schluß mit Unschuld. Im selben Sommer fraß der Dackel meiner Großmutter meine beiden handzahmen Mäuse, Hugo verkündete, die Schule zu schmeißen, Paul verkrachte sich aufgrund seiner missionarischen Umweltschutzmaßnahmen mit seiner Gastfamilie in den USA und Claudia feierte Abschlußball. Ihr Tanzpartner war zugleich ihr glühender Verehrer, sie hielt ihn an der langen Leine, bis sie Ostern mit einer Gruppe Jugendlicher nach Israel fuhr. Danach war alles anders.

Am Telefon hatte sie Andeutungen gemacht, sie habe mir dringend was zu erzählen, es klang nach Geheimnis, Tuscheln bei Tee unter dem Regal mit den Ponyromanen, im Hörer hatte es geknistert, als würde uns der weltbeste Geheimdienst belauschen, dann war die Leitung abgebrochen. Ich wollte Claudias Neuigkeiten als erste erfahren, darum begleitete ich die Eltern auf der Fahrt zum Flughafen. Mir lag auch etwas auf dem Herzen. Durch den Verrat am Langstreckenläufer hatte ich Ende des Sommers den Rachedurst zwei seiner Kumpels auf mich gezogen. Die Lawine ihrer plötzlichen Gemeinheiten begrub mich im ewigen Eis, sie hatten mich an meinem schwachen Punkt erwischt, schlechtes Gewissen. Im Handumdrehen hatten sie den Rest der Klasse hinter sich. Um wieder aufgenommen zu werden im Club, hatte ich es mit Schlecht-, statt Begabtsein probiert, gleichgültig statt sozial engagiert, ich schluderte in der

Schule, ließ die Geige verstauben, die Malsachen eintrocknen, schwänzte Leichtathletik und Umweltschutzbund, ich versuchte mitzulachen, wenn sie ihre Späße mit dem Idioten der Klasse trieben, es half alles nichts, ich wurde der Idiot, selbst meine beste Freundin schlug sich auf die Seite der Rächer. So gefror ich tief unter einer undurchdringlichen Eisschicht, die Welt draußen war nur noch verzerrt zu erkennen.

Die Uhrzeit neben der Tachoanzeige konnte ich trotzdem entziffern. Claudia war vor zwölf Minuten in Gate B gelandet. Immer noch stritten die Eltern, welches Parkhaus das nächstbeste war, die Mutter hatte einen Geheimtip, der Vater war mit den Aufschriften durcheinandergeraten und wollte es nicht zugeben. Sie hatten auf der Fahrt bereits um diverse Überholmanöver, Stau-Umfahrungen und Geschwindigkeitsbegrenzungen gekämpft, die Mutter hatte mit ihrem Gekreische lebensbedrohliche Situationen zwischen uns und fremden Stoßstangen und Ausfahrtsschildern provoziert, die sie durch dasselbe abzuwenden behauptete. Mitten im Parkhausmeinungsgemenge bremste der Vater hart, stieg aus dem Wagen und pfefferte ihr entnervt den Autoschlüssel in den Schoß. So kam es, daß ich am Ausgang vierzehn nicht nur nach meiner Schwester Ausschau hielt, sondern auch nach dem Vater, der sich auf dem großräumigen Flughafengelände verirrt haben mußte. Die Mutter war hin- und hergerissen zwischen unendlicher Sorge und der Genugtuung, daß ein Mitglied der Familie ohne sie offenbar nicht lebensfähig war. Endlich drängte ein Pulk junger Leute in Schlabbersachen mit Rucksäcken durch Ausgang vierzehn.

Sie waren braungebrannt, blondgesonnt, bevor sie sich inbrünstig verabschiedeten, bildeten sie einen Kreis, faßten sich um die Schultern und intonierten dreistimmig *Nehmt Abschied, Brüder*. Es hallte durch Gate B, ich summte leise mit, die Mutter schniefte aus Rührung oder wegen der Hausstauballergie, vielleicht aber auch, weil der Vater immer noch nicht aufgetaucht war, darauf folgte ausgiebiges Umdenhalsfallen mit den entsprechenden Versprechungen, daß man schreiben würde und telefonieren und auf jeden Fall zum Nachtreffen kommen, auch wenn man dafür eine Abiklausur sausen lassen mußte. Claudia umarmte den weißbärtigen Pfarrer, als ginge es in den Krieg nach Rußland, dann erst schien sie uns durch den salzigen Schleier vor ihren Augen zu erkennen, sie winkte und lief stürmisch an uns vorbei ihrem Vater in die Arme. Der hatte inzwischen einen großen Strauß rote Rosen gekauft, den er seiner Tochter überreichte, wobei er zwei stibitzte, eine für seine Frau zur Versöhnung, eine für mich als Trostpreis. Die Mutter schimpfte, was die für ein Vermögen kosten im Flughafen. Herrje. Ich begrüßte die Große, willkommen an der Heimatfront, Schwesterherz, wie die Sonne dein Haar gebleicht hat.

Obwohl sie todmüde war, weil natürlich die letzte Nacht alle durchgemacht hatten, sprudelte sie im Auto gleich los über die Hitze, die Avokados, das Wadi, die Wüste, den Wasserfall, die Orangen, das Tote Meer, das Rote Meer, den Frühling, Jerusalem, Bethlehem, Safed, Jaffa, den Strand, die Oliven, die Milch und den Honig. Diesmal saß die Mutter am Steuer, die Fahrt würde etwas länger dauern, dafür hatten wir Frieden. Als der Vater sich nach dem Heimleiter am Fluß erkundigte, der die Gruppe für die letzten zehn Tage als sogenannte Freiwillige beherbergt und beschäftigt hatte, zwickte mich die Schwester in den Oberschenkel, daß ich aufjaulte vor Schmerz, und die Mutter aufschreckte und fast einen LKW rammte. Ja, der sei toll, extrem engagiert und unheimlich lieb, ja, der habe viele Kinder, fünf, ja, die seien auch nett, ja, in unserem Alter, vier Jungs und ein Mädchen, nein, die machten nicht alle Abitur, ja natürlich gingen die zur Schule. Sie zwickte mich wieder. Die Mutter merkte sofort, wie der Hase lief. Zum Militär gingen sie auch, ja auch das Mädchen dann. Der Vater interessierte sich für die Einzelheiten. Wie der Deutsche seinen Betrieb finanzierte, das wußte sie nicht so genau, zum einen wohl durch den Gewinn, den die Aussichtsbänke abwarfen, die die Behinderten bauten mithilfe der Freiwilligen, zum anderen verkauften sie Olivenöl, das sie selbst preßten, und drittens Spenden aus Deutschland. Aha, soso. Der Heimleiter war aus Bayern gekommen, seine Frau aus dem Schwarzwald, ja, die waren gläubige Christen gewesen vorher, Pietisten. Ja und jetzt. Jetzt glaubten sie immer noch an Gott und feierten Schabbat wie die Juden und sangen Lieder zur Gitarre. Die hätten wohl ein schlechtes Gewissen wegen Hitler, warf ich ein und fühlte mich denen irgendwie verbunden mit meinen beharrlichen Schuldgefühlen. Runter waren sie in den sechziger Jahren, und das Heim, das sie aufgebaut hatten, sei eher ein betreutes Wohnen, wo die Behinderten einen möglichst selbständigen Haushalt führten, zuerst war das ein Lager für KZ-geschädigte Juden gewesen. Geh, sag doch nicht Lager, Kind. Im Sommer wollte sie wieder hin. Jetzt mach mal halblang, Fräulein, weißt du, was so ein Flug kostet, was meinst du, was deine Geschwister sagen, wenn wir dir jedes Jahr zwei solche Reisen spendieren. Dann sollen sie halt mitkommen, das wird dir gefallen, Kleines. Was war eigentlich mit unseren Großeltern, waren die auch in der Partei. Auf den vorderen Sitzen Schweigen, das lag weit zurück. Der Vater interessierte sich jetzt auch für den Feierabendverkehr. Dabei wurde bei uns eigentlich alles beredet, immerzu, in voller Lautstärke. Ich quetschte mich neugierig zwischen die Rückenlehnen. Die Großmutter hatte jüdische Klassenkameradinnen, hatte sie mir erzählt, die hatte sie damals gefragt, warum sie weggingen, warum bleibt ihr nicht hier, kurz nachdem der Führer den Autobahnabschnitt eingeweiht hatte. Die Mutter gab zu, das hatte sie die Mutti nie gefragt, das wisse sie gar nicht so genau, der Opa war Soldat gewesen, das wüßten wir ja, Ostfront, natürlich, aber ob der in der Partei gewesen war, komisch, das hatte sie nie interessiert. Der Vater schwieg dazu. Sein Vater war lange tot, er war nach dem Krieg Steuerprüfer gewesen und fast nie zu Hause. Siebenunddreißig war der Vater zur Welt gekommen, im Paß lautete sein zweiter Name Adolf, weil schon sein Vater so geheißen hatte, sicher nicht wegen der Prämie, die der Führer dafür ausgesetzt hatte. Eines Tages wird er auf dem Tel Aviver Flughafen im Duty-free die Zeit vergessen, man wird ihn ausrufen lassen, Adolf inklusive, da wird er sich sehr sputen.

Den Rest der Fahrt verbrachten wir mit Grübeln entsprechend der zunehmenden Dämmerung um uns herum. Kurz bevor sie einnickte, fingerte Claudia ein zerknautschtes Foto aus ihrer Anoraktasche und reichte es mir mit verschwörerischer Miene. Ich lehnte mich gegen die Fensterscheibe und betrachtete das Bild im Scheinwerferlicht überholender Autos. Zwei Jungs in Uniform erkannte ich, die auf Maschinengewehre gestützt in die Kamera grinsen, der eine hat schwarze Haare, fingerdicke Augenbrauen und enorm viele weiße Zähne vom Grinsen, ein paar Knöpfe seines khakigrünen Hemdes stehen offen, darunter schwillt die unbehaarte Männerbrust, er steht breitbeinig im Sand vor einem Stück Stacheldraht, der ein Feld voller Steine begrenzt, und blinzelt wegen der Abendsonne, die den Hintergrund des Bildes mattrosa färbt, der andere hat braune Locken, er hält den Kopf leicht schräg, eine Spur Mißtrauen in den Augen. Das ist er, flüsterte Claudia.

Ihren Erzählungen zufolge war Ben ein ganzer Kerl. Damit stellte er alle in den Schatten, die ihr bis jetzt den Hof gemacht hatten. Benjamin, Kind des Glücks. Ben fuhr Motorrad. Ben spielte Gitarre. Ben sprach fließend hebräisch und deutsch, Ben sprach lieber hebräisch. Ben faßte Claudia an der Hand und sagte, ich muß mit dir reden. Er zog sie zum Ziegenstall, langte unter ihr T-Shirt und küßte sie. Ja, so soll es sein, dachte ich. Es war bei Nacht um sie geschehen, ewig bewährter Sternenhimmel. Ben ließ die anderen Mädchen sausen wegen Claudia. Es war sein voller Ernst. Ben war voller Ernst. Ben riskierte sein Leben für Israel. Ben hatte einen Revolver, obwohl er immer noch keinen israelischen Paß hatte.

Ich machte Andeutungen, daß es mit meiner großen Liebe nicht gut lief, obwohl es gewiß meine große Liebe –, Claudia wollte wissen, ob ich schon mit ihm –, und als ob der Vater uns belauscht hätte, bestellte er die Töchter vor dem Abendessen in die Küche und hielt uns eine Predigt über Kondome, den Mann an sich und die Krankheit HIV. Der Vater räusperte sich geräuschvoll, die Schwester schwieg errötend, ich riß Witze über gerissene Pariser, die veraltete Stadtpläne an Touristen verkauften, die Mutter wollte das gerne eingehender, zärtlicher besprechen, dieses Thema im Leben einer jungen Frau, aber da stürmten die Jungs die Küche und taten so, als wäre es das Selbstverständlichste von der Welt, daß sie freiwillig den Abendbrottisch deckten. Der Vater brachte noch schnell eine seiner Obstfabeln unter, von wegen, wer seine Äpfel auf die Fensterbank lege, der brauche sich nicht wundern, daß hungrige Passanten undsoweiter. Er nahm Bezug auf meine ziemlich knapp unterm Po abgeschnittene Jeanshose, meine ersten scheuen Versuche in Sachen Lippenstift sowie Claudias Gewohnheit, sich breitbeinig auf Sessel in Wohnzimmern zu fläzen. Männer werteten all dies als Einladung zum Geschlechtsverkehr, das sollten wir wissen, wir seien jetzt groß genug, wir könnten machen, was wir wollten, macht doch, was ihr wollt. Eine neue Freundin, die mir über die Zeit ohne beste Freundin hinweghalf, trug weit ausgeschnittene Tops, bei denen ich von oben und unter den Armen hindurchschauen konnte von Spitze zu Spitze ihrer süßen Brüste, sie trug durchsichtige Röcke und ungemein legere Jacken, durch die sich wieder ihre Nippel abzeichneten, sie wippten freischwebend jeder Modeströmung entgegen, ich fand das wunderschön, sie war eine Fee, und fragte mich, wie sie das bis jetzt überlebt hatte als ständige Verheißung mitten in der Stadt, als erotische Einladung, Appetithappen, umringt von all den hungrigen Unholden. Der Vater beharrte, daß seine Töchter gefälligst ihre Äpfel sorgsam verpacken sollten, damit nicht dauernd irgendeinem Kerl das Wasser im Mund zusammenlief, schließlich lebten wir nicht auf dem Mond. Küssen in der Öffentlichkeit fand er auch unschicklich, er packe in seinen Lehrerkonferenzen auch nicht Mandarinen aus, um sie den Kollegen vorzuenthalten. Wer eine saftige Südfrucht in der Öffentlichkeit schäle, der solle den anderen gefälligst davon abgeben, basta. Ich sollte meinen Fußballer mal fragen, ob er Lust hätte, seine Mandarine mit den Bauarbeitern im Trillerweg zu teilen. Im Trillerweg hatte ich unter dem Jubel besagter Bauarbeiter meinen ersten Zungenkuß verpaßt bekommen. Eine seltsame Angelegenheit, der Fußballer war wie von Sinnen gewesen, hellichter Tag, und nicht nur wir hatten Schulschluß gehabt, sondern auch der Vater, der hupend an uns vorbeigedonnert war.

Ich erfuhr Einzelheiten aus dem Liebesleben meiner Schwester, die natürlich niemanden etwas angehen, jedenfalls sehnte sie sich natürlich nach diesem Ben. Die Eltern fanden das gar nicht natürlich. Den sollte sie sich bitte abschminken, hier gab es auch nette Jungen, Israel war viel zu weit weg, zu gefährlich sei es da am Ufer des Jordan, unweit der syrischen Grenze, wo Damaskus seine Raketen stationierte, wie die Mutter in der Zeitung gelesen haben wollte, weil die Israelis angeblich absichtlich auf einen Rotkreuzbus voller Kinder und Frauen gefeuert hatten. Die seien selbst schuld, konterte die Schwester, weil die es sich nämlich zur Gewohnheit gemacht hatten, entgegen dem Völkerrecht, absichtlich, ihre antiisraelischen Hauptmänner in Rotkreuzbussen durchs Land zu chauffieren, als Täuschungsmanöver, da hatte sowas früher oder später passieren müssen, die hielten sich an keine Verabredungen, aber das stünde natürlich nicht in unseren Zeitungen. Der Große mischte sich ein, woher sie das wissen wolle, daß man denen nicht trauen könne, von diesem Gitarrenfuzzi etwa, und was das mit Völkerrecht zu tun habe. Ihre Augen drohten überzulaufen, das Reaktionsschema Tränen gegen Frontalangriff saß tief, den Arabern wäre es am liebsten, die Juden würden allesamt im Meer verrecken, jaulte sie. Geh Kind, im Nu hatte sie die aufgeklärte Meute am Hals, derzufolge alle Menschen gleich waren, es überall gute und ein bißchen weniger gute gab, die meistens einen triftigen Grund hatten, weniger gut zu sein, den dürfte sie nicht unterschlagen, schon gar nicht im Fall der um ihr Land betrogenen Palästinenser und ihrer arabischen Nachbarn. Alle hackten mit Humanismus, Gerechtigkeitsfloskeln und Nächstenliebe auf sie ein außer Hugo, der sich über den Nachtisch hermachte, solange keiner achtgab.

In den Folgemonaten wurde emsig weitergestritten ums Recht, bis die Luftpost seltener wurde und die Besuche vom Tanzpartner häufiger, das Leben mußte weitergehen, die Eltern seufzten erleichtert. Claudia machte Abitur mit einem glänzenden Schnitt, ich verguckte mich in einen sanften Mann mit Katzenaugen und schlaffen Tatzen, inzwischen ließ sich die große Liebe von der Fee mit den süßen Nippeln entjungfern, was hatte ich anderes erwartet. Als die Eltern Mittagsschlaf hielten, klingelte nichtsahnend das Telefon, und am anderen Ende der Welt war Ben. Er entschuldigte sich für die Funkstille, neuerdings hatte er ein Handy, er bedankte sich für Claudias Briefe, schilderte seine Sehnsucht ohne jede Poesie und fragte, ob sein Schatz im

Sommer käme wie verabredet. Im Nu war die Schwester reentflammt, überredete die Eltern, statt in den Führerschein Geld in ein Flugticket zu investieren, angesichts der rekordverdächtigen neuen Telefonrechnungen willigten sie widerwillig ein. Ich startete eine Wiederbelebungsmaßnahme mit der großen Liebe, wir hatten einen überglücklichen Sommer, einen intensiven Herbst und einen gräßlichen Winter. Nachdem ich durch den Stoff meiner und seiner Jeans sein sozusagen pochendes Glied sich zwischen meine Schenkel drängeln gespürt hatte, unwillkürlich an Vaters Obstfabeln und versteinerte Bananen hatte denken müssen und Schwindel verspürt hatte, nachdem der Frühling keine Linderung brachte für meine untröstliche Winterseele, verstieß ich unter Fadenscheinigkeiten den Fußballer und somit die erste große Liebe diesmal auf immer, ich nannte es höhere Gewalt und wurde zur heiligen Jungfrau, die Männerherzen brach und Bananen verfaulen ließ. Meine Mutter nannte es *Deine Launen*, litt bereitwillig mit und bot an, die große Liebe anzurufen, um alles richtigzustellen, denn Grund sah sie keinen. Ich auch nicht.

Trotz Intifada, trotz bestandener Führerscheinprüfung und ganz ohne Jugendwerk war die Schwester Weihnachten von ihrem ersten Ersparten zum dritten Mal runter ins Streifenland, entgegen dem Machtwort der Eltern, volljährig. Ben hatte erneut die anderen Mädchen ihr zuliebe sausen lassen und nach dem Tunken im Fluß und nach dem Abrubbeln im Gras und nach dem Liebhaben hinter dem mächtigen Stamm einer Dattelpalme zu ihr gesagt, wenn ich zwischen dir und Israel wählen muß, werde ich mich immer für Israel entscheiden. Du aber gehörst zu mir, also gehörst du hierher, nach Israel. *Nach deinem Mann wird dein Verlangen sein, / er aber wird über dich herrschen.*

(Genesis 3, Vers 16, Der Sündenfall) Die Schwester hatte daraufhin seiner Mutter in der Küche geholfen bei den Schabbatvorbereitungen für ihre nichtjüdische Familie, Kichererbsen kochen, Gurken schneiden, Tomaten, Avokado, sie hatte seinem Vater zugehört, der mit zwei Freiwilligen aus Deutschland über die ungebüßte Schuld des deutschen Volkes an den Juden diskutierte. All das kannte sie bereits vom letzten Jahr, über das Wesen der Deutschen, ihren Hang zur Perfektion, auch in Sachen Endlösung, ihren unbedingten Gehorsam und Herdentrieb. Sie hatte ein Glas frisch gepreßten Orangensaft geschlürft und sich neben die Tochter des Hauses und eine Gitarre breitbeinig ins Sofa gefläzt, die beiden hatten die Köpfe aneinandersinken lassen und die zweite Stimme zu *Wenn das Rote Meer grüne Welle hat* intoniert. Da hatte sich die Schwester das ausgemalt, hierherzukommen nach Israel, um hier zu leben mit Ben.

Spaziergang durchs Streifenland

Bis in den Nachmittag hinein schlafe ich tief und traumlos. Als ich erwache, bin ich in Israel, die Mutter sitzt in der Brühwärme über einem Stoß löchriger Kniestrümpfe und knopfloser Hemden, den sie bis zu unserer Abreise in zehn Tagen bewältigen will, der Schweiß rinnt ihr den Hals entlang, erst einmal solle jemand prüfen, ob zu jeder Socke überhaupt eine zweite existiert, tjaha, wozu sonst stopfen. Obwohl es extrem heiß ist, tragen alle außer uns beiden in ihren Schuhen und Sandalen Strümpfe, die abends den Staub der Straßen und Spielplätze in sich aufgesogen haben und beinahe täglich gewechselt werden. Das Sofa quillt über von Exemplaren in allen Größen, gewaschene, lose, getrocknete, in viel zu ähnlichen Farben, findet die Mutter, wie soll sie die je unterscheiden, guck dir das an. Tief über den Tisch gebeugt flickt sie die Wäsche der Tochterfamilie. Übermorgen werden sich Zehen und Überbeine neue Wege an die frische Luft gebahnt haben, Knöpfe werden Reißaus nehmen, Kleiderberge werden sich bilden in unvorhergesehenen Ecken des Zimmers. Wahrscheinlich hat der Mann des Lebens recht mit seinen Vorbehalten gegen das Kinderkriegen. Erst verheddern sie sich in Nabelschnüren, sind abhängig von Muttermilch, Windeln, Fertigbrei, fordern jederzeit beachtet und überallhin getragen oder geschoben zu werden, dann stehen sie auf, entwickeln ihren Willen, verheddern sich in Liebesdingen, ziehen aus nach Amerika, Israel oder an die polnische Grenze, pfeifen auf ihre Erziehung und wollen trotzdem weiter geliebt werden. Sie verbitten sich jede Einmischung, verlangen Respekt und alle Jahre wieder phantasievolle Geburtstagsgeschenke. Wieso halten Eltern das aus. Und wie läßt man so ein Kind laufen, dem man gerade erst das Laufen beigebracht hat?

Deine Schwester hat sich für zehn Minuten mit dem Baby hingelegt, gurrt die Mutter, bin mal gespannt, wie lang ihre zehn Minuten diesmal dauern. Ben sägt im Garten. Soll ich uns einen Kaffee machen. Oh ja, mit viel Zucker, sonst krieg ich das Gebräu hier nicht runter. Gebräu klingt abfällig, denke ich, und daß sie garantiert bestreiten würde, es so gemeint zu haben. Die Mutter leckt am Faden. Graue Strähnchen kleben ihr an den Schläfen, irgendwann hat sie nachgegeben und sich gleich zwei Brillen auf einmal gekauft, weil die Augen nachgelassen haben, das Nächstliegende zu sehen. Sie bittet mich trotzdem, ihr das Garn einzufädeln. Ich tue es schlaftrunken. Das sind liebe Kinder, oder, sagt sie, und ich spüre dem Unausgesprochenen nach, ob ich da nicht auch Lust bekomme.

Das erste Kind, das ich gemocht habe, seit ich selber angeblich keines mehr bin, war Elieser, der gerade mit seinem Bruder die Talmud-Tora-Schule besucht, um ein gesetzeskundiger Jude zu werden. Besonders liebgewonnen habe ich ihn, als er endlich drei war und wir Hand in Hand zum Einkaufsladen an der Ecke spazieren konnten, um Kaugummi zu kaufen, *Mastik, ta willi Mastik*, waren die ersten Worte, die der Fratz mir beibrachte, damals am Fluß. Wenn das Kaugummi nach nichts mehr schmeckte, bastelten wir Schlangen und Schnecken daraus, die den Handlauf des von Ben gezimmerten Geländers bewohnten und von niemand anderem angerührt werden durften als von uns. Heute darf er mich nicht mehr anrühren, als würde ich mich ums Geländer schlängeln. Schlimm, sagt die Mutter, er ist doch noch ein Kind. Ist das wirklich schlimm, frage ich mich. Hauptsache, er ist glücklich. Glück. Dafür gibt es im Althebräischen gar kein Wort, hat die Schwester gesagt. Sie wirken alle sehr gesund und fröhlich, gell, Claudias Kinder. In ihrer Abwesenheit nennen wir sie immer noch Claudia. Ja, sie sind toll. Die Mutter, die hier vor meinen Augen zur Oma mutiert, nickt ein bißchen stolz, sie sind glücklich, auch deine Schwester, die Claudia. Sara. Sie scheint sich hier wohl zu fühlen, in dieser Buddik, lacht sie. Jeder hat seine Prioritäten, wiederhole ich die Worte der Schwester. Die Mutter zuckt hilflos die Schultern. Prioritäten, wiederholt sie nachdenklich.

Im Garten liegen Holzplanken gestapelt, darauf setze ich mich mit meiner Tasse Kaffee und warte auf nichts. Ich weiß nicht, was ich hier soll, die Mutter, die Schwester, das Baby schlafen, die Kinder sind in der Schule, Ben hämmert in der Werkstatt und bemerkt mich nicht. Ich bin einfach da. Im Streifenland. Ohne Funktion. Holz flößt mir Vertrauen ein, wie Wellensittiche, man kann ihm zusehen, dazu sprechen, es ähnelt sich überall auf der Welt. Instinktiv bleibe ich in der Nähe des Holzstapels vor dem Schuppen, er bietet eine Kante Schatten bis zur Hüfte, der Rest des Gartens ist mir nicht geheuer, rissiger Lehmboden, unter dem die Erde aufzuplatzen droht, schmutzige Grasbüschel, die ich vermeide, um das bißchen Grün nicht zu zerstören, die zerzausten Enten in ihrem Verschlag voller Schlamm, die baufällige Kinderrutsche, das Fahrrad ohne Reifen, verrostetes Metall, das Olivenbaumgerippe, der winzige Kaktus, die erbärmlichen Kletterpflanzen am Gartenzaun, eine mit vier blauen Blütenkelchen, die abends violett leuchten werden, wie mir die Schwester prophezeit hat.

Der Muezzin ruft zum Gebet, hoher Männergesang, der über Lautsprecher durch die Hügel und in die Siedlung der

Schwester hineinhallt, lockt die Gläubigen drüben, erinnert sie an ihre Pflichten gegenüber Allah. Ich möchte der schönen Stimme folgen, des Singenden Atem scheint kein Ende zu kennen. Dieser unverstellte Blick auf das Nachbardorf, orientalischer Tanz auf den Vulkanen, was, wenn sie mich im Visier eines Feldstechers haben, bin ich keusch genug gekleidet, darf ich eine Hand an die Augen heben, um sie vor Sonnenstrahlen zu schützen, während ich hinüberspähe und das Minarett suche, von dem die Botschaft ausgesandt wird. Bemerken sie auf die Entfernung, daß ich nicht hierhergehöre? Menschen sind für mich kaum zu erkennen, das Dorf bleibt eine geheimnisvolle Ansammlung geweißter Würfel, sandiger Wege und der Stimmen von Hunden und Muezzins. Sie beten.

Lieber Gott. Vater unser. Und vergib uns unsere Schuld, wie auch wir vergeben unsern Schuldigern. Ich hatte immer geglaubt, Schuldi sei eine mittelalterliche Pluralform von Schuld, hatte jahrelang an der unverdaulichen Gebetszeile herumgekaut, bis ich begriff, daß nicht ich mir selbst gerne Schuldis vergeben mußte so wie Gott, sondern ich den Schuldigern, meinen, ob gerne oder nicht, war egal. Akkusativ. Unser Glaubensbekenntnis hatte ich nie mitgemurmelt, weil es mir ungeheuer gewesen war, wer war dieser Heilige Geist, wozu brauchten wir den, hatten sie ihn nicht dazu erdichtet, damit von Dreifaltigkeit die Rede sein konnte. Mir war aufgestoßen, wie alle dasselbe behaupteten im Gleichtakt, die Monotonie, die jede Individualität negierte, so aufregend der Pfarrer auch predigte, davor war ich zurückgezaudert, aus demselben Grund war ich von Friedensdemonstrationen geflohen, selbst wenn ich eine lange Zugfahrt zurückgelegt hatte, um dabeizusein. Hier und heute gefällt mir die Vorstellung, daß ein ganzes Dorf zu einer bestimmten Uhrzeit in die Knie geht. Macht es das voranschreitende Alter, habe ich den Kampf um bedingungslosen Eigensinn hinter mir. Oder träume ich sentimental von einer Unterwerfung, zu der ich nie in der Lage sein werde, nie. Teil von etwas zu werden, das so viel größer ist als ich und mein einsamer Herr Geist, da ich mich an einem Flecken Erde befinde, der immer noch von den Geburten der Weltreligionen nachblutet. Ich versuche mir vorzustellen, was da drüben vor sich geht, entwerfe mir ein friedliches Bild der Betenden, ob die Menschen, wo sie stehen und gehen, einfach alle Dinge beiseite legen, sich nach Mekka wenden, ihren Rücken beugen, ob auch die Frauen und Kinder in ihren Spielen und Erledigungen innehalten, um zu beten. Zu meiner Schande muß ich mir eingestehen, ich habe keine Ahnung von den Gepflogenheiten im Nachbardorf. Ich war durch den Verlust der Schwester allergisch geworden gegen religiöse Rituale aller Art, hatte Interesse verweigert und mich bis heute nicht immunisiert. Ob die Schwester mittlerweile mehr weiß über diesen Bruder Islam, die gemeinsamen Wurzeln und Wiegen, hat sie sich kundig gemacht? Oder ernährt sie sich immer noch von ihren Vorurteilen und füttert ihre Kinder mit Geschichten von der Jagd ins Meer? Eine winzige Katze mit dicken Tatzen schleicht sich unter meinen Rock, verfängt sich in den Rüschen, krallt in den Saum. Als ich sie in die Hand nehme, gibt sie quakende Laute von sich, reißt das Mäulchen auf, laute Froschrufe, wir freunden uns an. Aus ihren aufgerissenen Augen rinnt Eiter, Hände waschen nach dem Spiel mit der Katze, denke ich, bevor ich Essen fasse oder Kinder anfasse, Vorsicht Fuchsbandwurm, hatte die Mutter gewarnt. Die Katze kriegt nicht genug von dem Versteckspiel unter meinem Rock, und ich auch nicht, so zerbrechlich ist sie und zäh.

Michal kommt durch den Garten spaziert. Sie grüßt Schalom, ich grüße Schalom, sie geht rein, ihre Schultasche ablegen, kommt wieder raus, gucken, was ich mit der Katze treibe. Ich sage, guck mal, die Katze, die ist lustig. Sie sagt ja. Ich sage, kennst du die Katze. Sie schaut mich lange an und sagt nichts. Dann nimmt sie meine Katzenhand und zieht mich zu den Enten, kommkomm. Ich sage Enten, sie sagt ja. Ich denke, Händewaschen. Sie faßt mir in den Rock und wedelt ein bißchen damit herum. Sie lacht mich an. Ich sage, warst du in der Schule. Sie schaut mich lange an. Ich sage, Schule, sie sagt ja. Ich sage, magst du Schule, und zeige auf mein Herz wie der letzte Vollidiot. Sie schaut sich um, was wir als nächstes machen könnten. Kommkomm. Sie zieht mich zu den Übungsheften von der Oma. Sie sagt vonoma. Ich sage, eben, die sind von der Oma, damit kenne ich mich nicht so gut aus. Sie zeigt auf ein Haus und sagt Baum, ich sage, nee, das ist ein Haus, Michal, Baum ist, warte mal. Wir gehen wieder raus in den Garten, aber so richtig, was wie ein Baum aussieht, ist da nicht. Außerdem denke ich Händewaschen. Ich zeige auf den kläglichen Olivenstrauch und sage, kleiner Baum. Michal schreit Baum, Kleinebaum. Der Gartenschlauch kommt mir gelegen, ich greife das Ende und suche den Anfang mit einem Knauf zum Aufdrehen. Michal greift zur Zange und dreht an der Stelle, wo der Schlauch aus dem Haus kommt, wie ein Kerl, und da kommt Wasser, und wir waschen uns die Hände. Michal spritzt mich naß, und ich denke, wie benimmt man sich in solch einer Situation als Gast bei Orthodoxen, wenn man von einem kleinen Mädchen naß gespritzt wird. Der Garten ist nicht nur von gegenüber einsehbar, sondern auch von den direkten Nachbarn, den vielen anderen orthodoxen Familien mit ihren unzähligen Kindern, die nach der Schule Beine aus Balkongeländern baumeln lassen oder auf Fensterbänken kauern und uns beobachten, die Frau mit der Sonnenbrille und den kurzen Haaren und Michal, ihre kleine Nachbarin in dem hübschen bunten Kleid von der Oma. Ich habe Lust, ihr den Schlauch wegzunehmen und eine richtige Wutzerei zu veranstalten, mit

Geschrei und Rumspringen und Ausziehen, mit den anderen Kindern zusammen, aber das lasse ich lieber bleiben, drehe das Wasser ab und schaue Michal zu, wie sie mit der kleinen Katze Schlange und Katze spielt. Der Schlauch schlängelt sich, die Katze tippt mit ihrer großen Tatze daran und springt erschrokken durch den Garten, als sich das Ding bewegt. Drinnen kräht das Baby. Als hätte das Leben kurz nach Mittag für einen Augenblick innegehalten, verströmt es sich jetzt aus allen Ecken und Nischen.

Die Schwester mit dem Jüngsten auf dem Arm steckt den Kopf zur Tür raus und sagt Michal und dann ein paar Sachen auf hebräisch. Die Kleine plappert los, legt den Kopf schief, wackelt mit den Händen, redet und redet und hört gar nicht mehr auf. Ich staune, wie fließend sie hebräisch spricht, warum auch nicht, sie ist acht, es ist ganz natürlich, ein Kind kommt aus der Schule und hat jede Menge Sachen erlebt. Ich beobachte neidisch, wie die Schwester mit ihr lacht, tröstend mit der Hand über ihren Kopf streicht, wieder lacht, diesmal unwillkürlich über den Trotzkopf, als die Kleine aufstampft und mit dem Finger in der Luft schnippt, Saras Miene wird ernst, ihr Tonfall strenger, die beiden reden sich in einen Streit hinein heiß, bis Michal beleidigt zu den Enten flüchtet und die Schwester sie auf deutsch auffordert, bitte ihre Hausaufgaben zu machen, bevor sie die Enten füttert. Ich sage, ich gehe mal eben einkaufen, ich brauche Wasser, weil meinem Verdauungstrakt das südliche Leitungswasser nicht geheuer ist, auch wenn eine ganze Stadt damit ihren Durst löscht. Michal wittert eine Ausflucht, sie wirft ihrer Ima einen herzerweichenden Blick zu, dazu ein paar Brocken Hebräisch, und mit einem Strahlen, das der mächtigen Sonne Konkurrenz macht, nimmt sie mich an der Hand und führt mich durchs Treppenhaus über die Straße zum Lebensmittelgeschäft an der Ecke.

Wir kaufen eine Kiste Wasser und ein paar Kleinigkeiten, die die Schwester hastig in Hebräisch auf einen Zettel notiert hat und die Michal mit erwachsenem Ernst aus den Regalen zieht, Milch, Eier, Salz, als Überraschung besorge ich Mandeln und ein paar gelbe Pflaumen und zahle bar, obwohl die Schwester mir einen Code mitgegeben hat, unter dem sie geringe Beträge anschreiben dürfen. Fremde Kinder starren mich an wie eine Außerirdische, dabei hatte ich gedacht, einigermaßen angepaßt herumzulaufen, der bodenlange Rock, die züchtige Bluse. Vielleicht ist der Rock ungewöhnlich lang und zu tellerartig.

Die haben eben keinen Fernseher, amüsiert sich die Schwester mandelknabbernd und zupft an meiner Bluse, und außerdem, zupft und zupft, aber die Bluse wird nicht länger. Was hast du, frage ich leicht gekränkt, es schaut kein Stück Bauch raus. Aber dein Unterhemd. Ach, was soll's, dann haben sie eben ein bißchen Unterhaltung beim Einkaufen, wenn die Frau mit der Sonnenbrille und dem Unterhemd auftaucht. Ich schlage vor, daß wir später einen Spaziergang machen durch die Siedlung, Michal, was hältst du davon. Erstens bin ich neugierig, zweitens mag ich nicht den ganzen Tag in Garten und Krämerladen meine Runden drehen. Nachdem die Schwester übersetzt hat, setzt sich Michal sofort brav an ihre Hausaufgaben, indem sie mit ihrem Schulbuch das Nähzeug der Oma, das Frühstücksgeschirr und ihr Deutschübungsheft auf dem Wohnzimmertisch beiseite schiebt, sich davorpflanzt, darüberbeugt und Sachen notiert. Ich linse über ihre Schulter und frage mich, für welches Fach sie am Bleistift knabbert, Erdkunde, Reli, Sachunterricht, Hebräisch. Schon wieder stehe ich überflüssig in der Gegend herum. Israel versucht, meine Zehen zu essen. Unwillig verdrücke ich mich zum Sockenhaufen und versuche, mich auf unseren Spaziergang zu freuen.

Vor ein paar Wochen habe ich mit meinem deutschen Patenkind eine Zugreise unternommen, nur wir beide quer durch Deutschland, das Patenkind ist ICE-Fanatiker, wir durften vorne beim Zugführer sitzen, haben mit ihm über Beschleunigungsstrecken und schlimme Unfälle gefachsimpelt, ich habe gefragt, ob das Patenkind vor dem nächsten Bahnhof die Bremse betätigen darf, wir haben unseren Proviant mit dem netten Herrn geteilt, auf der Rückfahrt im Bummelzug haben wir uns auf den Sitzbänken quer gelegt und sind eingenickt, so erschöpft waren wir von den Eindrücken der Reise. Das war voll schön, erklärte der kleine Fratz abends seiner Mutter. Mit den Kindern der Schwester werde ich solch ein Abenteuer nie erleben, ahne ich.

Mosche läuft mit seinem Ranzen schnurstracks an uns vorbei ins Kinderzimmer, wo er einen Stuhl vor den Schrank schiebt, hinaufsteigt und nach Sachen kramt. Als er das erledigt hat, eilt er ins Wohnzimmer und begrüßt seinen kleinen Bruder, der auf dem Boden Kuchenkrümel sammelt, um sie in den Mund zu stecken. Alle haben Dinge zu erledigen, nur ich nicht. Schalom. Sara fragt ihn und übersetzt für mich simultan, ob er an der Straße jemanden gebeten hat, ihn an der Hand hinüberzuführen, wie sie ihm aufgetragen hat. Er sagt ja und grinst dabei frech zu mir rüber, als wäre ich seine Verbündete für glatte Lügen. Ich sage, wir machen nachher einen Spaziergang, wenn die Großen da sind. Er versteht kein Wort, Michal blickt auf und übersetzt Spaziergang, als wäre sie der Fachmann der Familie für deutsche Sprache, Mosche klatscht in die Hände, ruft einen Slogan und verzieht keine Miene. Ich kann nicht ausmachen, ob Spaziergang für ihn nach Verheißung schmeckt oder Pflicht. Wasch dir deine Hände, bittet ihn die Schwester. Ich bin gerührt, wie sie sich bemüht, in unserer Anwesenheit wenigstens ein paar Worte deutsch zu sprechen mit ihren Kindern, wie sie es einst den Eltern versprochen hatte. Mosche füllt am Waschbecken im engen Flur Leitungswasser in einen zweihenkeligen Becher und übergießt seine Hände damit, eine nach der anderen. Ein Ritual. Sicher ist in der Tora etwas von zwei Henkeln am Gefäß erwähnt. Bei unseren Gastgebern hängt ein ähnlicher Becher aus Kupfer über dem Waschbecken, was der Gott der Juden wohl von dieser auberginefarbigen Plastikversion hält, die hier am Wasserhahn baumelt.

Die Schwester schüttet Weizenkörner auf eine Scheibe, unter der ein Licht brennt, und liest die schlechten von Hand aus. Zur Feier des Tages gibt es Pfannkuchen. Die guten Körner landen in der Mahlschüssel, die Mahlschüssel auf der Küchenmaschine, der Hochzeitsgeschenkeklassiker brummt los, bis Mehl entstanden ist. Bei dieser Mischung aus Mittelalter und Hightech muß ich schmunzeln, wo der Einzige eine Lücke im Text gelassen hat, hält die Bequemlichkeit Einzug. Du mußt bitte jedes Ei erst ins Glas hauen, schauen, ob es Blutfäden gibt oder sonst einen unkoscheren Makel am Dotter, in dem Fall muß das gute Stück entsorgt werden. Ich biete mich für weitere niedere Dienste an, wo ich schon mal hier bin, und weil ich Küchen mindestens so vertrauenerweckend finde wie Wellensittiche und Holzstapel. Saras Reich ist eng, aber ihr hünenhafter Kühlschrank zeugt vom Stillen normaler menschlicher Bedürfnisse, er ist vollgestopft mit Lebensmitteln für die Großfamilie, Joghurt, Quark, Butter, Gurken, außerdem fliegen wie in jeder belebten Küche Stifte auf Regalbrettern herum, Zettelkram, ausgediente Handies, ungelesene Rechnungen, die Riesenbox mit den Salzbrezeln, Schere, Stein, Papier.

Spülen, schlägt sie vor, das wenige Frühstücksgeschirr wegspülen und die Berge, die sich von gestern im Spülstein angesammelt haben, nein, nicht da, in diesem Waschbecken, nicht mit dem goldenen Schwamm, der ist parve, mit dem grünen, hier, und ablegen rechts oben zum Abtropfen. Ich präge mir alles ein, rechts das milchige Becken, links fleischig, parve ist mir völlig neu. Parve ist weder noch, neutral, ein Apfel ist parve, Sojamilch, verstehst du. Achso. Magst du nicht erst alles einseifen und dann abspülen. Nein, entweder spüle ich auf meine Art in deinen Waschbecken, oder ich lasse es bleiben, hast du keinen Stopfen, wenn du Wasser sparen willst. Nein, und, es ist so, daß, äh, das Wasser, weißt du Kleines, das ist nicht so billig. Ich bleibe zehn Tage, davon geht die Welt nicht unter, ich geb dir zwanzig Schekel und du läßt mich in Ruhe dein Geschirr spülen, so wie es mir paßt, und apropos Wasser, was hältst du davon, wenn wir für die Kinder den Garten begrünen, so wie eure Nachbarn, die mit dem Planschbecken vor dem Haus, was hältst du davon, wenn ich euch einen Wasserspendecomputer für den Rasen und das kleine Beet neben dem Entenkäfig schenke, die sind bei uns total billig, hundert Euro oder so, und ich habe ein Drehbuch verkauft, da bleibt was übrig. Ich halte das für einen großartigen Einfall, sehe mich schon schmale Gräben ins Erdreich hacken, durchlöcherte Schläuche verlegen mit den hilfsbereiten Neffen, ich sehe eine wunderschöne Aufgabe vor uns, die uns mehrere Abende bis Sonnenuntergang beschäftigen wird, Ben, der mein Werk begutachten wird, anerkennend nicken wird, wir werden den ein oder anderen Spaß über Lecks in den Leitungen austauschen, über den Verlauf der Verzweigungen nachdenken, Sara wird Mosche mit Kuchen rausschicken, damit ihre Arbeiter nicht verhungern, wir werden Pausen einlegen und uns den Schweiß von der Stirn in die Hemdsärmel wischen. Das ist auf die Dauer zu teuer, Kleines. Die paar Tropfen Wasser am Tag für eine sattgrüne Wiese, auf der Kinder rumhopsen können, protestiere ich und ziehe mich umgehend zurück mit meinem Pioniergeist, warum will ich ihr auch unbedingt ein Geschenk machen, dieser weltfremden Familie? Ich bin hergekommen, das reicht aus. Die Fingerpuppen, die ich in Berlin für Saras Kinder erstanden habe, traue ich mich gar nicht auszupacken, vermutlich sind sie ebenso unkoscher wie die beiden Eidotter, die die Enten wegschlabbern. Sind Enten nicht auch Gottes Geschöpfe, warum dürfen sie blutiges Ei schlürfen und an madigen Apfelkrutzen picken.

Sie haben kein Geld. Darum bäckt Sara ihr Brot selbst, darum hat sie so wenig Obst im Haus, die große Schwester, die Früchte liebt und trotz allem verdächtige Eier wegwirft. Geld ist nicht wichtig, würde Ben sagen. Später fällt mir ein, daß wir in Berlin auch eine dürre Jahreszeit haben, wo nichts mehr grün ist, wo alles grau wird, über Monate kahl und starr. Hier ist das eben der Sommer, und Weihnachten sind dafür die Orangen reif.

Was willst du unternehmen, Kleines. Ich zucke die Schultern, eigentlich nichts, mir fällt nichts Gescheites ein, oder warte, ich würde gerne mal in die Synagoge, wenn das geht, ich werde mit dir Klavier und Geige spielen, dazu hab ich das Ding mitgebracht auf deinen Wunsch hin, ich weiß nicht, was kann man denn sonst groß anstellen. Wir könnten ans Meer fahren, falls du Lust hast. Ans Meer, das ist sensationell, nicht im Traum hab ich daran gedacht, daß ich in den zehn Tagen bei der Schwesterfamilie das Meer sehen würde, ans Meer, ja Wahnsinn, laß uns ans Meer fahren. Nur wir beide und der Säugling, die Mama gibt den anderen hier zu essen, und wir fahren einen ganzen Vormittag lang ans Meer, gell Mama, das würdest du für uns machen, ruft die Schwester heiter aus der Küche rüber. Die Mutter tut über der Näharbeit, als hätte sie nichts gehört, erst einmal muß sie die Beleidigung verdauen, daß wir sie nicht unbedingt dabeihaben wollen, den Ärger in Wohlwollen verwandeln, ihre

Töchter möchten eine kleine Reise unternehmen, unter sich sein, wie schön, Gelegenheit zu einer Annäherung zwischen den beiden nach all den Jahren der Funkstille, im Nu wird sie von einer Woge aus Opferbereitschaft fortgerissen in ihr ureigenes Muttertiermeer. Es gibt einen orthodoxen Strand in Tel Aviv, Sara erinnert sich vage, da wechseln sich Männer und Frauen tageweise ab mit Baden, sie selbst war seit Jahren nicht mehr schwimmen, sie wird sich bei Nachbarn erkundigen.

Oder Jerusalem, das ist ganz nah, eine Viertelstunde, würde dir das gefallen. Was hat sie plötzlich. Also Jerusalem, ich weiß nicht, das macht mich immer nervös. Kennst du denn das orthodoxe Viertel, bist du da schon mal gewesen, ereifert sich die Schwester, die offenbar aus ihrer Nachmittagslethargie erwacht ist und wahllos Pläne schmiedet, daß ich befürchte, sie werden einer nach dem anderen wie Seifenblasen zerplatzen zwischen den Großfamilienpflichten. Jerusalem nächstes Mal, beschließe ich und staune, wie selbstverständlich mir das über die Lippen kommt, *Nächstes Mal*, als würde ich sie von nun an jedes Jahr besuchen. An das arabische Viertel erinnere ich mich, wir hatten uns zwischen den Basaren verirrt mit der ganzen Familie, damals bei deiner Hochzeit, wir waren vom Weg abgekommen und in engen Gassen gelandet, in denen düstere Gestalten Feuer in Aluminiumfässern am Laufen hielten. Ich würde an deiner Stelle dort nicht hingehen, mischt sich die Mutter plötzlich doch aus dem Wohnzimmer ein, da haben sie uns mal ganz böse angeguckt, als wir uns verirrt hatten und nach dem Weg gefragt haben. Wo jetzt. Meashearim, bei den Orthodoxen, die haben gemerkt, daß wir Deutsche waren, und dann hat uns keiner weitergeholfen. Ja und, fragt die Schwester. Was ist denn da dabei, wandelt sich der Tonfall der Mutter in empörtes Schimpfen, wenn sich Touristen in deiner Straße verlaufen, da braucht man doch nicht so gehässig wegzuschauen, dabei hatten wir auf englisch gefragt, nicht mal auf deutsch, die hatten das trotzdem bemerkt. Stell dir mal vor, Mama, du hast deine ganze Familie im KZ verloren, da würde es dir auch nicht leichtfallen, mit Deutschen zu reden, warum versuchst du nicht zur Abwechslung, die Leute zu verstehen. Die Mutter grummelt, den ganzen Tag versuche ich hier, irgendwas zu verstehen. Tust du nicht, sagt die Schwester, du machst dich lustig. Mache ich nicht. Macht sie wohl, oder, Kleines. Ich will weiter unsere Fahrt ans Meer planen, das Meer, wann machen wir das, wann.

Gegen fünf kommen die Großen aus der Talmud-Tora, und wir begeben uns auf unseren Spaziergang, damit wir vor Einbruch der Dunkelheit wieder zurück sind, ich, drei Neffen und die Nichte. Die Jungs wollen in den Park ein Stück weiter oben. Wir müssen Treppen rauf, was kompliziert ist, da der bauschende Stoff meines Rockes am Boden schleift, so daß ich drauftrete, mich mit den Zehen darin verheddere wie die winzige Katze. Richtig raffen traue ich mich auch nicht, da sonst die Waden zum Vorschein kommen, die nackten Knöchel. Auf der Treppe spielen Kinder verschiedenen Alters, vertreiben gemeinsam ihre freie Zeit, gucken uns entgegen. Statt Fernsehen. Einer von ihnen begrüßt die Neffen, Schimon winkt zurück wie ein obercooler Jugendlicher, etwas wird verhandelt, der Kleine rennt vor zu einem Brunnen, beugt sich übers Becken, zerrt an der Pumpe, Michal nimmt meine Hand und zieht mich weiter, wo ist der Große hin, ach da oben, vier Gören im Auge behalten ist eine Lebensaufgabe, stelle ich fest. Die fremden Kinder fangen plötzlich an zu lachen. Ich drehe mich um, zwei zeigen mit dem Finger auf mich und feixen, das Lachen multipliziert sich in ihren aufgerissenen Mündern, sie werden lauter, grölen, es klingt fies, andere Kinder eilen herbei, deuten auf mich und stimmen ein, dabei gebe ich mir Mühe, ganz ruhig und freundlich zurückzuschauen, voll Verwunderung. Mir ist es unangenehm, im Kreis der Neffen Anlaß für Gelächter zu bieten, ich möchte sie nicht beschämen. Den kleinen Verwandten scheint es nichts auszumachen, sie stehen zu ihrer unkoscheren Tante, gehen einfach weiter, als wäre nix gewesen. Ich bin irritiert und amüsiert zugleich, es ist ungewohnt, Mittelpunkt unverhohlenen Spotts zu sein. Unentdecktes Land, neue Perspektive. Je weiter wir uns entfernen, desto gellender verfolgt uns das Lachen, Häme schwingt mit, Lust an der Gemeinheit. Na sowas. Ich erinnere mich an ein Telefonat mit dem Vater, der erzählte, wie er in der Siedlung die zwei Ältesten von der Schule abgeholt hatte, eine Horde Jungs sei um ihn herumgesprungen, habe mit dem Finger auf ihn gezeigt und Goj geschrien, Goj, Goj, Ungläubiger. Das Ereignis hatte Monate zurückgelegen, durch das Telefonkabel war ihm die Verletzung anzumerken, wie schwer es ihm über die Lippen kam, nie wieder wird er seine Enkel von der Schule abholen, der große hagere Mann mit der durchscheinenden Haut im Gesicht. Nächstes Mal zieh ich mir ein Kopftuch über, nehme ich mir vor, um den Neffen die Peinlichkeit zu ersparen, und vielleicht doch besser statt Flipflops die Turnschuhe mit Socken.

Im Park stürzen sich die Ältesten mit Michal auf das Klettergerüst, das sie zu ihrer Arche umfunktionieren, der Jüngste sucht den nächsten Brunnen auf, wo er mit einem Schulfreund plaudert, bevor er sich ins Gebüsch verdrückt zum Kacken. Die Sonne versenkt sich zwischen den Hügeln in der Ferne und taucht uns in Orange. Michal spielt Fangen mit den Brüdern und zwei anderen Buben, die Eliesers Alter haben, sie schwingen als Affen von Ast zu Ast, donnern Rutschen runter, springen Leitern rauf, hechten Stangen entlang. Ich hocke mich in gebührender Entfernung auf eine der zahlreichen Holzbänke wie eine Mutter von fünf Kindern, komme mir behäbig vor, älter als sonst mit meiner Handtasche voller Brillen für alle Fälle, ich darf nicht mittoben, Spielregeln in den Abendhimmel plärren, mich zum Affen machen und so einen Sack voller lustiger Erinnerungen in die Herzen der Neffen aussäen. Statt dessen wünsche ich mir ein, zwei zusätzliche Augen, es wird Tage brauchen, bis ich begreife, wie gut die Kinder auf sich selbst achten, füreinander sorgen, Verantwortung übernehmen. Michal purzelt im Nachlauf zweimal vom Gerüst und prellt sich jeweils eine Arschbacke, sie kommt kurz weinen, ich puste auf das Kleidchen über dem Po, streichele ihren Kopf, sage tröstende Sachen, die sie nicht versteht, kitzele sie ein bißchen, bis sie wieder kichert, losrast, sich zurück ins Urwaldtreiben stürzt mit den anderen Schimpansen.

Wie wollen sie aus dem Energiebündel eine jüdische Frau formen, frage ich mich. Ihr Kleid ist elastisch und dennoch an mehreren Stellen gerissen, ihre Strumpfhose hat Löcher an den Knien vom Landen im Sand, sie schreit die Namen ihrer Brüder und deren Freunden, kreischt auf, wenn sie erwischt wird, lacht, jammert, lacht laut, ist auffallend hübsch und eigensinnig. Eine orthodoxe Frau erhebt die Stimme nicht, hat mir die Schwester erklärt, und ob ich mich bitte ungefähr entsprechend benehmen könnte draußen, eine orthodoxe Frau bewegt sich nicht über Gebühr in der Öffentlichkeit, das heißt, sie bewegt sich natürlich jede Menge, überall sind Frauen auf den Straßen, schieben Kinderwagen, führen Kinder an der Hand, stehen vor dem Haus in einen Plausch vertieft mit Nachbarinnen, Freundinnen, die Besorgungen machen, selbstverständlich dürfen sie ihre Häuser verlassen. Um die Art der Bewegung geht es. Sie vermeiden Verrenkungen der Gliedmaßen, die den Sexualtrieb des Mannes wecken könnten. Sie wedeln nicht mit den Armen, sie schlenkern nicht mit den Beinen, sie vollführen keine ausholenden

Gesten, Fußballspielen ist für verheiratete Frauen undenkbar. Vermutlich sagen sie lieber einem ihrer älteren Kinder, es soll die anderen rufen, als daß sie selbst rumschreien. Sie lachen nicht laut, sie singen nicht auf der Straße, wo Männer unterwegs sein könnten, sie singen auch nicht laut in ihrer Wohnung, wo der Nachbar lauschen kann. Sie verhalten sich unauffällig, leise, sie gehen aufrecht, manchmal huscht eins die Wand entlang. Die meisten wirken selbstbewußt, zufrieden, sie lächeln sich an. Wenn ihnen ein Mann begegnet, schauen sie beiseite, auch er senkt das Haupt. Mich kostet es Anstrengung wegzusehen, es ist so ungewohnt, wenn mir ein Mann oder ein halbwüchsiger Bursche, wenn mir jemand entgegenkommt, den Kopf zur Seite zu drehen, Desinteresse zu heucheln. Ich stelle fest, wie neugierig ich bin auf jedes Augenpaar, ob Mann oder Frau, ihren Blick, die Augen, im Moment des ersten Blickwechsels wird die Sünde geboren, wie heiß ich bin auf derlei Versuchungen, wie trainiert meine Seele, das Spiel zu spielen, zu genießen, es auszuhalten. Was verbirgt sich da für ein verdorbenes Weibsstück hinter meiner Sonnenbrille.

Gegen vier erwache ich von der kurvigen Stimme des Muezzin, mein Schlaflied, im Nachbardorf wird zum Gebet gerufen, ich döse weg, schrecke abermals hoch von Schritten vor meiner Terrassentür, diesmal sind es mehrere, ich sollte die Polizei rufen, Notruf, brauchen sie vor Ort überhaupt eine Polizei, wo sie Gott haben, den strengen Richter. Ich zerre mir den Kissenbezug über den Kopf als Verhüllung, drehe mich auf die Seite, ziehe die Beine an, der Pyjama zerstäubt, ich will von dem Staub über mich schaufeln, aber auf dem harten Grund brechen erst meine Fingernägel, dann die Finger, nein, meine Finger brauche ich für die Geige, ich muß spielen mit der Schwester, weine ich und hoffe, daß alles nur ein Traum ist, die Schwester kommt angerannt, um mich zu beruhigen, sie gibt allen zu essen aus einer Plastikbox, stopft mir von ihrem Sauerteigbrot in den Mund, bis ich mir in die Hose mache, warm rinnt es den Schenkel entlang, davon erwache ich endgültig, schieße hoch, um nichts in die Laken der Gastgeber sickern zu lassen, und stelle fest, die Glühbirne in der Nachttischlampe hat ihren Geist aufgegeben, was die Beine langtropft, ist Blut, Natur, und das bei der Hitze. Ich stopfe mir Taschentücher zwischen die Beine und ziehe das Rollo hoch. Die Sonne knallt mir eine. Der Kopf ordnet die Reihenfolge der Ereignisse auf dem Kopfkissen, ich lege mich neben ihn und warte, bis sich die Morgengeräusche in der Wohnung verzogen haben. Danach bücke ich mich unter die weißen Hemden des Hausherren, die in die Badewanne tropfen, und wasche die Nacht ab. Tun sie das nicht auch, Nachtabwaschen, morgens rituell die Hände von den unbewußten Sünden der Nacht reinigen, von den schmutzigen Spielen am Selbst, all des vergeudeten Samens eingedenk. Das Gelächter der fremden Kinder hallt in meinem Schädel nach. Was war so lustig an mir oder lächerlich, die Schlappen, einzelne Zehen, daß ich ohne Kopfbedeckung draußen war, lachen sie Frauen ab zwanzig aus, die unverhüllt und demnach unverheiratet herumlaufen, keinen Mann abgekriegt haben, haben sie meinen Ring nicht gesehen. Oder war es meine Frisur, der Kurzhaarschnitt, vermutlich war es das, die Haare.

Benommen setze ich mich an den Kinderschreibtisch und versuche, mich mit einer Tasse heißem Wasser auf mein Exposé für einen abendfüllenden Spielfilm zu konzentrieren. Am liebsten würde ich den Co-Autor anrufen, der einmal mein heimlicher Geliebter war, und ihn zusammenstauchen, weil wir im Begriff sind, aus einem Dokumentarstoff, der mir am Herzen liegt, einen Agententhriller zu zaubern, nur damit sich das Buch verkauft. Statt dessen rufe ich den Mann des Lebens an und frage ihn, ob er Neuigkeiten hat von den Neuwahlen, die am Wochenende stattfinden werden, und er sagt, spinnst du, um die Uhrzeit. Und als ich umgehend auflege, ruft er zurück und findet tröstende Worte und fragt mich, was los ist, gestern abend fand ich doch alles so toll, die Kinder, die fesche Schwester, warum ich jetzt plötzlich heule, und ich sage, ich menstruiere, und er sagt, achso na dann, und ich sage, es ist alles ein bißchen viel, und ich träume komische Sachen von Arabern, die in mein Zimmer kommen und mich ermorden wollen oder mich verwechseln, ich weiß auch nicht, wieso ich so einen Scheiß träume, weit und breit ist hier kein Araber und wenn, steht er friedlich am Straßenrand, und er sagt, na das sind eben so Ängste, und ich, nee, das ist schlimm, wir sind vollgepumpt bis obenhin mit Antiislampropaganda, und er merkt, das könnte eine längere politische Diskussion werden, hör mal, ich muß jetzt echt arbeiten, du hast mich mitten aus dem Chorauftritt rausgerissen, und kriegt wieder diesen offiziellen Ton, aber ich will seine Stimme noch hier in dem Kinderzimmer behalten, bitte noch ein bißchen. Ich bin in Wien, wir telefonieren aus zwei Ausländern, das ist irrsinnig teuer über Handy. Na und, ich habe ein Drehbuch verkauft, ich zahle deine Rechnung für den September. Er läßt sich überreden, noch ein bißchen nett zu mir zu sein, fragt, ob ich da wirklich in Sicherheit bin, wie ich ihm versichert habe vor dem Abflug, bringt mich zum Lachen mit Anekdoten von den Proben und den Neuigkeiten vom Betragen der Politiker kurz vor der vorgezogenen Neuwahl, am Schluß scherzt er, ich soll auf mich aufpassen und in keinen Bus steigen, und er fände das sehr daneben, wenn ich ihn ausgerechnet jetzt im Stich ließe, nur weil ich meine Schwester wiedersehen wollte, gerade jetzt, wo du dein erstes richtiges Drehbuch verkauft hast, Süße. Der hat gut reden, er hat keine Geschwister.

Ich werde auf eigene Faust eine Glühbirne einkaufen gehen, entscheide ich, auf dem Umweg zur Schwester einen Laden aufsuchen in der Einkaufsstraße der jüdisch-orthodoxen Siedlung, Abenteuer des Tages. Am Abend hatte ich mir von Sara ein Kopftuch geliehen, schlicht weißrosa, das ich mir jetzt um den Schädel binde, um kein Aufsehen zu erregen. Sieht gar nicht übel aus. Außerdem hat sie mir einen Rock geborgt, der nicht auf dem Boden schleift und in dessen Bund ich mein Unterhemd stopfen kann. Ich recke mich vor dem Badezimmerspiegel der Gastgeber und finde, daß ich ziemlich echt aussehe. Nur die blauweißen Tennisschuhe und die Tasche aus Kuhfellimitat fallen dezent aus dem Rahmen. Ich verlasse die Wohnung mit gesenktem Haupt, lasse die Aufregung den fehlenden Kaffee ersetzen und meine Sinne erfrischen, Blut kreist, Herz schlägt, endlich komme ich zu mir.

Nachdem mir die ersten Menschen über den Weg laufen, muß ich unwillkürlich lachen, zwei Frauen in Eile mit ein paar Kindern an der Hand, ein Mann mit zwei Handys und Doppelkinderwagen, die mich alle null beachten. Es klappt. Ich bin drin. Vor Freude hüpfe ich ein paar Schritte den Bordstein entlang, bis der nächste Bus um die Ecke gebrettert kommt und ich mich wieder benehmen muß. Wie eigenartig schön sich das anfühlt, Teil dieser fremden Welt zu werden. Im Elektrogeschäft, das überfüllt ist von Küchenmaschinen, Staubsaugern und Männern in der ortsüblichen Tracht, übe ich den unsichtbaren Gang die engen Regalreihen entlang und warte engelsgeduldig, bis alle Herren ihre Schrauben, Akkus und Ratschläge bekommen haben. Während ich belausche, wie sich der Verkäufer mit einem Kunden auf englisch unterhält, so wird mich nicht mal die Sprache enttarnen, fällt mir ein, daß ich die kaputte Glühbirne im Gästezimmer vergessen habe und nicht weiß, was Glühbirne auf Englisch heißt. Bevor ich einen Ausweg gefunden habe, wendet sich der Verkäufer unfreundlich an mich. Um Zeit zu schinden, frage ich, ob er englisch spricht und ahne, daß ich allein durch die blöde Frage entlarvt bin. Ich fasele mit Schraubbewegungen und entschuldigendem Lächeln, ach du Schande, einen fremden Mann angelächelt, um das englische Wort für Glühbirne herum, bis der Verkäufer mir ungeduldig etwas vor die Nase hält, das meiner kaputten Glühbirne zum Verwechseln ähnlich sieht. Fieberhaft zähle ich die Schekel zusammen, reiche ihm das Geld, ohne ihn anzusehen, und verlasse schweißgebadet den Laden. Eine schwangere Frau schiebt sich mit Kinderwagen an mir vorbei durch die Tür.

Völlig geschafft erreiche ich die Wohnung der Schwester, in der die Mutter mit hochrotem Kopf von der Hitze am Wohnzimmertisch sitzt und näht. Sie stößt einen Schrei der Verwunderung aus, als sie meinen Aufzug bemerkt. Lach nicht, brumm ich erschöpft. Geh, ich lach doch nicht über dich, das sieht toll aus, richtig echt, und es steht dir, das Tuch, jetzt hab ich eben zwei orthodoxe Töchter, ich lach dich doch nicht aus, wie kommst du denn darauf? Ich hab Hunger, es ist nach Mittag, die Butter ist aus, und ich brauche dringend einen Kaffee. Verwundert stelle ich fest, daß es offenbar keine jüdisch orthodoxe Methode gibt, Kaffee zu brauen, obwohl das ein Grundnahrungsmittel ist, sie haben Nescafé ohne Koffein, deutschen Bohnenkaffee für Filter, der vor drei Jahren abgelaufen ist, und arabischen Kaffee, der sich unter sprudelndem Wasser in der Tasse zur Ruhe setzt. Ich streife Turnschuhe und Strümpfe ab, solange wir unter uns sind. Wieder lacht die Mutter auf, diesmal über meine dampfenden Füße, ihre übertriebene Heiterkeit versetzt mir einen Stich, wie penetrant sie um Anschluß bemüht ist nach ein paar einsamen Stunden über dem Nähei, es klingt angespannt, ein Lachen, das verzweifelt einen Partner sucht und keinen findet unter den störrischen Töchtern und den Enkelchen, mit denen sich kaum ein gerader Satz wechseln läßt. Als Ben durch die Verandatür tritt, verberge ich die nackten Zehen unter dem Rock. Er sagt Schalom und guten Morgen und ringt sich ein Lächeln ab, ähnlich dem der Mutter, scheint mir, aber nicht auf der Suche nach Austausch, sondern aus schierer zur Schau getragener Höflichkeit den Gästen gegenüber, wie man das halt so macht. Mehr können wir echt nicht erwarten, hab ich der Mutter noch am Flughafen eingebläut, vergiß nicht, für ihn sind wir Störenfriede.

Na, bist du fertig mit der Arbeit, fragt er und schielt mich von der Seite an, als sollte die Mutter das leise Tanzen in seinen Augen nicht bemerken. Ich bin überhaupt nicht gefaßt auf Geplänkel aus dem Nichts heraus. Ja, deine Arbeit, sag schon, was ist damit, drängt die Mutter, die sich freut über die Offenheit, läßt ihren Stopfsocken sinken, nickt mir auffordernd zu, dein Exposé meint er, kommst du weiter damit. Ich werfe ihr einen feindseligen Blick zu, den sie nicht zu deuten vermag, helfen wollte sie doch bloß, wie eigentlich immer, all den dummen Menschenkindern. Und damit zerstört sie seine Initiative, nimmt ihr die Unschuld, fürchte ich, während mein Herz merklich schneller klopft, diesen zaghaften Versuch einer Annäherung feiert, auf den ich ohne es mir einzugestehen gehofft hatte, ein Durchschlupf tut sich auf durch ein banales Gesprächsangebot über meine sogenannte Arbeit, die hier eigentlich niemanden wirklich interessieren kann, ein unbeschrittener Pfad in seine verborgene Welt, vorsichtig wende ich mich Ben zu, der im Heuhaufen auf dem Klavier ein Sägeblatt zu suchen scheint. Amüsiert zuckt sein Mundwinkel über die unverbesserlichen Einmischungstaktiken der Schwiegermutter, sieh da, er ist noch immer entspannt, kein Feind in Sicht. Ja nee, vorhin ging gar nichts, weil, stottere ich mich in Schwung, rechtzeitig fällt mir ein, daß Menstruation keinen adäquaten Nebenschauplatz für unsere Unterhaltung darstellt, also die Hitze, weiche ich aus, ich weiß ja nicht, wie ihr bei den Temperaturen überhaupt einen klaren Gedanken fassen könnt. Um ihm nicht zu unverhohlen ins Gesicht zu schauen, zähle ich seine Hemdknöpfe, bis er sich wieder dem Klavierdeckel zuwendet, naja, bis ich damit fertig bin, das dauert Tage, und dann, also ein Drehbuch ist das noch lange nicht. Während ich rede, merke ich, daß sich daran nicht anknüpfen läßt, was um Himmels willen haben meine Sorgen um einen abendfüllenden Spielfilm mit Bens orthodoxem Judentum am Hut, nix, die Kette droht zu reißen, zumal die Mutter schon wieder unruhig auf ihrem Stuhl herumrutscht, weil sie das brennende Bedürfnis verspürt, Ben zu erklären, was mit Exposé gemeint ist. Bevor sie den Mund öffnen kann, stecke ich blitzschnell hinter Bens Rücken die Füße in die Turnschuhe, hechte zu meiner Handtasche, zerre den Reißverschluß auf und präsentiere mein Beutewild. Ich habe eine Glühbirne gekauft, verkünde ich stolz. Ben grinst. Wo, fragt er. In der Einkaufsstraße, in einem kleinen Elektroladen. Im Supermarkt sind die viel billiger, er versteht nicht, was so besonderes daran ist. Dafür will die Mutter staunen über meinen Pioniergeist, gestern mit den Gören auf dem Spielplatz, heute alleine beim Einzelhandel, sie selbst verläßt ungern das Haus, schon gar bei den Temperaturen. Ben hat den Zollstock gefunden, der gar kein Sägeblatt war, er nickt mir freundlich zu und macht Anstalten, das Wohnzimmer zu verlassen.

Magst du einen Kaffee, wage ich noch einen Vorstoß, und überhaupt, bist du denn mit deiner Arbeit fertig. Er zeigt zurückhaltende Freude über einen Kaffee, was die Leimarbeiten angeht, winkt er resigniert ab, die Stühle für den Nachbarn sollen heute abend fertig sein, aber das ist im Leben nicht zu schaffen. Jetzt kann die Mutter nicht länger an sich halten, sie tappt mitten in ihren eigens importierten Fettnapf, den sie für alle Fälle im Wohnzimmer unter dem Tisch plaziert hat, soviel wie der Ben heute morgen telefoniert habe, sei das kein Wunder, und lacht. Die Veränderung in Bens Gesicht ist winzig, seine Augen werden Schlitze, unmerklich verhärtet der Kiefer, unsere feine Kette reißt, Perlen kullern über den Fußboden, bis sie an den Spritzern aus Mutters Fettnapf kleben bleiben. Ich möchte ihr an die Gurgel springen, das Gesichtchen ist so rot von der Hitze, als hätte ich bereits daran gewürgt, und sie lacht ihr unheilvoll gurrendes Lachen. Wie oft heute vormittag das Telefon geklingelt hat, das war doch unglaublich, oder. Tja, das ist das Los der Freischaffenden, Mutter, versuche ich die Situation zu retten. Zwecklos. Kaum ist Ben draußen, falle ich über sie her, warum sie keine Gelegenheit ausläßt, seine Lebensweise in Frage zu stellen, warum sie immer nur unterschwellig kritisieren kann, dann braucht sie sich nicht wundern, fast wäre ein Gespräch in Gang gekommen, was sie damit bezweckt, ihm vorzuhalten, wie er sich vor der Arbeit drückt. Aber das hat sie doch gar nicht gesagt, sie fand es wirklich erstaunlich, also amüsant, wie oft heute telefoniert wurde. Erzähl mir nix, du kritisierst ihn mit jedem deiner Gedanken, das kotzt mich an, behalt das für dich, solange ich dabei bin. Sie schaut mich eingeschüchtert an, wendet sich ab, kickt Perlen unters Klavier, weißt du, ich sage bald gar nichts mehr. Dennoch hängt ihr stiller Vorwurf greifbar in der Luft über dem Tisch, warum er soviel betet, warum er so wenig auf die Reihe kriegt, obwohl er eine Riesenfamilie zu ernähren hat, die unzähligen Enkel, wieviel auf Saras Schultern lasten bleibt, wenn das Familienoberhaupt den ganzen Vormittag betet und vertelefoniert, wozu er da überhaupt seine Lehre bei uns gemacht hat?

Das Wort Jude

Ben wollte seine Lehre nicht in Deutschland machen, aber es war der Wille seines Vaters. Dort sind sie gründlicher, du hast einen deutschen Paß. Der Vaterbetrieb stand kurz vor dem Aus, Aussichtsbänke aus Stein herzustellen war kurzsichtig gewesen, an jedem Fleck mit Blick ins Streifenland stand eine unverrottbare Picknickbank aus dem Behindertenbetrieb. Wir müssen umdenken für die Werkstatt, Häuser bauen, Holz, Dächer über dem Kopf, am besten, du machst eine Ausbildung zum Zimmermann. Ben hatte Respekt vor seinem Vater.

Das Haus war leer bis auf Frau Niederländer und die Tiere. Sie hatte Staub gewischt, die Zimmer gesaugt, Bäder und Flur geputzt, freitags war Großreinetag. Mutters Zettel auf dem Küchenbord trug der Haushaltshilfe zusätzlich zum Kochen und Putzen Aufgaben auf wie Kochwäsche, Hundefutter bitte schon mal einweichen, Bett in Claudias Zimmer frisch beziehen, Fach in Claudias Wäscheschrank leerräumen, bitte. Heute kam der Freund von Claudia aus Israel an, ein Junge namens Ben, der hier wohnen würde, Frau Niederländer hatte sich nicht zu fragen getraut, ob er ein Jude war, Ben klang irgendwie danach, andererseits, einen Benjamin hatten sie auch in ihrem Dorf, es war in Mode gekommen, den Kindern exotische Namen zu geben. Auf dem Foto in Claudias Schreibtischschublade, das ihn als Soldat mit einem lachenden Kameraden zeigte, sah er jedenfalls aus wie ein ganz normaler Junge, nett, hübsche braune Locken. Die ältere Tochter des Hauses würde vorehelich mit ihm das Bett teilen, das sie frisch beziehen mußte. Alle Sorten Ausländer hatten sie schon im Haus gehabt, französische Brieffreundinnen, Engländer, Australier, amerikanische Austauschstudenten, Tschechen, erfundene Verwandte aus der DDR, ein irisches Ehepaar, jetzt also ein, sie sprach das Wort leise aus, ein Jude. In diesem Augenblick schlugen die Hunde im Garten Alarm. Es war der Älteste auf Freigang mit seinem Wäschesack, das traf sich gut, Paul konnte sie bitten, ihr mit dem Bettkasten zu helfen.

Kein Problem, freute sich Paul, gebraucht zu werden, kaum, daß er das Haus betrat. Er hebelte den Wäschesack zu Boden und stapfte in seinen Bundeswehrstiefeln durchs frisch gesaugte Zimmer. Easy, wollte er den Bettkasten mit Schwung aufreißen, doch der Matratzenholzrahmen bewegte sich keinen Millimeter. Paul ächzte, Frau Niederländer schob ihre Fingernägel unter den Rahmen, sie zerrten und stemmten vereint, doch der Bettkasten verweigerte sich. Fuck, das gibt's doch nicht, fluchte der Große und untersuchte die Seiten nach einem versteckten Mechanismus. Heute kommt also dieser Ben, Frau Niederländer ließ sich erschöpft auf die Matratze plumpsen, wie ernst das nun sei zwischen dem und der Claudia, ob die heiraten wollten, und ob der Vater deswegen das große Bett besorgt hatte. Der Große flachste, wenn er den Kasten öffnen sollte, müsse sie schon aufstehen. Frau Niederländer lachte schallend, stimmt, wenn ich draufsitze, geht gar nichts, und ließ nicht locker, während sie sich erhob, das mit dem Ben, das sei wohl was Ernstes. Paul stemmte die Füße an die Wand gegenüber, legte sich quer durch den Raum gegen den Bettkasten und zog mit seinen trainierten Oberarmen am Deckel, bis sein Hals schwoll, an der Stirn Adern hervortraten, und siehe da, der Kasten sich öffnete, mit Schwung schnellte die Matratze in die Höhe. Schon war er aus dem Zimmer. Frau Niederländer zog enttäuscht Decke und Kissen aus dem Innern des Monstrums.

Als die Hunde zum zweiten Mal anschlugen, lief erneut der Staubsauger, im ganzen Treppenhaus hatte Paul eine Spur aus trockenem Erdreich hinterlassen. Max und Moritz drehten Pirouetten auf der Wiese, überschlugen sich mit Jaulen und Jauchzen, sie sprangen an ihrem Herrn hinauf, krallten sich in seinen Schuldirektorenanzug, peitschten mit ihren wild gewordenen Schwänzen die Rosen, bis er sie mit der Zeitung zur Gelassenheit mahnte, Sitz, Max und Moritz, Platz, Platz, sososo, so ist brav, und streichelte. Zwei winzige Rosenknospen waren gebrochen im Begrüßungstaumel, das linke Hosenbein zierten frische Streifen aus Wiese und Erdreich, es würde Ärger geben, denn den Anzug hatte seine Frau erst gestern aus der Reinigung mitgebracht. Der Vater brach die mitgenommenen Knospen ab und überlegte, ob er ihr Dasein in Schnapsgläsern verlängern oder sie besser gleich auf dem Komposthaufen unter einem alten Kaffeefilter begraben sollte. Zum sofortigen Verfaulen waren sie zu hübsch, zu hoffnungsvoll in ihrem Vorstadium, dachte der Vater, spürte Auftrieb, beschloss, auch den Tadel seiner Frau wegen des Anzugs an sich abperlen zu lassen.

Im Haus tobte der Staubsauger, aus dem Dach gesellte sich Bryan Adams dazu. Himmel und Garten, das ganze Viertel mußte sich den Musikgeschmack des Ältesten zu Gemüte führen, würde Paul niemals Feingefühl für nachbarschaftliche Rücksichtnahme entwickeln, Mittagsruhe, die einfachen Gesetze menschlichen Zusammenlebens. Wie hatte er so großkotzig geraten können, der Älteste, wo sie den Kindern ein Leben lang die

Grenzen des anderen gepredigt hatten, Toleranz, Mitgefühl, Altruismus? Der große Mann sehnte sich nach dem Sofa im Wohnzimmer, auf dem er den Rücken entlasten und die Beine ausstrecken wollte. Auf der Veranda fiel ihm ein, daß die Küchentür am Putztag erfahrungsgemäß gegen das Eindringen der Hunde verschlossen sein würde. Obwohl der Staubsauger soeben verstummte, entschied der Vater, auch angesichts der zerbrochenen Röslein, deren Stacheln zart in die Rillen seiner trockenen Handinnenfläche piekten, wie Hundewelpen, die ihre ersten Zähne testen, die ihn verstorben daran mahnten, wie alles kam und ging, immerfort unbegreifliche Vergänglichkeit, wozu das ganze Treiben, Streben, das Lehren und Dazulernen, das Hausputzen angesichts der Winzigkeit des Erdballs im Vergleich zum Universums, was bedeutete da ein Fleck auf einer Anzughose, entschied der Vater also, ein paar Minuten auf der Veranda für sich zu bleiben, um nachzudenken. Er ließ sich unterm Weindach nieder, die Hunde lümmelten sich zu seinen Füßen und knurrten um das Vorrecht, welcher sein Haupt dichter an des Herrn Hosenbein betten durfte. Der Vater glättete die Zeitung, da krachte die Haustür mit einem Getöse ins Schloß, das auch mit größter Mühe nicht zu überhören war. Sogleich stimmten die Hunde, zur Gartenpforte rasend, Begrüßungsgejauchze an. Auf des Vaters feines, hohes Pfeifen reagierten sie nicht, gerufene Befehle hätten sein Schattendasein gefährdet.

Hugo trällerte etwas von Tausendmalberührt, polterte im Rhythmus der Textzeilen die frisch gesaugte Treppe rauf, begrüßte Frau Niederländer mit Tach Frau Niederländer, streckte auf halber Höhe den Kopf aus dem Flurfenster und brüllte die Hunde an, sie sollten still sein, Max, Moritz, Fresse halten. Er übersah den Vater in der Nische unterm Wein, schmetterte Fenster, Flur- und Zimmertür hinter sich zu und drehte seine Musik noch lauter als der Große. Der Vater verspürte diese in letzter

Zeit öfter in ihm aufwallende Lust, irgend etwas unwiderruflich zu zertrümmern, etwas Großes, Bedeutendes, zum Beispiel den Kirschbaum fällen, der seiner Familie auch diesen Sommer wieder zur Kaffeezeit milden Schatten spendete. Statt dessen wagte er einen zweiten Versuch, die Zeitung aufzuschlagen. Während er die ersten Zeilen las, durchschauerte ihn diebische Freude darüber, daß er immer noch unentdeckt geblieben war.

Im oberen Viertel von Seite drei trugen wütende Palästinenser einen der ihren zu Grab, sie schwenkten Fahnen, überlebensgroße Poster des im Freiheitskampf Verstorbenen und Plakate ihres Anführers, sie ballten ihre Fäuste der Kamera entgegen, reckten Knüppel und Kalaschnikows gen Himmel. Sie hatten eine Wut im Bauch, die ihnen der Vater meinte, nachfühlen zu können. Ihr Frieden war zerstört worden, ihre Ruhe war hin. Sie hatten auf Drängen der englischen Protektoratsregierung viel zu viel Land abgegeben an unbekannte Dritte, ohne zu ahnen, welcher Schaden ihnen daraus entstehen würde. Sie hatten sich von Geldsummen blenden oder von Massakern vertreiben lassen. Die neuen Mitbewohner gebärdeten sich als Herren im Haus, statt sich als dankbare Gäste an die Bräuche des Gastlandes zu halten, behaupteten sie, rechtmäßige Erben einstiger Ureinwohner zu sein, beanspruchten das Land als das ihre, bewässerten die Hügel, bepflanzten die steinige Erde, sosehr sie sich auch sträubte, ließen ihre Frauen in kurzen Hosen mit anpacken, priesen Gott oder Gottlosigkeit, gründeten eigene Radiosender und eine der schlagkräftigsten Armeen der Welt. Der Vater fühlte sich in einer ähnlich aussichtslosen Situation wie die Araber auf Seite drei, deren Elend die Zeitung anprangerte. Seine Kinder wuchsen ihm über den Kopf, sie gebrauchten scheußliche Wörter, trugen unmögliche Kleider, duzten ihre Französischlehrer, schleppten ungeheure Gäste ins Haus, manche der jungen Dinger rauchten ungeniert im Garten, markierten ihre Augenlider mit schwarzem Fatalismus, lachten ihn aus, wenn er sie nach ihrem Nachnamen fragte.

Daß dieser Ben hier einziehen sollte, war auf des Vaters eigenem Mist gewachsen, er wollte sich nicht eingestehen, daß er seinen gewohnt großzügigen Vorschlag bereits bereute. Würde das nicht die weltfremde Beziehung der jungen Menschen festigen, wurde es der Tochter nicht viel zu leicht gemacht, einen Mann liebzuhaben, der für sie nicht zu haben war. Sollte dieser Ben das fremde Land während seiner Ausbildung zum Zimmermann nicht besser unnahbar erleben, statt familiär, besser kühl, real, ein weniger freundliches Deutschland, ein paar Kumpel aus dem Betrieb, weiter nichts. Sollte man ihm nicht unaufdringlich ans Herz legen, tausend andere Mädchen zu berühren als ausgerechnet seine Tochter, Claudia, der er den Kopf verdreht hatte. Oder war es gerade richtig, das Beisammensein der beiden unerträglich zu erleichtern, würde ihre Leidenschaft erlahmen, abschlaffen wie die Stengel seiner durstigen Rosenschützlinge, sobald sich der Alltag einfand und das Leben keine größeren Risiken barg als den Straßenverkehr und die unerotischen Unfallgefahren im eigenen Haushalt. Der Vater wußte sehr wohl, daß das Angebot, Ben im Haus zu beherbergen, nicht allein elterlicher Großzügigkeit zu verdanken war, es bot Gelegenheit, diesen jungen Mann eingehend kennenzulernen, die Beziehung der beiden zu beobachten, einzuschätzen und gegebenenfalls Einfluß zu nehmen, sollte die Tochter irgendwelche voreiligen Schlüsse ziehen. Claudia hatte einen Studienplatz für Architektur in Aussicht wegen des guten Schnitts, sie besaß zeichnerisches Talent und die Gabe zu organisieren, Menschen zu führen, Akademiker wünschte sich der Vater. Sie habe ein bißchen wenig Ambitionen, ahnte die Mutter, die registrierte, mit welcher Sorgfalt Claudia sich dagegen für ihre ersten Hebräischlektionen vorbereitete. Offiziell durfte die Tochter tun und lassen, was ihr gefiel, doch sie war und blieb seine Tochter, und der Vater würde ihre Keime treibende Gefühlswelt im Auge behalten.

Ach, Sie sind noch da. Hinter einem fleckigen Federbett, das aus dem Fenster quoll, die Stimme von Frau Niederländer, wo doch der Flieger mit diesem Ben in weniger als einer Stunde landen würde, so jedenfalls habe es seine Frau auf ihrem Zettel am Küchentisch vermerkt, kein Wunder, rief sie so laut, daß die versammelte Nachbarschaft mithören mußte, dann sei das ja kein Wunder, daß sein Wagen noch vor der Tür stehe. Dem Vater schwante was. Undeutlich entzifferte er die Worte seiner Frau, die ihn aus dem Gesicht von Frau Niederländer frech anstrahlten, *Geh, gell, denk dran, daß du den Ben.* Jetzt fiel ihm auch wieder ein, warum um alles in der Welt er heute den besten Anzug angezogen hatte. Sie hatten noch am Abend, an mehreren vorausgegangenen Abenden darüber gesprochen, wer, wann, mit welchem Auto den Ben abholen sollte. In dem Augenblick, als die Mutter ihn zum vierten Mal daran mahnte, war diese Wand aus Nebel in seinem Gehirn aufgedunsen, die sich bequemte, Unschönes aus seinem Bewußtsein zu verdrängen, in diesem Fall weniger die Tatsache, daß sie Besuch aus Israel bekamen oder daß er diesen am Flughafen abholen sollte, er genoß es, unbeaufsichtigt Auto zu fahren, unangenehm war die Art und Weise, in der seine Frau ihm das Gefühl vermittelte, daß er ein vergeßlicher Trottel war, ihr und ihrem vorauseilenden Scharfsinn weit unterlegen. Am meisten wurmte ihn jetzt, daß sie recht behielt. Trottel. Die Fahrt zum Flughafen war in der übriggebliebenen Zeit nicht zu bewältigen, er mußte sich verspäten, selbst wenn er aus dem alten Benz das Äußerste rausholte. Aussichtslos, Frau Niederländer um Verschwiegenheit zu bitten, der diese Tugend so fern lag wie Europa der Milchstraße, Ben würde anrufen, wenn ihn am Ausgang niemand erwartete, die Söhne würden des Vaters Fauxpas ausschlachten mit ihren Scherzen jenseits der Schmerzgrenzen, was blieb ihm übrig, es war zum Verrücktwerden. Freitags setzte der Feierabendverkehr früher ein als gewöhnlich, auch davor hatte seine Frau gewarnt, *geh, gell denk dran, daß du die Stadt*. Er würde an den Rechtsabbiegern auf der Johannesbrücke vorbeischnibbeln, er würde vor der auf rot springenden Ampel am Karstadt aufs Gas gehen, Busspuren und Geschwindigkeitsbegrenzungen mißachten, er würde seinem Gaul derart die Sporen geben, daß er die Stadt in rekordverdächtig wenigen Minuten durchquert haben würde, jetzt freute er sich sogar auf das Abenteuer. Befreit seufzte der Vater, blickte auf und hob lachend die Schultern, er rang sich ein *Na dann muß ich wohl mal los* ab, das lapidar klingen sollte, jedoch im Hals von der Bahn abglitt und ins Hölzerne abrutschte, erhob sich, indem er einem der Hunde auf die Pfote stieg, begleitet von schrillem Jaulen, und stapfte mit suchenden Händen in den Hosentaschen durch den Hintergarten. Hatte er den Autoschlüssel eingesteckt oder soeben auf der Bank neben der Zeitung liegenlassen.

Die kommen frühestens zum Kaffee, sagte die Mutter, während sie Frau Niederländers Spinatnudelauflauf aus dem Ofen zog. Außerdem aß der Vater sicher auf dem Hinweg an irgendeiner Tankstelle schon etwas, das machte er gerne, wenn sie nicht dabei war, ach Gott, er würde doch hoffentlich daran denken zu tanken. Frau Niederländer verriet nicht, wie spät der Vater losgefahren war, der Herr Studienrat bedurfte ihres besonderen Schutzes, alles setzte ihm so zu, faule Kollegen, freche Schüler, seine herrische Ehefrau, die unverschämten Söhne, arroganten Töchter, jetzt machten sie sich auch noch ohne ihn über ihr Mittagessen her.

Vierzehn Sätze hatten sie gewechselt, der Vater hatte mitgezählt. Er hatte den Jungen an Ausgang 42 vorgefunden, seelenruhig hatte er da neben seiner Sporttasche an der Wand gelehnt, während Reisende aus Thailand und Südafrika an ihm vorbeigeströmt waren. Der Vater hatte sich umständlich entschuldigt, mindestens vier Sätze und ein bißchen Humor, dafür, daß er sich über vierzig Minuten verspätet hatte, worauf der Junge lediglich den Kopf zur Seite gelegt und mit den Schultern gezuckt hatte. Pünktlichkeit ist nicht so wichtig, hatte er gesagt. Er mimt den Südländer, der Vater hatte das als Angriff gewertet, schließlich waren die Deutschen in der ganzen Welt für ihre Zuverlässigkeit berühmt, und was war eigentlich so schlecht daran, ein bißchen pünktlich zu sein. Wo ist Ihr Gepäck. Der Junge hatte grinsend in Richtung Tasche zu seinen Füßen genickt. Tut man sich hier siezen. Schon wieder unterschwellige Aggression, dafür hatte der Vater in den letzten Jahren ein untrügliches Gespür entwickelt, diesen Blick kannte er nur zu gut, scheinbar unschuldig in den Raum geraunte Fragen, die ihn aufs Glatteis führen sollten, jetzt auch noch in mangelhafter Grammatik. Das hatte man davon, daß man dem Neuankömmling zu Ehren seinen besten Anzug angezogen hatte. Was wollte der Kerl ihm mit dem Blick auf sein Handgepäck kommunizieren, daß er drei Jahre aus dieser Sporttasche zu leben gedachte, wußte er nicht, daß in Deutschland auf den Sommer der Herbst und auf den Herbst unwiderruflich der Winter folgte, hatte er nie Weihnachten bei seiner Großmutter im Schwarzwald verbracht, besaßen sie da unten am Ende gar keine Wollpullover, keine langen Unterhosen und dicken Socken, man würde ihm etwas leihen, seine Frau würde Ideen haben, Lösungsvorschläge, seine unfehlbare Wegbegleiterin, seine liebe Frau. Der Vater hatte sich nach der Tasche gebückt und in Bewegung gesetzt in Richtung, ja, welche Richtung war das gleich gewesen. Jetzt müsse er erst mal herausfinden, wo er den Wagen geparkt habe, hatte er gepoltert mit einem Hauch von Selbstironie. Kein Problem, der Fremde war ernst geblieben, hatte nach den Tragriemen gegriffen und freundlich in Richtung Infostand genickt, den sein Begleiter übersehen hatte. Die nächsten achtundsiebzig Sätze hatte der Vater mit der hübschen Dame vom Flughafenpersonal gewechselt, die erst vorgegeben hatte, ihm leider nicht helfen zu können, dann jedoch des Vaters Charme und Scherzen erlegen war, sich sein Parkticket hatte zeigen lassen und die beiden bis zum Aufzug nach Deck drei begleitet hatte. Vernehmlich knurrte der Magen des Vaters. Seit einer halben Stunde standen sie jetzt vor Frankfurt im Stau, dabei wollten sie gar nicht nach Frankfurt, sondern an Frankfurt vorbei.

Claudia hatte durchgesetzt, daß sie zwei Stunden früher aufhören durfte in der Schreinerei, sie wollte unbedingt vor ihrem Freund Zuhause ankommen, geduscht, die staubigen Haare gewaschen, ihre Hände und Beine eingecremt, das neue Parfum, das die Brüder ihr zum Geburtstag geschenkt hatten, in den Nacken gesprüht haben, mit mir zusammen Frisur und Garderobe ein letztes Mal kontrolliert haben vor dem Spiegel neben ihrem Bett. Sie wollte ihr aufgeräumtes Zimmer erneut aufgeräumt haben, ihren Kuchen frisch dekoriert haben, den wir gestern nacht noch gebacken hatten, über alles mögliche hatten wir gequasselt, während des Mehlsiebens und Teiggehenlassens, über ihre Klamotten für morgen. Das asymmetrische rote T-Shirt mit den Trägern an der Seite hatte ich vorgeschlagen, auf keinen Fall die Karottenhosen, über Schulterpolster, die Pille, die Ungeduld der Männer, irgendwann hatten wir begonnen zu kichern vor Übermüdung und schließlich laut zu lachen über alles, was uns noch bevorstand, während das Haus schlief und die Hunde sich in Alpträumen unter dem Küchentisch wälzten.

Jetzt stand sie unter der Dusche und rubbelte den Holzstaub aus allen Ritzen ihres Körpers. Ich saß auf ihrem Bett vor der Kleiderauswahl und studierte Nebenwirkungen auf einem Beipackzettel, der unters Kopfkissen gerutscht war, Thrombose, Lungenembolie, Schlaganfall, Herzinfarkt, Beinkrämpfe, Brustschmerzen, Erbrechen, Depressionen, Scheidenpilz, verminderte Libido, Vermehrung der Körperbehaarung. Der Hintern meiner Schwester riss mich aus den Gedanken über die Möglichkeit lebenslanger Keuschheit einerseits und die Vorteile, ein Mann zu sein, andererseits. Während Claudia sich vor dem Spiegel die Haare abrubbelte, betrachtete ich sie über Bande und versuchte mir vorzustellen, wie der Körper eines israelischen Soldaten den Schwung ihres Beckens unter sich begraben würde, am besten im Sand am Ufer dieses Flusses, wie er sie an den Stamm einer Dattelpalme erst heben und dann pressen würde, um in sie einzudringen durch ihr dunkles Gebüsch, bis sich das Relief der Rinde in ihren Rücken eingeprägt hatte, wie er im Morgengrauen des Folgetages zu ihrem Lager schleichen würde, um sie sich erneut überzustülpen undsoweiter. Kaum zu glauben, Claudia als Frau, erwachsen. Ihr kindliches Kichern, ihre wenig revolutionären Auffassungen, ihre Unsicherheit in Kleiderfragen. Ich war die, die sie um Rat fragte, die auf alles eine Antwort oder weitere Fragen fand. Sie hingegen ein aufgeregter Backfisch, der der Ankunft des Liebsten entgegenfieberte. Ich beneidete sie um ihre Fähigkeit, unmittelbar am Leben teilzuhaben, am wirklichen Leben, ohne Zweifel oder Sinnkrisen. Sie war von Natur aus eine Frau. Eine Eva, wie geschaffen dafür, nackt durchs Paradies zu hüpfen und sich von Schlangen in Gespräche verwickeln zu lassen. Alle dreißig Sekunden fragte sie mich nach der Uhrzeit und wunderte sich, wo der Vater mit ihrem Freund blieb. Ich erinnerte sie daran, daß sie sowieso noch nicht fertig angezogen war und daß der Vater angerufen hatte, weil ihnen kurz hinter Frankfurt das Benzin ausgegangen war, und sie auf den ADAC warteten. Claudia blieb viel zu viel Zeit, sich die Augen zu bemalen und mit ihren Parfums zu experimentieren.

Die Mutter hatte sich hingelegt, nachdem Frau Niederländer enttäuscht abgedampft war, Kaffee stand in der Thermokanne still, unser Kuchen kühlte im Keller, Paul und Hugo waren im Wohnzimmer auf Beobachtungsposten gegangen. Ihr stinkt nach Komposthaufen, begrüßten sie uns Schwestern. Und wie du aussiehst, Claudi, bellte Hugo, soll das Israelchic sein, veilchenblau um die Augen, als wärst du bei einer Steinigung noch mal davongekommen. Claudia rannte ins Badezimmer, um gegen die Wimperntusche anzurubbeln, im selben Augenblick läutete es an der Tür. Die Hunde schossen aus der Küche. Sollte man dem Gast durchs Treppenhaus entgegengehen wie einer freudig erwarteten Cousine, oder fläzten wir uns in die Sofas, um weiter über CD-Player fachzusimpeln. Den Brüdern fiel siedendheiß ein, daß sie den Kaffeetisch noch nicht gedeckt hatten, wie die Mutter befohlen hatte, die jetzt im Nachthemd zum Bad huschte, wo sich die Schwester mittlerweile eingesperrt hatte, geh mach doch auf, Herrgottnochmal.

Er war kleiner als erwartet. Neben dem am Nachmittag um Jahrhunderte gealterten Vater, der sich an mir vorbeidrückte, da er mal eben wohin mußte, wirkte er fast zerbrechlich, wie er verloren im Hausflur stand und die Fliesen fixierte. Ich hatte einen jugendlichen Helden erwartet, einen Krieger mit mächtigen Schultern, prallem Seesack, mit wilden Locken und weißen Zähnen, in meiner Vorstellung hatten sich die Fotos von ihm, seinen Brüdern und dunkelhaarigen Freunden zu einem unwiderstehlichen Wüstenprinzen ergänzt, der die große Schwester von seinem Kamel aus mit dem Lasso eingefangen, der ihre rauhen

Hände mit selbstgepreßtem Olivenöl balsamiert hatte, und der vermutlich auch mich mit frisch importierten Feigen um den Verstand bringen würde. Ich war enttäuscht, wie wollte dieses Kerlchen meine Schwester auf Händen tragen, wo sollte ich mit meinen Phantasien von heißem Atem unter sich biegenden Dattelpalmen hin, wo war der Mann, der, ohne mit der Wimper zu zucken, seine Ziegen zur Schlachtbank führte. Ich sagte Hallo, und er murmelte etwas ähnliches und wußte, daß ich wußte, daß er wußte, daß es an der Zeit war, mich anzusehen und mir die Hand zu reichen. Mit einer umständlichen Bewegung stellte er die zerbeulte, seltsam leere Sporttasche ab, als er sich bückte, kamen weiße Tennissocken in den unförmigen schwarzen Halbschuhen zum Vorschein, er wischte die Hände an seinem Hemd ab, klopfte sie anschließend an der Hose ab, als müsse er Wüstenstaub von Jahrhunderten loswerden. Mein Grinsen huschte in sein Gesicht, zuckte in seinem Mundwinkel, kitzelte in seinem Nasenloch, an das er sich mit dem Handrücken fuhr, bevor er endlich den Kopf ein Stückchen hob, um mich anzusehen. Sommersprossen, er war voll davon. In seinen Augen tanzte eine Art Herausforderung weiter, die mich erröten machte, er hielt den Kopf schräg, bot mir die Stirn und reichte mir seine Hand. Ich habe viel von dir gehört. Sachte kräuselte sich seine Stirn, als er die Brauen hob, selbstbewußt wirkte dieser neue Blick, cool, die kurzgeschorenen Locken trugen das ihre dazu bei. Ich auch, entgegnete ich. Es ließ sich nicht ermessen, ob meine Worte überhaupt zu ihm durchdrangen oder durch die Schräglage seines Kopfes seitlich an seinem Ohr vorbeischossen, ich habe auch viel von dir gehört, mein Lieber, ich weiß nämlich alles. Sein Grinsen nistete sich in einem seiner Mundwinkel ein. Ihr seht euch gar nicht ähnlich, stellte er fachmännisch fest und für einen Moment wohnte seinem Blick trotzdem eine spontane Wahlverwandtschaft inne. Das ist auch besser so, der Große setzte Maßstäbe, bevor man ihn zu Gesicht bekam. Für welche der Schwestern seine Bemerkung zum Vorteil gereichen sollte, blieb offen. Für keine, ahnte ich, Witz um Witzes willen. Paul ließ die Hunde auf uns los, die japsten, bellten, hochsprangen, sich in die fremden Hosenbeine krallten, bis Ben sie grob wegstieß und Paul Machtworte sprach, Sitz, Platz. Er grinste Ben mittels der kompletten oberen Zahnreihe an, signalisierte gönnerhaft, daß das ein Scherz gewesen war eben, unübertroffen, und daß der Gast eingeladen sei, wacker mitzuhalten, ein freundlicher Empfang, nicht frei von Irritation, solange man Paul nicht kannte. Hugo reichte Ben aus einiger Entfernung seine Hand, lächelte mindestens so schief und scheu wie der Fremdling, ehrlich überfordert wie in jeder neuen Situation, Hugo, hallo. Zwischen den Brüdern wirkte Ben gar nicht mehr schmächtig, sehnig war das Wort. Er war sogar stark, das stellte sich heraus, als Claudia aus dem Flur in seine Arme stürzte und er sie sich mit Leichtigkeit auf die Hüftknochen hievte, im Kreis schleuderte, unter Küssen begrub, bis die Liebenden gegen die Garderobe taumelten, wovon ein Mantelaufhänger riß und ein paar Jacken zu Boden plumpsten. Die Hunde knurrten eifersüchtig. Ich schickte Hugo Kuchen holen in den Keller und zerrte Paul in die Küche, die Sahnespritze vorbereiten mit einer Stickstoffbombe, damit die Schwester in Ruhe knutschen konnte, solange der Vater im oberen WC zugange war. Ich, Komplizin ihres Glücks.

Später gab es Kaffee, drinnen, weil es der Mutter unterm Kirschbaum zu kühl wurde mit ihrer Wochenendverschnupfung. Ben kaute höflich auf der Mandeldekoration unseres Kuchens und spähte durchs düstere Eßzimmer, Glasvitrine, Kredenz, Geschirrschrank, geblümte Teller an den Wänden, Kronleuchter, Teppichboden auf Fischgrätparkett. Er wirkte geduckt, beinahe bedrückt, hatte sichtlich keine Lust zu erzählen, müde von der

Reise und der Fremde. Doch seine Gastfamilie kannte in solchen Situationen keine Gnade, Ruhe war bei uns ein Fremdwort, Kommunikation Lebenselixier, es hagelte Fragen, Witze, Anekdoten des Tages, die Brüder ritten auf Vaters leerem Benzintank herum, die Eltern trugen ihren Streit über frische Flecken auf besten Anzügen als Schaukampf aus, Ben sollte den Schiedsrichter geben, beipflichten, daß das Parfum der Schwester zu dick aufgetragen war. Wie durch ein Wunder umschifften wir an diesem Abend die Palästinenserfrage, waren zu fröhlich für einen handfesten Zwist, der Vater verschwieg den Zeitungsartikel von Seite drei, über den er sich im kriegsähnlichen Zustand auf der Autobahn erregt hatte, was war das für eine Welt, drängeln und gedrängelt werden, bis einem das Benzin ausging.

Während Claudia Ben das Zimmer zeigte, fielen die Jungs über seine Tischmanieren her, er saß noch krummer als wir, war nicht gesprächig, legte beide Ellenbogen und die Arme um den Teller herum, ließ beim Kauen bisweilen beide Hände unter dem Tisch verschwinden, er hatte nach dem Knie der Schwester gelangt, und das bei Tisch, das sollten wir uns mal erlauben. Und er roch scharf von unter den Achseln.

Ben und Deutschland. Deutschland und Ben. Ben wollte Deutschland nicht mögen. Aus einem mir verborgenen Grund sonderten seine Poren Gegengift ab, das auch mir den Blick trübte. Wie ein Kind, das ohne Überzeugung mit Spielsachen angibt, aus denen es rausgewachsen ist, versuchte ich, ihm vorzuleben, was mein Land konnte außer Erfolgsleiter, Kohlrouladen und Humorlosigkeit, eine schwierige Mission, da mein Optimismus Schaden gelitten hatte in den letzten Jahren, da ich Ohnmacht empfand gegenüber politischen Gegebenheiten, die ich wenig zuvor durch Hungerstreiks zu bezwingen begonnen hatte, längst waren die Träume vom Bundeskanzleramt begraben. Deutschland, welliges Land, Land des Waldes, der Kälte, der besseren Ausbildung, der gewaschenen Autos, der gepflegten Vorgärten. Land der Täter, der langen Winter, der langen Wege der Bürokratie. Land des Griesgrams, des Gehorsams, Land der Melancholie der Dichter, der persönlichen Zukunftspläne, des Feierabendbiers. Ich schämte mich und wußte nicht genau, wofür eigentlich. Kam mir vor wie ein erkälteter Schimpanse, Ben der Hund eines Zoobesuchers, der uns an die Stäbe pinkelte. Unser rabiater Umgangston im Affenkäfig, unsere originellen Schimpfwörter, der Kleine mit seinen Werbeslogans und Schlagertexten aus dem Radio, der Große und ich mit unserer Besserwisserei, Mutters lautes Temperament, Vaters verschwenderische Selbstironie, unsere Schamlosigkeit vor Tabuthemen, brüderliche Brutalität, eingespielte Respektlosigkeit den Eltern gegenüber, deren Einmischung, ständig Rat und Tat, Familienkonferenzen, unsere erbitterten Diskussionen ums Recht, unser Humanismus, Gleichberechtigung, Nächstenliebe ohne Grenzen in memoriam Christi.

Dennoch, ich kannte Leute, die sich darauf verstanden zu leben, es gab auch in diesen Breitengraden Seen, in die man in Sommernächten hineinwaten konnte, deren Oberfläche sich schwarz färbte wie warmes Öl, an deren Ufer man Gitarre spielen und dazu Beatleslieder singen konnte oder die Klappe halten, es gab auch hier Menschen, mit denen man es am Lagerfeuer aushalten konnte, denen man seinen Kopf in den Schoß legen mochte, mit denen man über abwesende Götter streiten konnte oder für eine Nacht eine neue Partei erfinden oder sich halb totlachen, denen man sich ganz und gar anvertrauen mochte, es gab die große Liebe in diesem Land, die einen aus der Bahn werfen konnte, es gab beste Freundinnen.

Ben provozierte. Nachdem er die erste Scheu überwunden hatte, fand er jede Menge Anlaß für Auseinandersetzung, bereitwillig stiegen wir zu ihm in den Ring, einer nach dem anderen, um für unsere Ansichten und Rechte einzutreten. Wir waren trainiert im Streiten, hier ging es unterschwellig immer auch um unsere Daseinsberechtigung. Nur Claudia unternahm keine Anstrengung zur Verteidigung. Sie wurde zur Rippe aus Bens Brustkasten, biegsam, anschmiegsam, wenn er einatmen wollte, wurde sie weit, wenn er hustete, krümmte sie sich. Sie ging mit ihrem Bündel voller Liebe den Weg des geringsten Widerstands, vertrat Bens Meinung, plapperte seine Parolen nach. Wie schnell wir sie an die Wand argumentiert hatten, wo sie unsicher wurde, hilflos, heulsusig, frag den Ben, bat sie uns und floh in seinen Windschatten. Claudia hatte nie den missionarischen Eifer der Lehrereltern an den Tag gelegt, von dem Paul und mir ungesunde Portionen im Blut nachgewiesen worden waren, aber es hatte Zeiten gegeben, wo man auch mit ihr hatte diskutieren können.

Wenn sie so weitermachte, würde sie bald ihr ganzes bisheriges Leben genauso sehen wie er, mit dem Blick der Verachtung, die eigenen Freundinnen langweilig finden, ihre deutschen Freizeitbeschäftigungen fad wie unsere Orangen, unseren kleinen Gott ein Imitat. Ben schaffte es, mit unnachweisbaren Gesten alles in Frage zu stellen, was uns lieb und teuer oder einfach Gewohnheit war. Indem er über einen erstklassigen Witz nicht lachte, indem er nicht bereitwillig, sondern widerwillig oder höchstens mit undurchdringlicher Miene im Haushalt half. Ich wußte, daß er mich achtete, aber ich gehörte dennoch einer Spezies an, die ihm nicht geheuer war, ich war deutsch wie seine ausgewanderten Eltern, deutsch wie deren Vorfahren, die sich womöglich schuldig gemacht hatten wie die meisten Deutschen vor einigen Jahren.

Ben begann, die Synagoge zu besuchen, Teil der verschwindend kleinen jüdischen Gemeinde in unserer Stadt zu werden. Claudia begleitete ihn. Welche Synagoge, fragte ich, die ist abgebrannt, da ist nichts als eine Gedenktafel an Greueltaten aus Messing. Sie haben eine neue gebaut, Kleines, ganz in der Nähe, unauffällig zwischen den Häusern am Schubertplatz, manchmal schmiert jemand Hakenkreuze dran. Achso. Sie brachten neue Bekannte mit ins Haus, Kollegen aus Bens Betrieb, die er einlud, mitzukommen in die Synagoge. Oder junge Männer aus der Synagoge, die Freunde wurden. Ihre Gedankenwelt kam mir brav und begrenzt vor, sie stellten nicht die Welt auf den Kopf, nicht mal im Kopf, wie ich es mit der besten Freundin betrieb, während wir Multivitamintabletten knabberten und Nutella löffelten und uns im Anschluß den Finger in den Hals steckten, sie schienen weder verzweifelt noch draufgängerisch.

Bens Berichte über seine Heimat, die er zu seinem Vaterland erkoren hatte, obwohl sie ihm immer noch keinen Paß ausgestellt hatten, wurden Litaneien, die uns zu den Ohren raushingen, wie warm es dort war, wie einfach das Leben, was man dort alles nicht brauchte, wie wertvoll das schiere Überleben, daß man bis November unter freiem Himmel schlafen konnte oder sogar das ganze Jahr, wie gut die Tomaten dort schmeckten und die Orangen, wie süß. Daß er sich problemlos ein Zimmer mit den Geschwistern teilen konnte, daß es nicht so wichtig sei, viel Platz zu haben oder Abitur, daß auch seine Schwester selbstverständlich zum Militär ging und alle seine Brüder würden es tun, daß es für einen von ihnen nie in Frage gekommen sei, den Dienst an der Waffe zu verweigern wie es hier üblich war unter den jungen Leuten, daß er in der Tat nicht einsehe, was hier zu verteidigen wert war, und darum den Hugo verstehe, der sich drücken wollte, um demnächst fremden Alten den Hintern abzuwischen. Wie sehr sein Land in Gefahr war, weil die Nachbarn nicht aufhörten, die Juden zu hassen wie die Deutschen einst und immerdar, daß er sich der jüdischen Religion näher fühlte als der seiner Väter, daß das Kreuz das Blut unzähliger Juden gefordert hatte, daß Jesus ein bedeutender Rabbiner gewesen sei, mehr nicht, daß das Judentum sich niemandem aufdränge wie andere Weltreligionen. Daß Israel das Land der Juden sei, daß das schon im Alten Testament stehe, daß die derzeitige Regierung viel zu zaghaft gegen die Terroristen im eigenen Land angehe, und damit war schließlich doch die Palästinenserfrage auf dem Tisch. Unvermeidlich. Wir hatten nur darauf gewartet.

Seit Beginn der ersten Intifada im Dezember 1987 hatten unsere Medien über die Reaktion der Israelis auf Steine werfende Jugendliche in Gaza und der Westbank hauptsächlich geschimpft, hatten sich empört, daß die Juden, die es wahrlich besser wissen sollten, sich jetzt als brutale Unterdrücker einer schwächeren Minderheit outeten, indem sie auf Kindergebrüll mit Raketen antworteten. Der direkte Vergleich zwischen Israelis und Nazis wurde meist zur Schonung betroffener Juden und Altnazis vermieden, jedoch schwang er in den Diskussionen mit, die Intellektuellen schüttelten den Kopf, auch die im Lehrerhaushalt. Ich fürchte, es verschaffte uns Genugtuung zu sehen, daß Juden auch nur Menschen waren, selbst zu Tätern wurden, nicht auf immer und ewig unsere Opfer. Als würde unsere geerbte Schuld dadurch gemindert, daß die Nachkommen der Übriggebliebenen des Holocaust jetzt unschuldige Frauen und Kinder in Ramallah auf dem Gewissen hatten.

Ich hatte mit acht begonnen, Bücher darüber zu lesen, was die Nazis den Juden angetan hatten, erst Bücher für Jugendliche, später Bücher für Erwachsene, Einzelschicksale undsoweiter.

Von Anfang an hatte ich mir gewünscht, nicht der von Adolf Hitler so genannten Herrenrasse anzugehören, sondern seinen Untermenschen, so wie ich Hugo immer gezwungen hatte, beim Playmobil die Cowboys zu sein, während ich tapfere Indianerfamilien gestellt und orgiastisch ihr Sterben inszeniert hatte. Ich trug ein dumpfes schlechtes Gewissen mit mir herum, kein Wunder, ich mit meinem Faible für Schuldgefühle. Zu allem Übel gesellte sich die grundsätzliche Scham, deutsch zu sein.

Aber der Holocaust schien unermeßlich lange zurückzuliegen, Hitler längst zur Karikatur verzerrt. All die Geschichten, Berichte, Warnungen, die eigenen Empörungen hatten mir nicht vergegenwärtigen können, wie wenig Zeit vergangen war, wie taufrisch dieser Abschnitt deutscher Geschichte, wie offen die Wunden, wie dünn die nachgewachsenen Hautschichten, wund die Gewissen. Bis sie eines Nachmittags im Fernsehen Privataufnahmen eines amerikanischen Soldaten zeigten, der Deutschland während des Krieges gefilmt hatte, Wiesen, Bäume, Wege und Berge, nicht mal Ruinen, vielleicht ein Kind in kurzen Hosen, Natur und Nachwuchs, Deutschlandidylle im Frühling fünfundvierzig, kurz vor Kriegsende. Das Frappierende an den Bildern war, daß sie bunt waren. Bunt wie die Super-8-Aufnahmen eines befreundeten Familienvaters, bunt wie die Formel-1-Hitparade, wie aktuelle Aufnahmen brennender Autos in Tel Aviv, bunt aus dem Buntfernseher in unserem TV-Kabuff. Der Soldat hatte auf einem Freigang die Natur abgelichtet. In Farbe. Die Distanz, die die zitternden Schwarzweißaufnahmen des Dritten Reiches in künstliche und tröstliche Ferne rückten, war dahin. Gestern war heute, Großmütter waren keine Dinosaurier, gestern war jetzt. Damals war das für mich ein Schock, der lag mittlerweile ein paar Jahre zurück.

Daß nun ein Sohn deutscher Christen, der zufällig in Israel geboren war und neuerdings meine Schwester knutschte, sich anmaßte, mir belesener Jungfer zu erklären, welch untilgbare Schuld die Deutschen auf sich geladen hatten, ich achtete auf seine Wortwahl, er sagte DIE, nicht WIR Deutschen, die Deutschen, das deutsche Volk, er hätte auch IHR Deutschen sagen können, IHR, dagegen sträubte ich mich mitsamt Restfamilie. Ich dachte, und du, was unterscheidet dich Frucht deutscher Lenden von mir, Früchtchen. Er gab uns zu verstehen, daß in unserem Land bei der Mentalität, die herrschte, vielleicht nicht direkt bei uns, in dieser Familie, aber bei einem Großteil der Bevölkerung, daß hier jederzeit ein zweiter und dritter Holocaust möglich war, bei den Deutschen als einzigem Volk der Erde hielt er so etwas für denkbar. Den Eltern verschlug es die Sprache. Daß er unsere Familie der Höflichkeit halber aus seinen Überlegungen ausklammerte, machte diese nicht erträglicher. Wir alle suchten fieberhaft Gegenbeweise, absurd wurden die Diskussionen, wenn wir zu unserer Verteidigung Grauen gegen Grauen abwogen, die Entstehungswehen der Vereinigten Staaten, die Französische Revolution, die ihre Kinder fraß, Stalin, all die Kolonialgemetzel, Sklavereien, Rebellenkriege in Afrika. Nichts ließ sich bekanntlich mit der Systematik nationalsozialistischer »Säuberungsmaßnahmen« vergleichen. Die bloße Ahnung, daß er recht haben könnte, brachte uns gegen ihn auf. Vielleicht war es tatsächlich in diesem Volk, dem wir unwillkürlich angehörten, in seinen Nervenbahnen, Denkstrukturen, Gefühlshaushalten angelegt, Gehorsam, Grausamkeit, Größenwahn, Endlösung, Reinheitsgebot, Abstraktion bis zur totalen Entmenschlichung?

Die Eltern wollten davon nichts hören, ich dachte mir im stillen, selbst wenn, bei der Verantwortungslosigkeit, dem politischen Unbewußtsein, der Ratlosigkeit gegenüber wertvollen Werten, der Orientierungslosigkeit in Sachen Gott, mag sein, daß er recht hatte, daß es jederzeit wieder losgehen konnte, sei wachsam, bleib wach. Aber wie bei dem Mitschüler, der meinen Bruder ein Arschloch genannt hatte, damals, als wir noch dieselbe Schule besuchten, wollte ich das von Ben nicht hören. Wie oft hatte ich Hugo selbst ein Arschloch genannt, und er mich, Hugo war in der Schule berüchtigt dafür gewesen, sich wie ein Arsch zu benehmen, Prügeleien zu provozieren, Drohungen, Schimpfworte über den Pausenhof zu brüllen, er hatte Mitschüler beim Fußballspielen in glitschige Blätterhaufen geschubst, hatte in anderer Leute Matheheft gespuckt, dennoch empfand ich es als ungeheuerlich, wenn jemand von außerhalb der Familie Hugo ein Arschloch nannte, dem wollte ich umgehend die Fresse polieren. Hugo ein Arschloch zu nennen war denen vorbehalten, die Hugo liebten. Aber mußte deshalb jemand, der die Deutschen in Frage stellte, Deutschland mögen? Offenbar sehnten wir uns nach einem Beobachter, der dieses seltsam verkorkste Land an unserer Statt annahm, der diese unsere Heimat wertschätzte, Milde walten ließ, wo wir selbst bockig wurden, verstört waren, angreifbar, unsicher. Die Mutter ereiferte sich, daß ihre Mutter von nichts gewußt haben konnte, viel zu beschäftigt sei die gewesen, sie klammerte sich an Großmutters jüdische Klassenkameradinnen, die auch so was wie Freunde gewesen waren, und unterschlug, mit welchem Jubel der Führer in der Kreisstadt begrüßt worden war, auch von der jungen Großmutter, die ihn im Verein mit ihren Sportkameradinnen vorbehaltlos vergöttert hatte. Der Vater schwieg.

Ben duldete Claudias deutsche Familie lediglich als Blinddarm des Universums seiner Freundin, Ballast, wir lieferten keine Symptome, wegen derer man uns aus ihrem Leben hätte entfernen müssen, also arrangierte er sich mit uns, solange es nötig war. Derweil trampelte er auf unseren Gefühlen rum, um seinen Standpunkt zu klären. Er war nicht von hier, er war von dort, Personalausweis hin oder her. Und seine Geburt war ein Statement reuiger deutscher Christen. Ben, im Gegensatz zu uns, konnte Israel mit Leib und Seele lieben.

Er sprach von der Verletzlichkeit der Grenzen, vom Durchmesser an der empfindsamsten Stelle des schmalen Landes, von der Notwendigkeit der Besatzung auf dem Golan, in Gaza, um die Taille herum. Seine Stimme erhob sich salbungsvoll, wenn er über Jerusalem dozierte, wo der Tempel gestanden hatte, sie überschlug sich, wenn er die Verlogenheit der Araber beschrieb, ihren Haß auf die rechtmäßigen, gottgewollten Mitbewohner, ihre Faulheit, ihren Neid auf die Errungenschaften der Juden. Ich wunderte mich, wie leicht ihm das Wort *Jude* über die Lippen ging, errötete, wenn ich es auszusprechen versuchte oder das Aussprechen umschiffte. Das Wort Jude weckte bei mir diese schwarzweißen Bilder von bis auf die Haut über den Rippen abgemagerten KZ-Häftlingen vor Stacheldraht, es erinnerte mich an Romanpassagen, in denen Kinder auf dem Schulweg beschimpft wurden, sich gegen einen gelben Stern wehrten, von ihren Freunden verleugnet wurden, beschmierte Juwelier-Geschäfte, ein gehenkter Mann mit Pappschild um den Hals, Menschenviehwaggons, Goldplomben, Schuhberge, Gliedmaßenhaufen, Gas, Rauch. Menschen jüdischen Glaubens war fast ebenso unsagbar, und sagte nichts, außer daß ich zu feige war, Jude zu sagen, Jude Jude Jude, weil ich einen Teil der jüdischen Geschichte nachträglich mitzuverantworten hatte. Dachten amerikanische Jugendliche nichtjüdischen Glaubens bei dem Wort Jude auch an Konzentrationslager, oder dachten sie an Männer in schwarzen Mänteln mit langen Bärten und zu kleinen oder zu großen Hüten, die durch New York hasteten. Oder dachten sie an ihre Mitschüler, deren Mütter am Freitagabend Kerzen anzündeten. Oder sagten sie einfach Jude, wie man Lehrerin sagt, und dachten sich nichts weiter dabei, wurden nicht von der schwarzweißen Bilderflut ertränkt. Mir schossen Slogans aus meinen Aufarbeitungsbüchern durch den Kopf, *Nicht für Juden, dreckiger Jude, Juda verrecke, Judensau, diese deutsche Hure schlief mit einem Juden*. Jude klang nach einem Schimpfwort, mit dem man jemanden schwer verletzte. Natürlich hatten wir im Deutschunterricht über Vorurteile und ihre Nachteile gesprochen, anhand von Geschichten über Zigeuner, vor denen man sich laut Vorurteil in acht nehmen mußte, weil sie sich nicht für Eigentumsrechte interessierten, über Juden, die laut Vorurteil bucklig, großnasig, verschlagen und geldgierig waren, Zinsgeschäft, Mittelalter. Es war diskutiert worden, wieviel Vor und wieviel Ur drinsteckte in jedem Vorurteil, wieviel Unvernunft, Angst, welche Risiken und Nebenwirkungen. Das Problem bei all der mehr oder weniger wohlmeinenden Pädagogik von Lehrern und Literatur war, daß ich noch nie in meinem Leben einem Juden begegnet war. Jedenfalls bewußt. Auf der Bilderflut wippten leere Ruderboote zu hunderten, um mit echten Menschen angefüllt zu werden, aber ich kannte sie nicht, weit und breit kein Berührungspunkt. Ich hatte eine Stadtrundfahrt von der ehemaligen Synagoge zu dem kleinen Zwischenkonzentrationslager an der französischen Grenze mitgemacht, es war ein diesiger Tag gewesen, grau, mit Regentropfen, die sich an den Busscheiben entlangschlängelten, das viele Schweigen erschien mir angebracht. Schlimme Vergangenheit ohne Ende, Zukunft und Gegenwart blieben außen vor. Kein Sterbenswort über Israels Staatsgründung in der Schule, keine Statistik über den Anteil ausgewanderter europäischer Juden in der amerikanischen Gesellschaft oder ihrer Elite, dabei waren Statistiken beliebt im Unterricht. Für mich gab es nur Tote und kaum Überlebende in deutschen und holländischen Dachböden, danach endete die Geschichte.

Ben sagte, das Land stand den Juden zu, sie konnten nirgendwo anders hin, hätten sie vielleicht hierbleiben sollen und Däumchen drehen. Außerdem steht das schon in der Tora. Paul darauf, wer gibt denn was auf veraltete Bücher. Claudia, die Juden geben etwas drauf. Schweigen. Hugo, aber die Palästinenser nicht. Ich, waren die nicht damals auch schon da, als das geschrieben wurde, nur daß sie sich anders genannt haben. Claudia, natürlich, Teile vom Alten Testament kommen ja sogar im Koran vor. Ben, sicher, ja, sicher, aber Gott hat nun mal die Juden auserkoren zu seinem Volk und ihnen dieses Land versprochen. Ach, und alle anderen sind die Gearschten, so Hugo. Paul darauf, woher willst du wissen, daß sich das nicht irgendein Schreiber ausgedacht hat, das ist alles von Menschen notiert, warum sollte Gott nur diejenigen jüdischen Glaubens gemeint haben, das ist doch absurd. Und Hugo, eben, was ist mit uns. Der Vater nickte verbiestert, die Mutter hatte ihr betroffenes Gesicht aufgesetzt, bereit, bei Bedarf unmittelbar mit jeglicher Kreatur mitzufühlen, Israelis, Palästinenser, Großmütter, vorlaute Gören. Ben grinste aus der Enge, die Juden sind bereit, mit den Arabern Frieden zu machen, das Problem ist der Charakter, man kann sich nicht auf sie verlassen, Arafat sagt heute das, morgen das, und heimlich bereitet er mit den Syrern ein Programm vor, um alle Juden ins Meer zu schicken. Empörung, woher willst du das wissen, das ist eure rechte Propaganda. Claudia darauf zu den Geschwistern, ihr kennt keinen einzigen Araber. Aber du kennst sie alle, oder was. Ich kenne einige, sagte Ben, sie haben eine andere Mentalität. Rassist, gröhlte Hugo. Ich einlenkend, das kann man nicht auf ein ganzes Volk anwenden, wenn mal einer sich nicht an eine Verabredung hält. Es ist nicht einer, sagte Ben, es sind viele, und gerade die haben das Sagen, blöffen beim Völkerbund und pokern mit den Nachbarn um das Schicksal der Juden. Ach Quatsch, Blödsinn, Ben, liest du keine Zeitung. Das ist eure linke Propaganda. Stell dir mal selbst vor, sie nehmen dir die Wiese weg, auf der du jahrelang deine Schafe herumgetrieben hast, nur weil du keinen Staatsvertrag in der Hand hast, nehmen sie Land weg, da würdest du auch böse werden. Nein, beharrte Ben, ich würde etwas abgeben, wenn jemand etwas braucht, warum nicht, wozu brauche ich acht Hügel, für meine Schafe reichen auch vier. Nie im Leben würdest du die Hälfte deiner Hügel abgeben, keiner macht sowas freiwillig. Das Land wurde bezahlt, teuer bezahlt. Gar nicht. Doch, großteils. Trotzdem, denen war nicht klar, was sie verlieren, wenn sie verkaufen. Genau, die hatten keine Ahnung, was man mit diesem Land anstellen kann, sie haben nicht gewußt, daß man Wasser umleiten kann, Hügel mit Hilfe von Wasserschläuchen begrünen, Kindern das Alphabet beibringen, haltbare Häuser aus Stein bauen, daß man in hygienischen Krankenhäusern Leben retten kann, und jetzt ärgern sie sich über sich selbst. Na klar, sie fühlen sich gedemütigt, das kann man doch verstehen. Sie sind eifersüchtig und lassen es an den Juden aus. Ach Quatsch, in Jerusalem gab es auch vorher schon Häuser aus Stein, und die waren nicht alle von Juden in der Steinzeit gebaut worden. Paul rechtete, was das Zeug hielt. Die Eltern legten vorsichtig ihre Hände für die Palästinenser ins Feuer, um sich von Adolf Hitler zu distanzieren. Die Schwester schwieg. Ich kannte mich nicht mehr aus, fühlte mich einseitig informiert, soviel ich auch las. Mit der Zeit wurde ich es leid, daran etwas zu ändern, Wissen zu sammeln, an Bens Ansichten war nicht zu rütteln, und Claudia folgte ihm, als hätte er ihr Gehirn weichgespült. Ich weigerte mich, zwischen gut und böse zu unterscheiden, zog mich weiter zurück in die Eisisolation, wurde schlampig mit meinem Verstand, dem einstmals messerscharfen Urteilsvermögen.

Der Morgenstau im Bad, der scharfe Geruch nach der Nacht, der den Duft der Mutter aus den Teppichritzen im Flur verdrängte, vielleicht hatte Claudia bei den Eltern vorgesprochen, weil sie eine eigene Küche wollte, vielleicht bedrängten den Vater die Geräusche aus ihrem Zimmer, es wurde eng im ersten Stock. Sie schafften einen Gasherd unters Dach und richteten dem Paar in zwei schrägen Zimmerchen ein Nest ein mit Bad und Bett und Wohnküche vom Sperrmüll, der Vater stellte eine Ziehharmonikatür im Flur vor Pauls Zimmer auf, der Fernseher wanderte ins neu entstehende Gästezimmer eine Etage tiefer, Claudias ehemaliges Zimmer.

Ich ging oft rüber. Der Raum sah fast aus wie vorher, nur war er jetzt immer aufgeräumt, Claudia hatte ihre Kleider und das Teeservice mit raufgenommen, die Mutter hatte den Spiegelschrank mit Tüten voller Faschingsklamotten verstopft, dazu mehrere Lagen Mottenpapier und weitere Tüten mit Dingen in Extratüten, von denen sie sich nicht trennen mochte, die Ponyromane und das immense Bett verwaisten vor dem Spiegel. Ich setzte mich auf die harte Matratze, blinzelte in die Morgensonne und faßte zurückgelassenen Kram an, einen Taschenrechner ohne Batterie, ein Männchen aus Kastanien, dem der Kopf runterfiel, als ich es berührte, unter dem Bettkasten fand ich eine Pillenschachtel in einer Staubfluse, zwei Pillen waren übrig, eine vom dritten Tag, eine aus der letzten Woche. Jede große Schwester schlägt mal eigene Wege ein und läßt alte Bücher verstauben. Die Matratze roch nach Ben. Dieser Mann schwitzt Ziegenmilch, dachte ich, so scharf und sauer, daß es durch die Wohnzimmerdecke sickert. Die Matratze müßte im Garten ausgewrungen werden, weiß würde in die Wiese tropfen, die Brüder feixen, der Vater wegsehen.

Nun fragt sie also ihren Ben um Rat und immer seltener mich, sie wird immun gegen die Scherze der Geschwister, die seinen erträgt sie mit Engelsgeduld. Ben zog Claudia vor unseren Augen auf, weil er ihr T-Shirt lächerlich fand, ihren Salat ungesalzen, weil sie die Lage in seiner Heimat kindisch beurteilte. War das der Versuch einer Annäherung an unsere Sitten und Bräuche, wollte er signalisieren, daß er unseren Umgangston beherrschte. Oder war es ein Zeichen, daß er zu dem Macho regenerierte, zu dem ihn der Wüstenwind geschliffen hatte. Die Gleichzeitigkeit seines lieblosen Gebarens und ihrer Unterwerfung machte uns mißtrauisch, je mehr er die zerknirschte Schwester in ihre Schranken wies, desto lieber verzichteten wir auf unsere Spitzen. Bei uns war das ein harmloser Geschwistersport, bei ihm schien es System zu haben, darunter blitzte Ernst. Ben baute sich neben der Frau, die ihn um zwei Zentimeter überragte, die von der Arbeit im Schreinerbetrieb starke Oberarme bekommen hatte, durch Mißbilligung auf, während er sie einhüllte in den Deckmantel der großen Liebe. Oder machte der Zimmermann den ultimativen Test, wieviel sie ertrug, ob sie stark genug war für seine Pläne?

Sonnenuntergang im Streifenland

Die Mutter atmet schwer den Hügel hinauf. Ich trage ihre Tüten und meine Brillen in der Kuhfellimitathandtasche, jeden Abend wandern wir gemeinsam zu unserer Unterkunft bei den Freymanns. Die Straße führt am Kamm entlang, sie begrenzt unsere Siedlung auf der Südseite, wir haben freie Sicht auf den Hügel gegenüber. Die Mutter schwitzt trotz Abendkühle in ihrem weiten rosa T-Shirt und dem geblümten hellen Rock, ihr fehlt die Puste zum Reden, aber sie muß sich dennoch erleichtern nach einem weiteren Tag voller schöner kleiner Erlebnisse, Demütigungen, offener Fragen, gefühlter Provokation, sie greift nach meinem Arm, bittet mich, einen Moment anzuhalten. Ich will weiter schweigen, Abendluft schnuppern, friedlich scheint das Nachbardorf in einer Dunkelheit zu schlummern, die alle Konturen verwischt, ich fühle mich in meiner Sehunschärfe geborgen.

Da sind wir einmal für zehn Tage da, wettert sie los, und dann gibt es so ein Geschiß, daß die Kinder früh ins Bett kommen, sonst machen sie doch auch die Nacht zum Tag, da kann der mir sonstwas erzählen, wenn ich unter der Woche um halb elf anrufe, sind die alle noch auf den Beinen. Ist es bei denen nicht eine Stunde später. Na und, was soll ich machen, wenn da immer besetzt ist, verteidigt sie, du hast doch gesehen, wie viel die telefonieren, möcht nicht wissen, wann sie ihnen wieder die Leitung kappen, weil die Rechnungen nicht bezahlt sind, neulich, da hatte ich den ganzen Tag vor, sie anzurufen, weil ich sie was fragen wollte, was noch mal, was war denn das, Donnerstag, da wollte ich wissen, ob sie den Kinderbuggy von den Finks haben will, die Finks hatten mitbekommen, daß ich sie besuchen fahre, und da ist die Älteste extra bei uns vorbeigekommen, wie heißt die noch mal, Jesses, jetzt hab ich den Namen vergessen. Sabine. Sabine, natürlich, die Sabine, richtig, die ist vorbeigekommen wegen dem Buggy, und da hab ich knapp vor Schabbateingang versucht, deine Schwester anzurufen, um – Mama, das interessiert mich nicht. Ach Herrje, dir kann man es aber auch nicht recht machen. Sie wendet sich abrupt ab, schnaubt, trabt voraus mit ihrem kurzen Atem, ich unentschlossen hinterher, meiner gebeutelten Beutelratte nach, die mit den Jahren weiter zusammenschrumpfen wird, sich zu einem Mutterkonzentrat verdichten, während ihre Geschichten immer ausgiebigere Umschweife nehmen durch das Gestrüpp ihrer Erinnerung, bis sie eines Tages überhaupt nicht mehr enden.

Zehn Meter weiter bleibt sie stehen, dreht sich nach mir um, der helle Rock schwingt um ihre schönen, nackten Waden, kommst du endlich, ruft sie so laut, daß ein Hund vom Hügel gegenüber mit wildem Gebell antwortet. Mußt du hier so rumschreien, schnauze ich zurück. Was denn, ich hab doch nicht geschrien. Ich schweige, seufze, hatte geplant, auf dieser Reise nicht zwischen die Fronten zu geraten, weder die palästinensisch-israelischen noch die christlich-jüdischen, noch die tochter-mütterlichen, ich hatte mir vorgenommen, unvoreingenommen die Schwester zu besuchen, Besuch, suchen. Geh, Kind, ich hab doch nicht geschrien, ich hab ganz normal gefragt, ob du. Sie läßt nicht locker. Mann Mama, ist egal, wir müssten wahrscheinlich das Wort schreien genau definieren, um der Sache auf den Grund zu kommen, ich konnte dich jedenfalls sehr gut hören, weil ich bloß ein paar Meter entfernt gestanden hab und keinen Hörschaden habe, okay. Na gut, Schätzlein, damit hakt sie mich unter.

Grimmig wende ich mich zum Nachbarhügel, wo dem aufgeweckten Hund in vielen hundert Metern Entfernung immer neue Kläffer Echo geben, fassungslos, wie es diese Mutter mit ihrer Mutterliebe bewältigt, auf allem, was wir Kinder ihr vorsetzen, so lange herumzukauen, bis sie es runterkriegt, Happen für Happen, notfalls würgt sie es mehrmals hoch, käut wieder, schluckt, schluckt und hat es schließlich verdaut, obwohl es gar nicht zum Verzehr gedacht war. Warum spuckt sie es uns nicht vor die Füße, in den israelischen Sand, auf den Berliner Asphalt, in den eigenen Hausflur.

Sag mal, aber das mit dem Eis, nimmt sie ihren Faden auf, gell das war doch wirklich die Höhe. Ich ziehe sie weiter, will vermeiden, daß neben arabischen Hunden orthodoxe Juden ausgerechnet von deutschen Diskussionen aus dem Schlaf gerissen werden. Daß es heute keinen Nachtisch gab, ist in Ordnung, Mama, die wissen, einmal die Woche ist ein Festtag, ein besonderer Tag zur Ehre Gottes, dann brauchen sie keine Hausaufgaben machen, und es gibt Eis zum Nachtisch, an den anderen Tagen freuen sie sich auf dieses Fest, was paßt dir nicht an so einem Ritual. Alles, was ich mache, ist falsch, jammert sie, wie der Ben mich anguckt, wenn ich dem Schimon eine Süßigkeit verspreche, weil er mit mir ein Kapitel Deutsch gelernt hat. Im Eifer des Gefechtes beschleunigen sich unsere Schritte, und die Mutter gerät wieder aus der Puste. In der Toraschule bei dieser Tombola kriegen sie auch lauter süßes Zeug und sonstwas für besonderen Fleiß, aber da ist das natürlich gerechtfertigt, da hat das nix mit Seele kaufen zu tun, nur wenn die Oma das macht, dann.

Du vergißt immer, daß deine Tochter sich für ein Leben jenseits der Logik entschieden hat, es ist ihr egal, ob die Dinge in deinen Augen richtig sind. Schweigen. Atmen. Ach, du hast diese Ruhe, du kommst damit so toll klar. Quatsch, bloß sind meine Fragen keine getarnten Fallen für ihren Intellekt, Mama, mich interessiert wirklich, wie die leben, ich will das begreifen. Ich doch auch. Nee, du willst ständig beweisen, daß sie im Unrecht sind, daß sie Fehler machen, daß sie ihren Kindern etwas Wichtiges vorenthalten und selbst die Großmutter entgegen aller Vernunft, Menschenrechte und Genfer Konventionen daran hindern, den Kindern das Fehlende zu vermitteln. Jetzt schweigt die Mutter viele Schritte lang, vermutlich grübelt sie, was die Genfer Konventionen mit ihren Enkeln und unserer Situation zu tun haben könnten.

Ich komme in Fahrt. Schau dir die verwöhnten Gören in unserer Säkularwelt an, die Fernsehberichte über Drogenmißbrauch, Übergewicht, Vernachlässigung, Amokläufe, wenn ich mich an deine Erzählungen aus der Grundschule erinnere, wo die neue Generation Kind ihre Lehrer beschimpft und in den Bauch boxt, weil sie keine Lust auf Mathe hat, wenn ich an meine ersten Schauspielschüler denke, Achtzehnjährige, die von Shoppen als ihrem liebsten Hobby schwärmen, da hab ich so meine Zweifel, ob das Mittelalter hier nicht gerade für Kinder eine passable Alternative darstellt. Das mag ja sein, aber zum Beispiel der Große, hält sie dagegen, der spielt besser Trompete als sein Opa, meinst du, das wird gefördert, wenn ich ihnen Geld schicke, ausdrücklich damit sie ihm Trompetenstunden bezahlen, dann nehmen sie das Geld einfach für irgendwas anderes, eine Waschmaschinenreparatur, Schleifpapier für die Werkstatt, da hab ich überhaupt keine Kontrolle, dann schick ich eben gar kein Geld mehr. Dann schickst du kein Geld, das überleben sie auch.

Elieser trompetet wie ein kleiner Gott, habe ich vor zwei Tagen verkündet, und Ben hat mich tadelnd angegrinst, wie ein was, hat er gefragt. Naja, also, er spielt gut, meine ich und errötete ein bißchen, weil ich Gott gesagt habe, und den soll man nicht beim Namen nennen. Jedenfalls, er spielt toll, also. Wie ein großer Künstler vervollständigte die Mutter den Satz, und wenn ihr ihm Stunden bezahlen würdet, könnte richtig was aus ihm werden. Ben schaute die Mutter beinahe mitleidig an, aus ihm muß nichts werden, er ist ein Geschöpf des Einen, nu, er wird seinen Weg machen. Was soll man da drauf sagen, fragt mich die Mutter, und ihr Griff wird fester um meinen Arm. Keine Ahnung, vielleicht, daß eine besondere Gabe als Geschenk Gottes verstanden werden könnte, und daß man sie ausbildet, könnte man als eine Pflicht gegenüber diesem Jemand ansehen, gewissermaßen. Siehst du, so was fällt mir dann immer auf die Schnelle nicht ein, das muß ich mir aufschreiben, und morgen sag ich dem sturen Bock das dann.

Ich glaube, wir grinsen beide. Sie weiß so gut wie ich, es ändert nichts, der Schwiegersohn wird bockig bleiben, die Mutter wird sich weiter hilflos fühlen und zurückgestoßen, egal, wie treffend ihre Argumentationen scheinen, betrogen um ihre Enkelkinder. Aber was weiß schon ich über Gefühle von Müttern, deren Kinder sich aus ihrem Dunstkreis entfernen bis ans andere Ende der Welt, über Rechte von Enkeln auf eine individuelle Ausbildung, über die Notwendigkeit einer gemeinsamen Sprache über Generationen hinweg.

Vor der steilen Treppe bittet mich die Mutter um eine Verschnaufpause. Die Dunkelheit flimmert zwischen den Straßenlaternen im Nachbardorf, ein vorletzter Hund jault durch die Stille, ein letzter antwortet heiser, lautlos gleitet vor uns eine Katze die Stufen empor. Neben ihr schlängeln sich dunkle Wasserschläuche durch die Stadtbegrünung, weiter unten hat ein

Ventil den Geist aufgegeben, kostbares Naß suppt über den Gehsteig auf die Straße, in einer Delle hat sich eine Lache gebildet, von da bahnt sich das Wasser in vier schwarzen Rinnsalen seinen Weg den Berg hinunter. Bis vor die Haustür der Schwester, male ich mir aus und kneife die Augen zusammen, um den Wasseradern durch die Nacht zu folgen, morgen darf ich meine Kontaktlinsen nicht vergessen für die Synagoge.

Weißt du, seufzt die Mutter, bevor wir uns an den Anstieg machen, es ist schwer zu ertragen, wenn ein Teil von dir, also dein Kind, wenn deine eigene Tochter einfach so alles über den Haufen wirft, was du ihr mit auf den Weg gegeben hast, alles. Sie wartet auf eine Antwort. Unsere Bemühungen, andere Menschen zu verstehen, uns hineinzuversetzen, sie wäre nie hier gelandet, wenn wir euch nicht unsere Neugier mit auf den Weg gegeben hätten, verstehst du, und dann, die Mutter zieht wieder eine Menge Luft ein, legt die Hand über die Brust auf die Bronchien, die sich rasselnd füllen mit dem warmen Atem der schlafenden Stadt, daß sie einfach vor all dem die Augen zumacht und ihren Kindern, die ja auch gewissermaßen ein Teil von uns sind, hab du erst mal Enkel, und denen dann so eine hermetische Welt anbietet, wo ihnen jede andere Sicht verschlossen bleibt, weißt du, die dürfen ja nicht mal nach Tel Aviv fahren, die Großen, die setzen kaum einen Schritt raus aus der Siedlung, und wenn doch, dann fahren sie nach Jerusalem und rennen mit gesenkten Häuptern nach Mea Shearim, wo die Leute genauso leben wie hier.

Ich frage mich, ob das schlimm ist. Ist nicht die Hauptsache, daß sie glücklich sind oder sowas in der Art, im Einklang mit sich selbst, wenn es schon für Glück kein althebräisches Wort gibt, Hauptsache, sie sind ihrem Herrn eine Freude, haben in seiner Schöpfung ihren Platz gefunden, wie Ben es ausdrückt. Ich springe der Katze nach die Treppe rauf, sie ist längst in einem der Zaunlöcher verschwunden, die den gezackten Weg von den Gärten der Anwohner trennen, nehme drei Stufen auf einmal, warte mit klopfendem Herzen auf die Mutter, die immer wieder am Geländer innehält. Ein zärtliches Gefühl schleicht sich ein für unser ramponiertes Mutterkraftwerk, die Dampflok, die unseren Leben hinterherschnauft, nie genug Sauerstoff in ihren glühenden Ofen saugt, die mich mit ihrem Drang, sich unter Volldampf in ihre Kinder hineinzuversetzen, oft zur Weißglut gebracht hat.

Vor der Wohnung ruhen wir auf einer Bank aus, neben uns orangene Straßenbeleuchtung, links das Araberdorf, gegenüber ein kleiner Spielplatz mit Wippe, Laufrad, nachgiebigem Gummiboden. Die Mutter streift ihren Pullover über, um sich nicht zu erkälten, naßgeschwitzt und aufgewühlt. Meinst du wirklich, daß es Kinder in Deutschland besser haben, Mama, Kinder, denen angeblich die ganze Welt offensteht, um deren Aufmerksamkeit die verschiedenen Fernsehprogramme und Popsternchen buhlen, deren Eltern sich nach zwei, drei Jahren scheiden lassen oder einfach trennen und sich den Krieg ums Sorgerecht erklären, glaubst du nicht, daß dieses behütete Leben für die junge Menschenseele mindestens so bekömmlich ist. Im Gesicht der Mutter löst sich etwas, sie hebt die Schultern, schaut nur.

Mir imponiert das, wie die sich per Gesetz selbst nicht so wichtig nehmen, ich mag ihre klaren Wertigkeiten, diese alltäglichen Rituale, die einen dauernd an die Anwesenheit von etwas Höherem erinnern, ich würde meinen Kindern auch gerne so eine heile Ordnung bieten können, falls eines Tages entgegen der Vorsehung des Manns des Lebens und meiner Ungewißheit Kinder in Frage kommen. Daß sie sich nicht wichtig nehmen, kann man aber wirklich nicht behaupten, Schätzlein. Ich meine nicht die Juden als Volk, sondern den einzelnen Orthodoxen, der übt sich in Demut, der hält sich an Gesetze, der hat seinen Einen als Maß aller Dinge, seine Familie hält voraussichtlich bis ans Ende seiner Tage, füllt sein Leben mit anderen Leben, macht ihn reich, er verbringt viel Zeit mit einer Lehre, die sich andauernd mit der Suche nach dem neuesten Sinn ewiger Worte befaßt, zwischen den schlichten Verhaltensregeln entsteht Freiraum, den wir gar nicht kennen bei uns. Stimmt schon, wir sind im Grunde genau solchen Zwängen unterworfen wie alle anderen auch, nickt die Mutter.

Bloß nennt sich das Demokratie und Freie Marktwirtschaft und drückt sich in Zahlen aus, hier wird das Individuelle nicht überzüchtet, es taucht auf als Abfallprodukt von Gottes Schöpfung, wildwachsende Seelen, schön und unwichtig, das Ich steht nicht im Mittelpunkt wie in unserer sogenannten westlichen Zivilisation, wo sich immer noch jeder verwirklichen muß und verzweifelt, wenn er nicht kapiert, wie das gehen soll, wo uns dauernd Dinge aufgequatscht werden, die Geld kosten, die bei Individualisierung helfen sollen und Einheitsbrei aus uns machen. Wirklich wahr, guck dir den Wahlkampf an, da bin ich neulich richtig erschrocken, wovon da die ganze Zeit die Rede ist, Arbeitsplätze schaffen, Mehrwertsteuer, Reichensteuer, Rentenbeitrag, Anreiz zum Konsumieren, kurz, Geld, Geld, Geld. Über Arbeit wird auch nur soviel diskutiert, weil sie teuer ist und weil Arbeitslosigkeit auch wahnsinnig teuer ist, und weil die Arbeitslosen nicht ordentlich konsumieren, weil sie unkontrollierbar werden mit ihrer unendlichen Freizeit. Nicht etwa, weil der Mensch ohne Arbeit innerlich vor die Hunde geht, wenn er nicht ein bißchen gebraucht wird, dabei weiß das jeder. Guck dir die Städte an, Häuserfronten voll Kaufpropaganda, daß so was erlaubt ist, daß wir uns das gefallen lassen, unser Fernsehprogramm, was uns da entgegendonnert, ist Krieg gegen Frauen, Alte, Versager und die Dritten Welten. Das sag ich dem Papa auch immer, Schätzlein, und dann streiten wir, wer von uns weniger Fernsehen guckt. Die haben natürlich kapiert, daß Deutschland überaltert, da wenden sie sich zwischendurch vorsichtshalber schon mal an ihre Konsumenten der Zukunft, hübsche, verliebte, grauhaarige Rentner mit der Kraft von vier Herzen, auf die Überalterung unserer Gesellschaft bin ich eigentlich sogar neugierig, weil die Alten vielleicht nicht so leicht zu manipulieren sind. Meinst du. Hoffe ich.

Und findest du nicht, hier die Frauen leben emanzipierter als wir? Was, wie kommst du denn darauf, die müssen Kinder kriegen, den Haushalt schmeißen. Und oft auch noch das Geld auftreiben, während sich ihre Männer in den Synagogen in Ekstase wiegen und Gottes Nähe suchen, ich weiß, aber, guck mal, nichts ist hier wichtiger als die Familie, nichts, außer natürlich Gottes Wort. Also den Papa regt das richtig auf, diese spitzbäuchigen, eitlen Gelehrten, wie sie ihre Hüte und Schläfenlocken spazierenführen. Und ihre Frauen wie Gebärmaschinen sich abnutzen lassen an zwölf auszutragenden und zu erziehenden Kindern, der koscheren Küche und dem weltlichen Rest. Scht, jetzt wirst du aber zu laut, die Mutter schaut sich um, da streicht nur wieder eine graugestreifte Katze an der Wippe vorbei, ich staune ja auch manchmal, was die alles schaffen, die Frauen hier, flüstert sie.

Bei uns wollen sie die Geburtenrate erhöhen, weil die Halbalten jetzt schon Angst haben, daß keine Jungen mehr da sind, die ihre Renten zahlen, wenn sie ganz alt sind. Eine fürchterliche Debatte, als ob das ein Anreiz für eine Mittzwanzigerin wäre, ein Kind in die Welt zu setzen. In der sie dann für ein paar Jahre keine Anstellung mehr findet, nicht mithalten kann beim Karrieretaumeln, bis ihr Selbstwert den Bach runtergeht. Siehst du, und hier sind Geld und Erfolg absolute Nebensachen. Na Moment, hier machst du halt Karriere als Rabbiner. Eben, du wirst Philosoph, Lebenshelfer, du suchst Gott, die Wahrheit, das ist was anderes, als sich in den Vorstand eines deutschen Automobilkonzerns wählen zu lassen und schlaues Zeug über Effizienz abzusondern. Aber als Frau hast du gar nicht die Chance, will die Mutter einwenden. Du sorgst für die Familie, falle ich reaktionär ins Wort, und das wird hochgeschätzt, arbeiten darfst du obendrein, ich spreche von Achtung, weißt du noch, wie du für deinen Haufen Kinder ausgelacht wurdest. Wieso, ich hab doch auch gearbeitet. Halbtags, und wehe, du schaffst es trotz Rasselbande zur Bürgermeisterin, da zerfleischen sie dich, weil du die armen Würmchen den ganzen Tag allein läßt.

Du mußt bedenken, daß diese Siedlung erst fünfzehn Jahre alt ist, Schätzlein, die meisten Familien sind aus freien Stücken beziehungsweise aus politischer Überzeugung hergezogen, das gilt auch für die Frauen. Sie hat recht, das habe ich nicht bedacht, hier wimmelt es von Pionieren, kein Wunder, wir müssen abwarten, wie es den Frauen in der dritten Generation gehen wird, ob sie die Solidarität mit ihren Artgenossinnen pflegen, ob sie auch stolz ihre Kinderschar um sich herspringen lassen, ob sie sich zufriedengeben mit dem stacheldrahtbeschränkten Horizont und der himmelweiten Öffnung zu Gott, ob sie sich sträuben werden, dem Rabbi ein Tuch von zwischen ihren Beinen vorbeizubringen, aus ihrer Scham, damit er bestätigt, sie sind rein, oder noch blutig, ob sie sich freuen auf das Bad in der Mikwe, das sie wieder begehrbar macht für ihren Ehemann. Ach Schatz, wenn wir hier noch lange sitzen bleiben, erkälte ich mich wieder. Erst jetzt, da sie mich stoppt, bemerke ich, was mir alles durch den Kopf poltert. Wir schleichen nacheinander bei Freymanns ins Bad, Gutenachtkuß. Das war ein schöner Spaziergang, Tochter. Sie kriegt noch ein Küßchen, ich bin in Geberlaune.

Die Sonne steht als scharf gezeichneter Ball knapp über den Hügeln von Judäa. Ich schäle Kartoffeln, Süßkartoffeln, Karotten, wasche Tomaten, schneide die dunklen Stellen raus, Auberginen in Scheiben, Salz drüber, Knoblauch klein, Zwiebeln in Würfel, schnippele Obstsalat für neun Personen, die Schalen für die Gänse. Sara schaut sich in der Küche um und zählt auf, was sie noch alles schaffen muß. Wenn du noch lang überlegst, verhungern wir morgen. Ich spüle das Geschirr vom Frühstück weg, und sie fragt sich, ob ihr Kleinster nicht bald Hunger haben müßte. Die Mutter ruft von nebenan, der sei friedlich, und ich wundere mich beim milchig Tischabwischen, wie sie die Großfamilienschabbatvorbereitung auf die Reihe kriegt, wenn wir nicht da sind, die Schwester mit ihrem seltsam trägen Chaos. Ach, das Brot hätte sie fast vergessen, der Teig ist gegangen, gleich wird gebacken, ich darf einen Schabbatzopf flechten. Die Auberginenscheiben tunke ich in Ei, hau sie in die Pfanne, während sie brutzeln, laufe ich in den Garten Gänse füttern und den Stand der Sonne prüfen. Sie berührt den Rücken des Hügels, bald wird sie dahinter verschwinden und kurz bevor sie ganz und gar untergeht noch einmal im Tal aufblitzen, dann hüllt sich alles in Abendrosa, und der Schabbat schneit rein. Bis dahin müssen wir frisch gewaschen, die Kinder gebadet und umgezogen sein, der Tisch gedeckt.

Sara kontrolliert meine Kartoffeln auf schwarze Stellen, während wir zaghaft über die Räumung in Gaza streiten. Die Schwester findet es schlimm, daß Scharon so schwach geworden ist, der Militärheld, den sie noch vor fünfzehn Jahren als Hardliner verehrt hatten. Er will ein Spielcasino eröffnen, behauptet sie, mit seinen millionenschweren Freunden, und da sowas auf israelischem Boden verboten ist, verkauft er ein Stück Land an die Palästinenser und macht dort seine unlauteren Geschäfte. Nachfrage besteht jede Menge im Heiligen Land. Lust auf Laster.

Stell dir mal vor, Kleines, deswegen mußten israelische Soldaten jüdische Siedler aus ihren Häusern zerren, die bis zum letzten Augenblick auf Gottes Wunder hofften und jetzt nicht mal eine Entschädigung erhalten. Ich hab's gelesen, jüdische Soldaten brachen in Tränen aus, als sie von ihren Landsleuten als Nazis beschimpft wurden, die sie ihrer Heimat beraubten und in Zwischenlager steckten.

Eine ähnliche Version wie die mit dem Spielcasino hat mir unser Gastgeber am Vormittag erzählt, wie korrupt die Politiker in der Knesset seien, wie schlecht überhaupt die Welt geworden sei, wie sehr es wirklich an der Zeit sei für die Ankunft des Messias. Daß die ihre Entschädigung nicht bekommen, hängt damit zusammen, daß sie nicht innerhalb der vorgeschriebenen Zeit ihre Häuser geräumt haben, weiß ich aus der Zeitung. Aber das ist ganz klar, wenn du fest an Gott glaubst, erwidert die Schwester, wenn du überzeugt bist, daß er dich nicht wegschleppen läßt, daß er dafür sorgen wird, daß du bleiben darfst auf dem Flecken Land, den er für dich auserkoren hat, da kann man doch nicht nachher den Leuten ihre Entschädigung versagen. Naja, aber stell du dir mal vor, eine Regierung würde sich nach dem richten, was alle möglichen Leute von ihrem jeweiligen Gott erwarten, nee, laß mal, das ist schon in Ordnung, daß Staat und Kirche getrennt sind. Mir fällt auf, daß das gewissermaßen meiner Empörung von gestern nacht widerspricht, wo ich der Mutter auseinandersetzte, daß ein Staatsapparat, der kein bißchen Ideologie oder wenigstens Idee anbietet, Ethik im Verbund mit Demokratie, Pressefreiheit, freier Marktwirtschaft, daß der unweigerlich zu einem uninspirierten Haufen machtgieriger Feiglinge mutiere undsoweiter. Ich bin verwirrt.

In unseren Medien war die Räumung von Gaza einhellig begrüßt worden, endlich schien Bewegung in den verstockten Friedensprozeß zu kommen. Darauf beharrt auch die Mutter, das sei der einzige Weg, das Land zu befrieden, wenn man dem anderen ein Stückchen abgebe vom Kuchen. Du hast doch keine Ahnung, was die mit uns vorhaben, schimpft ihre große Tochter, weißt du, was der Abbas neulich gesagt hat, er danke allen, die die Räumung ermöglicht haben, richtig zynisch ist er geworden, hat sich bedankt bei seinen Feinden, und dann, *heute Gaza, morgen die Westbank und Jerusalem*, die werden nie genug kriegen, reichst du ihnen erst den kleinen Finger. Herrgott, Kind, das sagt er doch nur, weil er sich vor seinen Leuten nicht lächerlich machen will. Alle führenden Militärs haben davor gewarnt, die Kontrolle über die Grenze nach Ägypten den Palästinensern zu überlassen, die schmuggeln jetzt schon Waffen rein, um uns ins Meer zu treiben. Die Mutter hält einen Augenblick still, als der Schwiegersohn den Raum durchquert, das Schweigen gibt der Schwester recht. Aber kaum ist Ben draußen, wettert die Mutter weiter, du liest nicht mal die Zeitung, und wenn, nur diese ultrarechten Blätter, was anderes kriegt ihr hier ja gar nicht in diesem, dieser, du kannst doch nicht alles glauben, was die in der Zeitung schreiben. Ihr hattet damals auch nur eine Zeitung zuhause. Aber wir haben nicht nachgeplappert, was da drinstand, Herrgottnochmal. Wie soll ich was nachplappern, was ich nicht mal lese. Die Schwester ist schwer in der Defensive, das Weinen hat sie sich abgewöhnt, wütend sortiert sie Kartoffelschnitze aus, bei denen ich angeblich winzige dunkle Stellen übersehen habe, voll stiller Anklage landen sie auf dem Küchentisch. Ich halte mir die ultrarechte Zeitung vors Gesicht, um mich nicht über die Kartoffeln aufzuregen, und überfliege versehentlich den Leitartikel. Was genau heißt noch mal *riots*. Ben durchkreuzt die feindlichen Linien, stöbert unter dem Waschbecken nach Putzlumpen, er ist zuständig für den Schabbatputz. Tatsächlich entdecke ich in der Zeitung die Zeilen in Englisch, die Abbas auf arabisch gesagt haben soll, gedruckt wirkt es um einiges bedrohlicher als aus Saras Mund, *heute Gaza, morgen die Westbank und Jerusalem*, von einem jüdischen Knessetabgeordneten ist die Rede, der in einer Sitzung sein Gewand zerrissen und Gott angerufen hat in höchster Verzweiflung, tiefster Trauer darüber, daß Juden Juden vertreiben, niemals hätte das geschehen dürfen.

Als Sara zur Nachbarin eilt, die eben angerufen hat, pflanzt sich die Mutter mit ihrem Nähzeug an den überfüllten Küchentisch, wo ich unsichtbare letzte Äuglein aus den Kartoffelstükken herausoperiere. Siehst du, das meine ich, flüstert sie, daß es der Säugling auf dem Boden nicht mitkriegt, die verblödet hier unter der Hand, einmal, da hatten wir eine Diskussion über ein ganz ähnliches Thema, Landrückgabe, Selbstmordattentate, da hat der Ben zum Papa gesagt, es müßte erst einer deiner Enkel dabeisein, wenn so eine Bombe hochgeht in Tel Aviv oder Jerusalem, wenn eins von deinen Enkeln das Opfer ist, kapierst du endlich, die Araber, das sind Tiere. Daraufhin sei der Vater aufgesprungen und gegangen, die Mutter hinterher. Aber das blöde war, daß man hier ja nicht einfach in ein Hotel gehen kann, weil es hier kein Hotel gibt, wir sind also einfach um die Stadt gelaufen, innen, im großen Bogen, die Mutter gurrt, du weißt ja, wie der Papa ist, und das bei der Hitze, ich bin fast gestorben. Bus wollten wir auch keinen nehmen, wir hätten nach Jerusalem ins Hotel können oder so, aber das haben wir uns nicht getraut, du liebe Zeit, es war schrecklich, nach zwei Runden hatte ich ihn soweit, daß wir wieder zurück in die Wohnung – *Riots* ist Aufruhr, geht Ben dazwischen, er ist mit dem Schrubber vor der Küche angekommen, grinst, das Wort lese er zu oft, um es zu vergessen. Die Schwester stürmt mit einem Karton die Küche, stolz präsentiert sie ein paar schwarze Halbschuhe von einer Nachbarin, für dich, Kleines, probier mal. Sie sehen aus wie neu, ich schlüpfe rein, sie sind viel zu groß, aber sie passen perfekt in die

Siedlung, dann nehme ich eben zwei Paar Socken. Erst als sich Michal in dunkelblauem Wollrock und weißer Bluse ins Küchenchaos drängelt und bettelt, daß ich ihr einen Zopf flechte, fällt mir auf, daß ich mein Kleid bei den Freymanns vergessen habe. Ich habe mein schönes schwarzes Trägerkleid und die weiße Bluse an dem Haken hinter der Tür zurückgelassen, wo ich sie extra zum Entknittern auf einen Bügel gehängt hatte, meine Schabbatklamotten, Scheiße.

Zweiundzwanzig Minuten bis Schabbat Eingang, die Sonne hat sich verzogen, Ben ist mit dem Auto zu einem Kunden unterwegs, einundzwanzig, wie soll ich das in der Zeit zu Fuß schaffen. Die Schwester beruhigt mich, macht nichts, ich kann dir was leihen. Aber seit zwei Tagen freue ich mich auf das frische Hemd und das Kleid dazu, ich habe solche Lust, mich hübsch zu machen zu Ehren von Gottes Ruhetag und zu Ehren der Familie und zu Ehren meines Besuchs in der Synagoge, auch der Hut sollte passen in Schwarz und Weiß, jetzt auch noch die feinen Halbschuhe, dichte Nylonsocken hat mir die Schwester rausgelegt. Ich habe in aller Ruhe duschen wollen und mich eincremen, anmalen, anziehen und alles erledigt haben und einen richtigen Ruhetag von abends bis abends feiern mit Saras Familie und der streitlustigen Mutter. Mein Kleid hängt in der Wohnung von Freymanns, wo sicher bereits alles heißgelaufen ist in Sachen Schabbateingang, wo die Kinder zu Besuch sind mitsamt der Enkelschar, wo ich womöglich mitten ins Kiddusch platzen würde, das Herr Freymann über den Wein spricht. Ach was, so pünktlich fangen die nicht an, wenn du dich beeilst, schaffst du das noch, feuert mich die Schwester an. Achtzehn Minuten, vergleichen die Neffen ihre Plastikarmbanduhren von der Großmutter. Und wenn du ein paar Minuten später klingelst, geht die Welt auch nicht unter. Ach nicht? Ich habe Horror davor, eine jüdische Familie bei ihrer Schabbatbegrüßung zu stören.

Plötzlich renne ich trotzdem los, schließlich hab ich das Kleid extra für den Schabbat eingepackt, schließlich bin ich ziemlich einmalig für zehn Tage und nur einen Schabbat im Lande. Ich hetze in kleinen Schritten den Hügel rauf, nur wenn keiner hinsieht, raffe ich den Rock und renne ein paar Meter, die Luft ist dickrosa, kaum was los auf der Straße, wenn Autos unterwegs sind, kann es nicht so wild sein mit der heiligen Phase. Eine Bagage rausgeputzter jüdischer Kinder albert vor ihrem Hauseingang bei den Müllcontainern, diesmal geht mir selbst die Luft aus, noch ein Auto, ist das die Polizei, die den Schabbat über Streife fährt, wie lange habe ich noch, ich nehme drei Stufen auf einmal, zwei feine Mädchen schlendern mir entgegen und kichern über meinen roten Kopf unter dem rosa Tuch oder die großen Schritte, die eine Frau nicht machen sollte, mit Restkraft erklimme ich den oberen Treppenabsatz, wische mir den Schweiß aus dem Gesicht in die braune Bluse, stopfe das Unterhemd in den Rocksaum, stolpere in den Hausflur und stehe vor Freymanns Wohnungstür. Von drinnen Stimmen, ein regelrechtes Gewirr mitsamt Kindergeräuschen, es hört sich an, als hätten sie noch nicht am Tisch Platz genommen. Darf ich, soll ich, darf ich, ich fasse mir das Herz und klopfe, die feiern schließlich jede Woche Schabbat, ich bloß einmal dieses Jahr. Niemand reagiert, ich klopfe wieder, keiner hört mich, ich bin zu zaghaft, ich poche lauter an die Tür. Nichts. Ich warte auf einen ruhigeren Moment und klopfe jetzt in unverschämter Lautstärke, oh Gott, Entschuldigung. Drinnen verbreitet sich Stille, ein paar Sätze werden ausgetauscht, nach einer Ewigkeit öffnet sich die Tür. Ein jüdischer Mann im Alter meiner Schwester schaut mich fragend an, beziehungsweise fragend an mir vorbei, der Sohn. Do you speak English, excuse me, I have forgotten something in the room. Frau Freymann eilt mir zur Hilfe, sie ist nicht ganz so freundlich wie am Morgen, als sie mir ihren

Schabbatfertigkuchen präsentiert hat und wir über weißen oder braunen Zucker gefachsimpelt haben. Ich husche ins Kinderzimmer, in dem Spielzeug verstreut liegt und eine Frau sich lang macht, greife mir den Bügel mit den Klamotten und husche mit genuscheltem Gruß aus der Tür.

Der Rückweg ist ein Kinderspiel, weil ich nicht mehr heimlich zu rennen brauche, ich spaziere schabbattauglich die Straße entlang, von mir aus kann er kommen, ich freue mich auf das Kleid, die blütenweiße Bluse, ich werde duschen, ein bißchen Kajal auf die Oberlider malen, mein Schabbat wird sich um circa eine Viertelstunde verspäten, was soll's, danach verhalte ich mich total koscher. Als ich den unteren Absatz der Treppe erreiche, jault über der Stadt eine Sirene auf. Ich schaue mich um, von wo sie kommen und wo ich in Deckung gehen kann, aber außer Rosmarinbüschen, Müllcontainern und ein paar pubertierenden Palmen säumt nichts den Straßenrand. Ich bleibe sekundenlang unschlüssig stehen, statt einfach an der nächstbesten Tür zu klingeln. In einiger Entfernung tritt ein Orthodoxer seelenruhig aus seinem Haus, als wäre kein Bombenalarm zu hören, und da er sich alle Zeit der Welt läßt, seinen Müll in einen der Container zu entsorgen, den Mülleimer wieder zu schließen, da er sich nicht statt der Mülltüte in den stahldicken Container wirft, um vor dem Luftangriff in Deckung zu gehen, ringe ich mich zu der Erkenntnis durch, daß die Sirene vielleicht etwas anderes bedeutet als unseren baldigen Tod, zum Beispiel Schabbateingang.

Seid ihr noch ganz koscher

Wir trugen feine Schuhe, als wir einer nach dem anderen zu unserem allerersten Schabbat bei Ben und Claudia unterm Dach der Eltern eintrudelten, obwohl wir sonst nach dem Heimkommen nur in Pantoffeln durchs Haus schlappten. Hugo erschien sogar im Jackett, worüber sich Paul lustig machte, gehst du auf Staatsbesuch oder was, schubsten sie sich durch den schmalen Plastiktürrahmen. Drinnen Kerzenschein und Essensgeruch. Hugo verzog sich angesichts der Feierlichkeiten scheu in eine Ecke und hoffte, daß alles schnell vorüberging. Paul schaute sich um, es gab keine Stereoanlage, über die er sich fachmännisch hätte beugen können, lediglich einen alten Wecker, der nicht aufgezogen war. Ein siebenarmiger Kerzenleuchter stand auf dem Tisch, auf dem Regal weitere Kerzen, die blaue Flamme des Gasherds unter einem Topf, in dem es leise blubberte. Die Schwester begrüßte ihre Geschwister besonders fröhlich, um uns aufzulockern, aber gerade ihre Herzlichkeit war verdächtig, woher nahm sie dieses seltsame Selbstvertrauen. Ben war mit dem Flaschenöffner zugange, trocknete Gläser ab, er grüßte gastfreundlich beschäftigt. Der Vater kam mit Blumen aus dem Garten, zwei prachtvolle Rosen für das Prachtpaar, er überbrückte den zerbrechlichen Augenblick der Begrüßung mit der Suche nach einer Vase, dem zaghaften Fragen nach einem Messer, dem Beschneiden der Rosenstiele.

Als eine unsichtbare Grenze überschritten war und die Mutter mit der Großmutter immer noch nicht aufgetaucht, bat uns Claudia, Platz zu nehmen, auch Paul bitte, laß den Wecker stehen, der geht schon lange nicht mehr, und Ben sagte ein paar Worte über den Wein und den Schöpfer des Weins auf deutsch, murmelte abschließende Sätze auf hebräisch, trank und reichte seiner Frau das Glas statt dem Stammesältesten, der den Fauxpas erst runterschluckte, als er segensreich den Becher von seiner Tochter in Empfang nahm. Claudia flüsterte ihre hebräische Passage kaum hörbar, da sie wußte, wie es den Vater verstimmte, wenn in seiner Gegenwart Sprachen gesprochen wurden, die er nicht verstand, von Leuten, die auch anders konnten. Der Vater reichte den Becher stumm weiter an Paul, Paul an mich, ich an Hugo, der nippte, brachte das Schlürfgeräusch nicht zustande, verschluckte sich stattdessen, hustete rot anlaufend, der Große klopfte ihm zu feste auf den Rücken, ich schubste den Großen, dazu das Husten und Bens gebremste Ungeduld. Fragile Stimmung, dachte ich, schmaler Grat, dann senkte sich wieder Stille übers Topfgegluckse. Ben segnete das Brot, tunkte es in eine Tasse Salz, und wir wußten nicht, was wir tun sollten, auch was sagen oder nur salzen oder noch nicht reinbeißen oder doch. Claudia war unser Zeremonienmeister, wir verfolgten ihre Handlungen und bemühten uns, ihr alles gleichzutun. Eine fremde junge Frau saß da auf dem Hocker am Tischende in ihrem besten Pullover mit ausgepolsterten Schultern, sie lächelte huldvoll und verfolgte die Wanderung der Brotfetzen um den Tisch herum mit Glanz in den Augen. Sie erschien mir entrückt, als befände sie sich in einem anderen Bannkreis, außerhalb der Familie. Hugo fragte heiser nach Wasser, es tränte aus seinen Augen, die Schwester reichte ihm ein Glas.

Für uns war die Heiligkeit so anstrengend, daß wir erleichtert aufatmeten, als die Hunde unten Radau machten, weil sie die

Autotür vernommen hatten. Paul sprang auf, um der Großmutter den Mantel abzunehmen, Hugo rannte hinterher, um die Hunde vor ihrem Dackel in Sicherheit zu bringen. Ich warf dem Vater verschwörerische Blicke zu, wir sollten die Stellung halten, um den Gast und Gastgeber nicht zu verprellen, bis die Meute nach einer halben Ewigkeit lärmend oben eintraf, allen voran die Großmutter, obwohl sie normalerweise am allerlängsten brauchte mit ihren kaputten Knien. Diesmal waren die Jungs entspannter, sie spielten Reiseführer, die die Neuankömmlinge zu den Kuriositäten unter dem Dach führten, setzt euch, nehmt euch ein Glas, noch mal der Segen, und vielleicht ein Stück Brot, sie fühlten sich in der Überzahl, sechs gegen zwei plus Gott. Die Mutter erklärte wortreich, warum es so lange gedauert hatte, entschuldigte sich, schlug eine neue Sitzordnung vor. Bevor die sakrale Stimmung völlig im Fremdenverkehr unterging, hatte Ben die Gitarre auf dem Schoß und stimmte ein hebräisches Lied an. Die Melodie kam mir bekannt vor, Claudia fiel ein, an manchen Stellen wechselte sie kühn in die zweite Lage. Die Brüder kommunizierten mit den Augenbrauen, was sie von dem Sound hielten, ich wippte im Takt, die Großmutter flüsterte mir zu, ob man hier rauchen dürfe, was von ihrer Tochter verboten wurde. Nach dem Essen darfst du unten bei uns auf der Terrasse, Mutti, sagte der Vater, legte seiner Frau fürsorglich die Hand aufs Bein und hielt sich eine Weile an dem Jeansstoff fest. Als das Lied beendet war, wandte sich Ben höflich an die Großmutter und gestattete ihr, im Schlafzimmer zu rauchen, das sei kein Problem, nachher würden sie lüften, was der Vater als unterschwelligen Angriff gegen seine allergische Frau auslegte. Zu unser aller Erstaunen nahm die Großmutter das Angebot an, fingerte ihr Zigarettenetui aus der Handtasche, verschwand im Nebenzimmer, wo sie eine Weile gegen das Dachlukenfenster kämpfte, bevor sie die Nacht beweihräucherte.

Von einer ersten zaghaften Diskussion über die jüngsten Entwicklungen auf deutsch-deutschem Boden blieb sie verschont. Die Mauer war gestürzt, Deutschland diskutierte, ob es zwei Länder bleiben würden oder eins sein. Quatsch Vaterland, Muttersprache, tönte ich großspurig, warum den tapferen Leuten ihre Revolution versauen und kapital den Osten schlucken, wozu das Selbstvertrauen im Keim ersticken, wozu die Schluckbeschwerden auf beiden Seiten. Ich war neugierig auf das neue Deutschland, das sich da selbst erfinden würde zwischen Restsozialismus und Stunde Null. Ben lehnte eine Wiedervereinigung aus ähnlichen Gründen wie das benachbarte Ausland ab, die Deutschen und ihre Großmachtphantasien stellten seiner Meinung nach eine erhebliche Gefahr dar. Ich hatte ein paar Diskussionen mit der Großmutter hinter mir, wozu hieß es Bundestag, Bundeshauptstadt, Bund, hatte sie geschimpft, es gehörte verbunden, was fiel denen ein, auch nur einen Gedanken daran zu verschwenden, ihr Deutschland erneut zu teilen, jetzt, da sich zum ersten Mal seit, seit, Herrgottnochmal, Deutschland, unser törichtes Zögern, die Ignoranz einiger Intellektueller war für die alte Dame nicht zu fassen. Mir brauchte man mit Vaterland nicht kommen, ich hatte nicht mal für mein Bundesland Herzklopfen, die Hügel, Felder, Schafe, die liebliche Landschaft zwischen den Grubenstädtchen, das war alles ganz hübsch, aber der Dialekt, die Neugier der Leute, die alle irgendwie verwandt waren miteinander, ich wollte weg hier, möglichst weit.

Als die Großmutter zurückkam vom Rauchen, erhob sich Claudia gesprächsunterbrechend, um uns Essen aufzutun, sie hatte Eintopf mit Fleisch gekocht, hatte nicht vergessen zu salzen, es schmeckte ganz passabel. Ausgezeichnet, sagte der Vater, konzentriert löffelte die Großmutter, gut, nickten die Brüder, das Fleisch sei ein bißchen zu durch, fand die Mutter. Sehr gut, konterte Ben und äußerte sich zwischen zwei Löffeln Eintopf eindeutig für zwei Länder Deutschland, auch wenn ihm die Schwester mit geweiteten Augen Schweigen gebot. Bei ihm klang das feindselig statt neugierig. Die Großmutter legte den Löffel mit vernehmlichem Klacken auf ihrem Teller ab und warf dem Freund ihrer Enkelin einen kecken Blick zu. Wir kannten die Vehemenz, mit der sie ihre Meinung in politischen Angelegenheiten für gewöhnlich vertrat, und verfolgten gespannt ihre Hände, von denen eine sich schon wieder mechanisch an ihrer Handtasche zu schaffen machte. Da der Junge eben erst seine Großzügigkeit in Sachen Rauchen im Schlafzimmer unter Beweis gestellt hatte, nahm sie ihren Löffel seufzend auf zum Weiteressen, lächelte gnädig ob seiner Beschränktheit in eine unbestimmte Richtung, welch absurde Äußerungen der Ahnungslose von sich gab, welch ein Mist, was für zum Himmel schreiende mit Verlaub Scheiße er da verzapfte, der Bub hatte keinen blassen Schimmer, wie sollte er auch, er war in einem Land aufgewachsen, das gerade mal halb so alt war wie sie selbst, wie konnte er Sinn haben für Tradition oder Wurzelwerk einer Nation, er kannte Deutschland aus schlimmen Filmen über das Dritte Reich, hatte womöglich den Eichmann-Prozeß im Fernsehen verfolgt, er hatte keine Ahnung, was Deutschland sonst noch alles gewesen war, was einem älteren Menschen Oder oder Neiße bedeuteten, sie hatte das ganze Land als junges Mädchen mit ihrer besten Freundin per Anhalter erforscht, damals galten sie als ungeheuer mutig, warum fühlte sie sich jetzt hier unter den ihren so hilflos und einsam, herrje, der Appetit war ihr vergangen. Sie legte den Löffel wieder ab. Warum wurde man am Ende so allein gelassen, auch wenn sich alle bemühten, warum mußte ausgerechnet sie übrigbleiben, es war Zeit zu gehen, dachte sie und zählte die Kerzen auf dem siebenarmigen Leuchter. Sie zählte acht, waren es nicht sieben bei den Juden. Das ist der Chanukka-Leuchter, Oma, der andere ist uns runtergefallen und ganz verbogen, du hast recht, normal sind es sieben Kerzen. Normal zündet man den am Schabbat sowieso nicht an, brummte Ben.

Claudia stellte Schälchen mit verschiedenen Salatkreationen vor uns auf den Tisch und verkündete, daß sie die Reihenfolge verwechselt hatte und daß wir ihr gefälligst für morgen noch was übriglassen sollten. Das Gemüse hielt eine Weile als Gesprächsthema her, weil wir es nicht kannten, aha Auberginensalat, soso Kichererbsenmus, lecker, wir lernten Chumus sagen und Chazilim mit röchelndem H, staunten über den hohen Knoblauchanteil, ekelten uns ein bißchen vor der roten Beete, rissen uns um den Krautsalat, essen und Essen loben waren einfache Übungen. Als Ben wieder zur Gitarre griff, lehnten wir uns vollgefressen zurück. Die Mutter begann, den Tisch abzuräumen, bis Claudia sie am Ärmel zupfte und ein deutsches Lied vorschlug, damit alle mitsingen konnten. Wie wär's mit Neunundneunzig Luftballons, alberte Hugo und erntete Pauls Ellenbogen am Rippenbogen, Ben murmelte, ich kann keine deutschen Lieder, Claudia widersprach, wir haben bei euch Zuhause dauernd deutsche Lieder gesungen mit den Freiwilligen. Claudia bückte sich nach Heftchen aus dem Kindergottesdienst, verteilte sie unter ihren Besuchern, legte Ben mit autoritärer Miene auch eins vor die Nase. Sie kann auch anders, dachte ich. Darauf aggressives Schweigen. Der Vater räusperte sich gegen sein inneres Brodeln, die Großmutter war rauchen, die vierte für den Abend, die Mutter beugte sich hinüber zum Herd, wo immer noch die blaue Gasflamme unter dem Topf vor sich hin loderte, Ben hatte ihre Bewegung beobachtet und hielt schützend die Hand über den Gasschalter, der bleibt an. Die Mutter lachte schrill auf, ha, was sagst du da. Das Gas bleibt an. Da ist kaum noch was drin, in dem Topf. Trotzdem, der bleibt an bis morgen früh. Wie bitte. Wir singen Schalom alachim, das könnt ihr alle, rief die Schwester und zupfte sich selbst eine Tonart zusammen für den Einsatz. Die Mutter hängte sich an mich dran, lehitraot lehitraot, der Vater brummte unwillig mit seiner großen Tochter, Ben langte kräftig in die Saiten, die Großmutter schaute vom Türrahmen aus zu und überlegte, ob sie sich gleich die fünfte Zigarette anzünden sollte, schalom schahalom.

Kurz darauf kam das Gespräch auf Umwegen zurück auf Deutschland, über eine Gepflogenheit, die hier typisch war im Zusammenhang mit Betrieb, Überstunden, Arbeitgeber, deutsch im Kleinen, hier und jetzt, und Ben sagte ganz nebenbei, er haßt Deutschland. Das verschlug uns die Sprache. Der Vater erhob sich, um wortlos das Zimmer zu verlassen und an der frischen Luft lange Schritte zu machen. Die Mutter sprang ihm in den Weg, drückte ihn sanft in den Sessel zurück, sagte, das meint er nicht so, er kann Deutschland gar nicht hassen, sonst hätte er sich nicht in unsere Tochter verliebt, sie ist schließlich eine Deutsche. Paul mit einem Schuß Zynismus, er ist selbst Deutscher, jedenfalls laut Paß, wenn ich richtig informiert bin. Der Vater stieß Luft scheibchenweise aus, schwere Scheiben, die über den Teppich rollten und gegen unsere Schienbeine stießen, es gehe nicht an, daß er, der Vater, unter seinem Dach Leute beherberge, die sich erdreisteten, so über das Land zu reden, das ihnen, das, das ihnen das alles entgegenbrachte. Ben verließ seelenruhig das Zimmer, zog mit Bestimmtheit die Tür hinter sich zu, im Flur war bedachtes Schuheanziehen auszumachen. Claudia blieb wie vom Blitz getroffen sitzen, die Großmutter zog die Augenbrauen hoch, interessant, der Freund ihrer Enkelin haßte Deutschland, das waren ganz neue Perspektiven, es war so weit entfernt von allem bereits Dagewesenen, daß sie es ausnahmsweise nicht bereute, für den Abend keine Ausrede gefunden zu haben. Die Mutter schubste Claudia zur Tür mit einem Tonfall, der das ganze runterspielen sollte auf Zweitklässlerniveau, geh, hol ihn zurück, was soll denn das, geh und sag ihm, er soll sich entschuldigen für die dumme Bemerkung. Claudia schaute mich hilfesuchend an, ich zuckte die Achseln, war hin- und hergerissen zwischen einer Lust an der ehrlichen Eskalation und dem anerzogenen Bedürfnis, Disharmonien im Keim zu ersticken mit vernünftigem Gewäsch. Plötzlich sprang Hugo auf, ich treff mich noch am Markt mit Kumpels. Paul, nix, du bleibst jetzt hier. Doch bevor irgend jemand eingreifen konnte, war Hugo draußen, an Ben vorbei durch die Ziehharmonika, Getöse im Treppenhaus, Hundegrollen, die Haustür donnerte hinter unserem Blitzableiter ins Schloß.

Angesteckt von der Bewegung schlüpfte ich in den Flur und fragte Ben, der immer noch mit seinen Schnürsenkeln Krieg führte, ob er das nicht irgendwie ein bißchen relativieren könnte, damit jetzt kein Faß in die Luft gehe, zum Beispiel auf den Deutschen Wald beziehen, den er nicht leiden konnte, ob er das ganze nicht in Richtung Deutscher Wald umdeuten könnte, den Eltern und dem Hausfrieden und vor allem seiner Freundin zuliebe, Claudia. Ben zog am Schuhbändel und hatte ihn im nächsten Augenblick abgerissen in der Hand, er fluchte Scheiße auf hebräisch und pfefferte den Schuh gegen die Plastiktür, die davon bedrohlich ins Schwanken geriet. Vaters Konstruktion würde gut daran tun, den Abend heil zu überstehen, dachte ich und schlug vor, daß wir uns für eine Minute ins Schlafzimmer zurückzögen mit der Schwester, die jetzt dazukam, sich über ihren Ben beugte, als sei er der getroffene Soldat im Schützengraben. Im Nu war vergessen, daß er derjenige war, der zuerst scharf geschossen hatte. Männer, Väter, Liebhaber, man brauchte höllisches Geschick als Frau, dachte ich und vermittelte zwischen den Zimmern, bis Ben mit spitzbübischem Lächeln endlich wieder seine Schabbatwohnküche betrat, wo der große Bruder inzwischen entgegen der Anordnung des Vaters den Gasherd abgedreht hatte. Sollen sie uns doch alle in die Luft sprengen, wenn ihnen danach ist, hatte der Vater zwischen den Zähnen hervorgestoßen.

Wissen Sie, junger Mann, ich bin überzeugt, daß Sie Deutschland noch nicht genügend kennen. Kann sein, gestand Ben der Großmutter zu, die ihren Satz mit der ihr ureigenen Mischung aus Trockenheit, Lebensweisheit und pfiffiger Ironie abgeliefert hatte und es ihm dadurch erleichterte, auf das Sittenspiel der Höflichkeiten einzugehen. Innerlich verzehrte sie sich nach der nächsten Zigarette. Weißt du, Ben, es sind meistens dumme Vorurteile, warum Völker sich nicht leiden können, mischte sich Mutter Grundschullehrerin ein. Und Paul, tja, so ähnlich geht es den Palästinensern vermutlich auch mit ihren Nachbarn, und da sieht man ja, wohin der Haß führt. Ich wünsche, daß Sie sich bei meiner Tochter entschuldigen, unterbrach der Vater die Lehrstunde. Ben musterte ihn herausfordernd, die Miene des Vaters hatte nichts Kämpferisches, sie strahlte Niedergeschlagenheit aus, Verzweiflung am Menschen und unendliche Sorge über die Partnerwahl seiner Tochter. Wie sein Gesicht in Sekundenschnelle zerfallen konnte, versetzte mir jedesmal einen Schock.

Das hat er schon, Papa, warf Claudia ein, wir haben das geklärt. Nein, hab ich nicht, warum belügst du deinen Vater, damit wandte Ben sich an seine verdutzte Freundin und sagte, es tut mir leid, Claudia, wenn ich dich verletzt habe, dich liebe ich ja, das ist klar. Zack. Reichte das für eine Rettung des Abends aus. Würde der Vater wieder zum Du wechseln, das er vor Wochen leichtfertig angeboten hatte. Sie kommt mit mir nach Israel, dann ist es sowieso nicht mehr so wichtig, was ich, und jetzt warf er mir einen spöttelnden Seitenblick zu, vom Deutschen Wald halte. Die Mutter stieg sofort auf das Angebot ein, ach den Wald kannst du nicht leiden, ja dann. Deutschland ist zu zwei Dritteln von Wald bedeckt, Mutter, gab der Große knirschend zu bedenken. Wirklich, heuchelte Ben ein wenig Interesse, und schon schlitterten wir an der Katastrophe vorbei in Diskussionen über dunkle Tannen, Rodung, Setzlinge und den sauren Regen über dem Nordschwarzwald.

Der Vater schwieg. Ich auch. Hauptsächlich Paul, Ben, Claudia und die Mutter bestritten die verdeckten Friedensverhandlungen. Die Großmutter erinnerte sich bei ihrer zwölften Zigarette, wie sie im Krieg mit dem Vater tief in den Schwarzwald hineingefahren war zum Holzholen für seine kriegswichtige Firma, wie sie nachts ohne Scheinwerfer durch die engen, kurvigen Bergstraßen wieder zurückgefahren waren mit ihrer Ladung, sie und der Vater, wo man kaum die Hand vor Augen erkannte, geschweige denn den Gegenverkehr, wie sie später alleine hatte fahren müssen, als sie endlich ihren Führerschein bestanden hatte, was für ein Wort, Führerschein.

Ausnahmezustand. Die Mutter war in Kur, Bergluft für ihre Nebenhöhlen schnappen. Platzsparend hatte sie das Nötige und das Praktische in Plastiktüten und die Plastiktüten in ihren Koffer verpackt und den Vater plus Kinder auf dem laufenden gehalten, wie der Haushalt über die Risikophase ihrer Absenz hinweg zu bewältigen sei. Sie hatte Merkzettel an Regale in Küche und Wohnzimmer geklebt, damit niemand nichts vergaß und damit keiner nachher sagen konnte, ja du warst ja nicht da, Mama. Voller Sorge, wer sie in Bezug auf wen wann gebührlich vertreten konnte, hatte sie ihre Reise angetreten und schnell noch möglichst viele Sorgen in Anweisungen für Besorgungen verwandelt, du kümmerst dich um den Garten, du fütterst die Katze, geh, gell, du guckst, daß der Hugo nicht so viel glotzt, du erinnerst den Papa an folgendes, du weißt, wo ich die Geschenke für den Geburtstag der Zwillinge versteckt habe, gell, du vergißt nicht den Geburtstag deiner Kinder, kümmert euch ein bißchen um die Mutti, schaut, daß ihr jemand Milch vorbeibringt und Hundefutter, wer geht einkaufen nächste Woche, im Globus haben sie sagenhafte Angebote zur Eröffnung der neuen Getränkeabteilung, ach, und die Fotos, könntest du die, die sind Donnerstag fertig, wo hab ich denn jetzt wieder die Telefonnummer vom Haus Sonne verschlampt, hat jemand den Zettel gesehen. Gleich darauf war irgendein Name durchs Treppenhaus gegellt, weil ihr eingefallen war, daß der Besitzer des Namens Interesse haben könnte, den Vater ins Theater zu begleiten, wegen des Abos, Claudia oder ich, oder Claudia mit Ben, den könnte das auch interessieren, sonst würde der Vater die Karten am Ende verfallen lassen. So war das seit Wochen gegangen, wir alle hatten ihre Abreise herbeigesehnt, damit Ruhe einkehrte und wir genüßlich Anweisungen mißachten konnten und herausfinden, wie das Leben im Chaos durchzustehen war.

Wir hatten es überlebt, drei Wochen Survivalcamp ohne Feldmarschall Mutter. Hinter ihrem Rücken hatten wir die ganze untere Etage in Kartons verpackt und die Maler bestellt. Die Rauhfaser in Küche, Flur, Wohn- und Eßzimmer strahlte schneeweiß, morgen vormittag würde der Vater die Mutter von der Kur abholen und sie sollte schön staunen, weil es nicht zu übersehen war. Wir mußten nur noch die Möbel zurückrücken und den Krimskrams der Eltern wieder auf die Borde, Ofensimse und Regale stellen, Paul hängte die Bücherregale in die alten Verankerungen, Hugo und ich sortierten Bücher mit Staubtuch nach dem Alphabet.

Der Vater klopfte bei Claudia an die Ziehharmonika und fragte nach ihrem Freund, dessen Hilfe wir benötigten, um das

Klavier an die Wand zurückzuschieben. Ben lag auf dem Sofa und rührte sich nicht. Durch die Küchentür waren nur seine Füße zu sehen, und der Vater schaute sie auffordernd an, während er sprach. Claudia sagte, heute ist schlecht, Papa, morgen oder am Abend, nach Sonnenuntergang. Sie dachte, er versteht schon, von wegen Schabbat. Der Vater schaute auf die regungslosen Füße in weißen Tennissocken mit schwarzen Schweißflecken vom Schuhleder und sagte, heute abend bin ich zum Essen eingeladen, die Brüder haben auch Verabredungen, und morgen fahre ich sehr früh los, deine Mutter abholen, da hat Ben bestimmt keine Lust, aufzustehen, wenn ihr schon mal frei habt, und stockte und schaute, da er an einem der Füße eine Regung wahrgenommen zu haben glaubte. In der Tat, die Füße wurden lautlos angezogen, gleich würde der fehlende Mensch auf Tennissocken in den Flur getreten kommen und etwas sagen in der Art von, kein Problem, mach ich, jetzt gleich, komm gehen wir runter. Aber die Füße blieben verschwunden, und der Mensch kam auch nicht auf Knien an. Claudia sagte, jetzt ist schlecht, Papa, und mit Augenaufschlag, naja, weißt du doch, heute ist Samstag, da machen wir Pause, und er, deine Mutter kommt morgen aus der Kur, und sie, ich weiß, und er, soll das heißen, ihr hockt hier oben und macht euch einen faulen Lenz, während wir das ganze Haus auf den Kopf stellen, um deine Mutter zu überraschen. Claudia seufzte, drehte den Kopf in Richtung Füße, die nicht zu sehen waren, Papa, das geht nicht gegen euch oder gegen Mama, wir leben halt so. Und der Vater holte sehr tief Luft, staute sie einen Augenblick in seinen Lungen und hauchte, kann ich das mit dem Ben besprechen, oder ist er gar nicht zu Hause. Und sie zögerlich, doch, da ist er schon, natürlich. Und endlich aus der Küche Bens Stimme, was gibt's, was willst du mit mir besprechen, und auf weißen Tatzen trat der Freund seiner geliebten Tochter aus der Küche in den Flur und legte den Kopf schief. In der Hand hielt er ein Buch mit kostbarem Einband.

Wir brauchen unten Hilfe, wir haben das Klavier vertäut, es läßt sich zu viert leicht ein paar Millimeter anheben. Kein Problem, unterbrach Ben mit provozierendem Gleichmut und schlenkerte mit dem wertvollen Buch, machen wir das am Abend, wenn der Schabbat raus ist. Dem Vater rutschte die Ziehharmonika aus der Hand, er wankte für einen Bruchteil wie auch der Plastiktürrahmen, heute abend geht nicht, da bin ich zum Essen eingeladen. Machen wir es ohne dich, sagte Ben, morgen früh, wenn du weg bist, deine Frau abholen, ich rufe einen Kollegen an, kein Problem. Aber der Vater wollte, daß alles in Ordnung war, bevor er das Haus verließ, und er verlangte, daß sich alle an der Überraschung für die Mutter beteiligten, ihre Zeit dafür opferten, wie die Mutter ihr halbes Leben für sie geopfert hatte, und er fand, wenn er sich schon die Mühe gemacht hatte, hier raufzusteigen, bis unters Dach, dann erst recht. Was hast du, es ist kein Problem, ich rufe einen Kumpel an, oder Hugo ruft einen Kumpel an, es wird sich jemand finden, man hilft sich gegenseitig. Die Stimme des Vaters glitt fein über eine Schüssel flüssigen Sprengstoffs, entweder du kommst jetzt sofort mit mir runter und hilfst uns, das Haus für die Mutter deiner Freundin in Ordnung zu bringen, oder, oder. Oder was, fragte Ben, indem er ausnahmsweise lauter wurde, darf man hier nicht mal einen Feiertag halten, wie es sich für einen Feiertag gehört, wenn man in deinem Haus wohnt. Der Vater explodierte, donnernd überschlug sich seine Stimme, dann macht doch alle euren Scheiß alleine, wenn ihr glaubt, daß ihr alles besser wißt. Im Wohnzimmer erschütterte das Toben die schneeweißen Wände, wenn der Vater schrie, war es nicht von dieser Welt, und die Ziehharmonika, die das bemerkte, löste sich gänzlich aus der Schiene und klappte ergeben vor ihm zusammen.

Der Vater versetzte ihr einen Tritt, wozu gibt man sich all die Mühe mit euch, richtet euch Wohnungen ein, Küchen, reißt sich den Arsch für euch auf, und ihr habt nicht einen Funken. Funken was, schrie Ben, meinst du Dankbarkeit, findest du, wir müssen euch dankbar sein, wozu zahlen wir Miete? Den Vater riß es herum, er rannte bis in den Keller, wo er die Pantoffel gegen das nächstbeste Paar Schuhe eintauschte, um das Haus im Eilschritt zu verlassen. Selbst für die Hunde kam der Abgang zu überraschend, sie liefen verstört Richtung Eßzimmer, wo sie nichts zu suchen hatten, und wieder zurück.

Hugo fluchte auf die große Schwester, Paul auf ihren Freund, ich schlich die Treppen rauf und redete auf Claudia ein, bis sie herunterkam und wir vier Kinder ohne Ben das Klavier auf einen Teppich hievten und an die weiße Wand zerrten. Sie gefährdete ihren Schabbatfrieden, wir beide unsere Gebärmütter, damit würden wir den Vater überraschen, wenn er in wenigen Stunden von seinen langen Schritten an der frischen Luft zurückkam, sich leise ins Arbeitszimmer verziehen würde, um nicht ansprechbar zu sein, unendlich enttäuscht, untröstlich. Wie Claudia Ben besänftigte, blieb uns verborgen, vielleicht geschah es erst am Abend, als die schöne Braut Schabbat herausging und das Zimmerchen für eheliche Pflichten räumte.

Die Mutter merkte nichts, außer daß eine verschnörkelte Porzellanschüssel mit Sprung fehlte, die immer auf dem Kaminsims gestanden hatte und die ihr vor vielen Jahren ein befreundetes Ehepaar zum Geburtstag geschenkt hatte. Aber sie hatte einen Sprung, Mama. Trotzdem, wer weiß, wann die noch mal zum Abendessen kommen, und dann steht die Schüssel nicht mehr da. Wir haben sie weggeworfen, sie ist im Müll, gab der Vater schließlich zu. Die Mutter ging mit der Mülltüte zur Mülltonne, leerte sie Stück für Stück, fand dabei weiteren Krimskrams, den wir bei der Renovierung entsorgt hatten und den sie wieder mit hochbrachte, um ihn in der Küche zu säubern und im Wohnzimmer auf Regale und Simse zu verteilen, fand auch die Schüssel von den verlorenen Freunden, allerdings in zwei Teile zersprungen. Mann, Mama, die ist uns beim Wegpacken runtergefallen. Wieso wegpacken. Jetzt ging der Mutter ein Licht auf, sie gewahrte das frische Weiß, die strahlenden Wände in der Küche, das neue Wachstuch auf dem Küchentisch, sie ließ die Fundstücke aus der Mülltonne im Waschbecken abtropfen und eilte durch den lichten Flur ins Wohnzimmer, um die ganze Pracht zu begutachten. Ja aber, wie habt ihr das denn so schnell hingekriegt, und ohne daß ich was geahnt habe, und sogar bei den Bücherregalen, und habt ihr auch hinter den Schränken gestrichen, mit strengem Seitenblick auf ihren schluderigen Gatten, der ihr stolz die neuen Fußleisten zeigte, wir haben sogar hinter den Fußleisten gestrichen. Die Überraschung war gelungen, und auch der Hausfrieden wurde wiederhergestellt, nachdem der Mutter die Ereignisse vom Vortag geschildert worden waren, mit einer Einladung zum Mittagessen an Claudia und Ben. Scheinfrieden zwischen den Generationen und zwischen Schwiegervater und Gott Vater.

Wir hatten Heiligabend ein paar Tage vorgezogen, weil der Große keinen Urlaub bekam am Originalgeburtstag von Gottes Sohn und weil Claudia und Ben trotz der Krise im Irak nach Israel fliegen wollten. Morgen würde es wie jedes Jahr an Heiligabend Reis mit Pastetchen geben und die üblichen Streitereien, ob erst Essen und dann Bescherung oder umgekehrt, und den Wunsch vom Vater, daß wir was spielen, Claudia und ich, auf Klavier und Geige, dabei hatten wir seit Monaten nicht geübt, eigentlich gar nicht mehr seit dem letzten Weihnachtskonzert vor knapp einem Jahr. Was hatte Claudia noch mit Jesus Christus am Hut? Ich wich den Weihnachtsmännern in der naßkalten Fußgängerpassage aus und überlegte, was ich wem schenken sollte, dachte, es wird Ben in Verlegenheit bringen, wenn jetzt jeder von uns Geschenke für ihn anschleppt, hier Ben, hast du die Handschuhe, die kalte Jahreszeit kann kommen, und jetzt geh von mir aus für dein Vaterland sterben und laß meine Schwester in Ruhe mit deiner Liebe und diesem uralten Gott. Blödsinn, sagte ich laut zwischen den Weihnachtstüten der Vorweihnachtskonsumenten. Claudia war sowieso nicht mehr aufzuhalten, sie sprach fließender hebräisch als französisch, sie hatte mit einer breiten Feder Buchstaben in ihr Übungsheft gemalt, von rechts nach links, sie hatte mir von fehlenden Vokalen und möglichen Deutungen erzählt im ursprünglichen Hebräisch der Tora, das sie mit der modernen Sprache des jungen Israel vermengte. Oben in der Mansarde unterhielten sie sich nur noch in dieser rauhen Sprache, seltsam röchelte es aus ihren Mündern, ohne Eleganz, ihre brutal hervorgestoßenen Konsonanten, manchmal stritten sie sogar in der fremden Tonart. Die Frau unterm Dach war zwar immer noch unsere Schwester, aber irgendwie auch schon jemand anderes. Im Deutschen gewöhnte sie sich einen ähnlichen Singsang an wie Ben ihn anstimmte, sobald er uns die neue Qualität der Gefährdung Israels durch den Tyrannen von Bagdad vor Augen hielt. Red mal normal, raunzte Hugo sie an, Claudia übernahm Bens Verzerrung von Sätzen, in denen er nicht unterbrochen werden wollte und vorsichtshalber ein langes Äh nach dem anderen einwob, während er einen Gedanken zu Ende verfolgte. Bens Sturheit imponierte mir, seine entschiedenen Ansichten von gut, besser und böse. Wie konnte er sich seiner Sache sicher sein in unserer unbegreiflichen Welt, wo ich nichts mehr klar sah durch mein Eisdickicht.

Ich hatte mich mittlerweile an ein Leben ohne Leidenschaft gewöhnt. Ein paar Hobbies, eine beste Freundin, ein paar Verehrer, mit denen ich verkehrte, ohne mit ihnen Verkehr zu haben, denen ich immer gerade soviel gab, daß ihre Hoffnung nicht versiegte. Ich trieb das Spiel auf die Spitze, bis sie mir zu Füßen lagen, ertrug die Lüge nicht länger, holte zum Schlag aus, lief ihnen durch den Schnee von gestern davon und badete in meinem schlechten Gewissen. Ich warnte vor mir selbst, hielt mich für ungeheuer fatal. Meine letzte Bastion Unschuld bewahrte ich wie einen kostbaren Schatz. Manchmal bohrte ich noch, wozu ich eigentlich auf der Welt war, wozu. Vergeudet ohne große Liebe. Was nutzte mir Logik. Ich hatte mich meilenweit von meinem Gott entfernt, den ich vor langer Zeit in einem lichten Augenblick irgendwo zwischen den Brückenpfeilern auf der Stadtautobahn entdeckt hatte, deutlich hatte ich im Heck eine Verbindung zwischen allen Menschen gespürt, die Idee war nicht meine Erfindung, sie war vorhanden, man brauchte bloß hinsehen, hinhören, erkennen. Wahrheit. Selbstverständlich. Aber die Gewißheit verzerrte. Eine Zeitlang wollte ich um jeden Preis begreifen, dann begann ich, die Gier zu zähmen, wozu tief unter den Krusten schaben, warum kam man mit diesem Trieb auf die Welt, etwas zu verstehen, was sich dem Bewußtsein entzog, was nur in seltenen Augenblicken zu spüren war und nie zu fassen zwischen den Brückenpfeilern. Ich beargwöhnte mich im Leben und im Spiegel, fand mich zugleich unzureichend und unwiderstehlich, warum konnte ich nicht leicht sein, leichter zu haben, leichter zu überzeugen, ein leichtes Mädchen, unkompliziert. Klar. Wie Ben mit seinem Ehrgefühl und seiner kaum verhohlenen Verachtung für unsere verkommene Gesellschaft und deren verwöhnte Ausgeburten. Er schaffte es, meine Schwester sicher zu machen, sie bildete mit ihm und seinem Gott eine feste Einheit gegen alles Zerren, die schüchterne große Schwester, die immer gerne getan hatte, was man von ihr erwartete, und trotzdem ihren Kopf durchgesetzt hatte.

Ich war in der Buchhandlung an einem Bildband über Rodin hängengeblieben, wuchtige Körper, Frauen, die sich durch den Stein wanden, Mann und Frau im Stein verschmolzen, den würde ich gerne dem Vater schenken, aber es überstieg mein Budget. Der Band mit Rodins Skizzen war nicht ganz so teuer, auf dem Weg aus der Kunstabteilung nach unten raffte ich ein paar Geschenke aus den Regalen, die zu den Geschwistern paßten, und an der Kasse schnappte ich mir einen Taschenkalender für das kommende Jahr, für Ben, dachte ich, ideal, da kann er seine Reisen eintragen ins Streifenland und die Tage zählen. Zuhause verpackte ich meine Beute in uraltes Geschenkpapier, das die Mutter jedes Jahr hortete. Ich beklebte Bens Kalender mit Fotos von Claudia und Ben, die die Schwester mir heimlich zusteckte, während sie in Schönschrift Widmungen und Gutscheine verfaßte und mir zuflüsterte, wie sehr sie sich freute auf ihre Reise, sie würden, Ultimatum hin oder her, bis zum letzten Tag ihres Urlaubs unten bleiben, wo jetzt die Zitronen reiften, hebräisch sprechen und im T-Shirt herumlaufen, am Fluß zelten, zu den Wasserfällen ausflügeln, die Ziegen melken und die Orangen auspressen, wie auf den Fotos. Hatte sie gar keine Angst? Ich hatte im Fernsehen Giftgasmasken gesehen, um die sich die israelische Bevölkerung riß, Hamsterkäufe in Lebensmittelläden.

Unser Nachmittag vor dem Heiligen Abend verlief durch die bevorstehenden Abreisen noch gehetzter als sonst, kurzerhand entschieden wir über den Kopf der Mutter hinweg, daß es dieses Jahr keinen Tannenbaum geben würde, da ja sowieso kaum jemand da sein würde an den Feiertagen, außerdem war der

Garten überfüllt von ehemaligen Christbäumen, dieses Jahr nur ein paar Zweige, die der Vater den ausgedienten Fichten im Garten abschnitt und die ich mit Kerzen und Holzengelchen schmückte und die Hugo im Wohnzimmer verteilte, dazu Bastfiguren um die Krippe, in die ich ein Taschentuch stopfte, da lag das Jesuskind in seiner frischen Windel, dazu das Holzkarussell, das sich vom Kerzenlicht drehte, Teller mit Plätzchen, die Hugo und Frau Niederländer gebacken hatten, Pappschalen voller Mandarinen und Nüsse und schließlich die Haufen von Geschenken neben Sitzgelegenheiten im Wohnzimmer mit Namensschildchen verteilt, damit jeder seine Gaben zuordnen konnte. Hugos Haufen war der größte, er würde trotzdem maulen, daß die anderen und vor allem ich viel tollere Geschenke bekommen hatten, alle Jahre wieder.

Dabei war er der einzige, für den ich etwas gebastelt hatte, und als er es auspackte und verwundert in die Luft hielt, rief ich, das ist ein Kunstwerk, und er klimperte irritiert mit den Augen, wog das Ding in Händen, einen langen roten, gewundenen Schlauch mit Pappmachémutterkuchen drumherum. Und was soll das bitte darstellen, fragte Paul. Eine Nabelschnur, eine intakte Nabelschnur. Und Hugo schleuderte das Ding voller Ekel in das Sofa neben ihm, daß es fast die Großmutter an der Schläfe erwischt hätte, und ich hastete hin, um zu überprüfen, ob es noch ganz war, und als Hugo mich fragte, warum ich ihm ein Stück Gartenschlauch mit rotem Kleisterkrempel schenke und es Nabelschnur nenne, und bevor ich erklären konnte, wie das gemeint war, kamen mir die Tränen, alte heiße Tränen, eine ganze Schale voll in meinen Schoß, und die Mutter bohrte nach unter der Schale, was denn, woher denn, und Paul packte weiter aus, weil er an der Reihe war, der Vater bestand darauf, daß wir reihum auspackten, damit jeder sehen konnte, wie sich jeder über jedes Geschenk gefälligst freute, und Paul lachte über eine

CD, die Hugo und ich ihm geschenkt hatten, und spielte Staunen, da er sich genau die gewünscht hatte, und die Mutter ließ nicht locker, ob es um diese Erfindung ging von mir, daß ich dem Bruder mit dem Fuß die Nabelschnur, aber ich wollte nicht darüber sprechen, schon gar nicht vor versammelter Mannschaft, und die Mutter zog mich mit, geh komm, aus dem Wohnzimmer ins Eßzimmer, wo die Hunde auf Kekskrümel warteten, und ich konnte vor lauter heißen Tränen keinen ganzen Satz sagen, nur Wörter auspusten, und die Mutter bastelte Sinn aus Fu und Schnu undsoweiter, und dann nahm sie mich einfach in den Arm, ungebeten, lachte mich liebevoll aus und erzählte mir die wahren Einzelheiten unserer Geburt mit ihrer weichen Mutterstimme, wieso ich sie denn nie danach gefragt hatte, und ihre Geschichte klang plausibel, und demnach hatte es viel mehr mit ihrer Konstitution zu tun gehabt als mit meinen Füßen, und ich dachte trotzdem wieder an meinen dicken Schädel, wie er sich zuerst ins Leben gedrängelt hatte, und da rief der Vater Pause, jetzt wird musiziert, und ich nickte der Mutter zu, die fragte, ob ich jetzt aufhören würde mit dem Blödsinn, ich nickte, ja, und sie sagte, ich müßte ein viel schlechteres Gewissen haben, Kind, wegen meiner Konstitution, und ich nickte und dachte, hast du auch, das weiß ich, du hast auch ein schlechtes Gewissen, das wird immer so bleiben, und wischte mir trotzig die Tränen von den Wangen in Kleenextaschentücher, die überall herumstanden wegen Mutters Allergien, und hatte Lust, die Tücher dem Jesuskind in seine Krippe zu stopfen, sollte es daran verrecken, wie wollte es all die Schuld der Welt tragen, und ging hinein und lachte die Schwester naß an, die fragte, erst Schubert oder Bach, und dachte, oh Mann, wir hatten kein bißchen geübt, und vor den Geschwistern war mir das egal, und die Großmutter hörte immer schlechter, und die Mutter konnte es nicht beurteilen, und der Vater freute sich so oder so, aber da war noch Ben, der überhaupt nicht ins Bild von Weihnachten paßte, der nichts verstand von meinen feuchten Augen, von unseren Familiendramen, und ich sagte, er soll wählen, und zeigte auf Ben, und er zuckte die Achseln, Bach, Schubert, wo liegt da der Unterschied. Okay, ihr geht alle rüber, ordnete ich an, Tisch decken und so, Pastetchen in den Ofen schieben, damit wir hier noch ein paar Tonleitern üben können vor unserem Konzert. Die Großmutter nutzte die Unterbrechung der Festlichkeiten für eine Zigarette auf der Terrasse, bei der ihr Hugo Gesellschaft leistete, und als sie ihn fragte, was denn mit seiner Zwillingsschwester los sei, antwortete er sinngemäß, ach, die spinnt.

Claudia war schon bei den Läufen auf Seite vier angelangt, als ich endlich den Bogen gespannt und mit Kolophonium einbalsamiert, den Steg gerichtet und eine neue A-Saite aufgezogen hatte, weil die alte gerissen war. Bevor ich mir ihr A abholte, um die restlichen Saiten darauf einzurichten, nahm ich die Nabelschnur unter dem Couchtisch hervor und warf sie in hohem Bogen aus dem Fenster, sie verfing sich in einer alten Fichte und reflektierte rot unsere Weihnachtsbeleuchtung, die blöde Sau, morgen werde ich den ganzen Baum abfackeln, murmelte ich, während die Schwester mich mit ihren Synkopen nervös machte. Wir einigten uns über die Tempi für Satz eins und zwei von Bach a-Moll, und darauf, doch lieber nicht zu üben, weil es beim zweiten Mal immer schlimmer wurde als beim ersten Mal, wo noch alle Sinne offen lagen und auf ein Wunder vertrauten. Claudia rief alle rein und setzte ihren Süßen direkt neben meinen Notenständer, die Großmutter zwinkerte mir schelmisch zu, Hugo suchte vergeblich unter dem Couchtisch nach seiner Nabelschnur, die Mutter putzte sich die Nase, während der Vater sich vernehmlich räusperte, damit endlich mal Ruhe einkehrte und wir beginnen konnten. Ich hob den Bogen über die Saiten und grinste meiner Schwester zu, die mich ernst abwartend ansah. Jetzt nickte sie unser Bereitzeichen, mit Schwung riß ich das Instrument hoch und spielte den Auftakt zu Bach a-Moll erster Satz, sie antwortete behende und kurz darauf war das Wunder geschehen, daß wir ohne nennenswerte Fehler in einem Affenzahn durch den ersten Satz geflogen waren, wir beiden auf den Schwingen dieser veralteten Ansammlung schwarzer Punkte zwischen hauchdünnen Fäden auf gelblichem Papier. Nach dem letzten Ton klatschten Ben und die Großmutter voller Bewunderung, und Hugo zischte, laß, die spielen noch den zweiten, denn er kannte unser Programm auswendig. In den Pausen im langsamen Satz schaute ich rüber zur Schwester, deren Kastanienlocken im Rhythmus ihrer getragenen Akkorde mittaumelten, warum spielten wir so selten, mehrmals hätte ich um ein Haar meinen Einsatz verpaßt, wenn sie mir nicht drohende Signale gesandt hätte über ihre Antennen am Hinterkopf. Auch im zweiten Satz entfaltete sich das kleine Wunder Harmonie zwischen Hausmusik und Johann Sebastian. Um den gelungenen Eindruck nicht zu verderben, verkündete ich, daß der Schubert an Ostern dran war, weil noch höllisch viele Geschenke auszupacken waren, dann Essen und Kanastaspielen, wie wollten wir das alles schaffen. Paul betätigte bereitwillig den CD-Player, Hugo stürzte zurück zu seinem Geschenkeberg, Ben freute sich ehrlich über den Taschenkalender, was für mich dem dritten Wunder des Abends gleichkam, der Vater über Rodin, die Mutter demokratisch über restlos alles ganz besonders, die Großmutter kicherte mit ihrem Schalk, ihr habt noch gar nicht gesungen dieses Jahr. Sei bloß still, Oma, der Große wollte, daß Hugo endlich seine Schnitzeljagd in den Keller begann, wo er mit dem Vater das nagelneue Mountainbike versteckt hatte, dem man kaum ansah, wie gebraucht es war, weil die beiden das ganze Wochenende daran geschraubt, gepumpt und geölt hatten.

Mitten im Hauptgang, nach einer erhitzten Diskussion über zweifelhafte Interessen der USA in Kuwait, erhob Ben plötzlich die Stimme, ihr wundert euch vielleicht, daß ihr von mir keine Geschenke bekommen habt. Stimmt, krähte Hugo aufgedreht. Ich habe eins für euch, ich werde Claudia heiraten, und wenn es soweit ist, seid ihr alle eingeladen zur Hochzeit in Israel. Uns blieben die Hühnerwürfel im Hals stecken, nur die Großmutter kaute unbeeindruckt weiter, weil sie glaubte, sich verhört zu haben, bis sie die Gesichter der Restfamilie sah, aus denen die Kinnladen ausgeklinkt waren voller zerkauter Pilzstücke, Erbsenmus, Reispüree. Claudia war auf den Angriff nicht vorbereitet gewesen, sie äugte ängstlich in die Runde, in welcher Ecke das Donnerwetter ausbrechen würde, aber es blieb noch eine ganze Weile still. Wie ihr wollt heiraten, tröpfelte es zwischen Hugos Lippen. Claudia flüsterte etwas auf hebräisch, was ihrer gekräuselten Stirn zufolge heißen konnte, das war nicht abgesprochen. Der Vater faltete seine Serviette mit verheißungsvoller Beherrschung, strich mit faltigen Händen darüber, räusperte sich extrem leise, als hätte er einen winzigen Frosch in der Gurgel, der ihn kitzelte und den man durch zu kräftiges Husten ermorden würde. Ben antwortete der Schwester auf hebräisch, ein regelrechter Wortwechsel entspann sich, dem wir durch das Dickicht der fremden Sprache zu folgen versuchten und der den Vater zu diesem tiefen Einatmen veranlaßte, die Mutter dazu, ihre kleine Hand auf seine große zu legen und seinen Vornamen zu murmeln.

Was Ben von sich gab, dürfte etwa gelautet haben, warum soll ich dich dafür um Erlaubnis bitten, Claudia, Claudias Name kam jedenfalls als Wort vor, es sollte eine Überraschung sein, was regst du dich so auf. Es folgten Sätze, die wir nach weiteren uns bereits bekannten Vokabeln untersuchten, wieder Claudia,

Israel, achim, achod, dann war plötzlich Ruhe. Ich gewahrte im Augenwinkel, was sich im Gesicht des Vaters zusammengebraut hatte. Mittlerweile schien der kleine Frosch sich vermehrt zu haben und für seine Nachfahren sowohl in den Mundwinkeln als auch in den Tränensäcken des Vaters lustige Spiele erfunden zu haben. Was wäre Weihnachten ohne einen saftigen Heiligabendkrach, in dem sich die Festtagsvorbereitungsnervosität entlädt. Da Claudia sich erblödete, ihren nun also Verlobten erneut auf hebräisch anzuflüstern, obwohl sie wissen mußte, wie scharf geladen der Vater gegenübersaß, knuffte Paul sie unsanft in die Seite, daß sie schrill quietschte. Die Großmutter beugte sich zu mir und flüsterte, was hat sie gesagt, Ben fragte verdutzt in die Runde, freut ihr euch nicht, und ich flüsterte der Großmutter ins Ohr, freut ihr euch nicht. Die Mutter machte sich vor, die Situation sei noch zu retten, und sagte, geh sprecht doch wenigstens an Weihnachten deutsch. Hab ich doch, sagte Ben, wandte sich an die Schwester und formulierte wie versehentlich wieder ein paar besänftigende, versöhnliche Unschuldssätze auf hebräisch, in denen das deutsche Wort Heiraten vorkam. Daraus schloß ich, daß er sich rückversicherte, daß das deutsche Wort Heiraten auch wirklich Heiraten bedeutete im Deutschen. In diesem Augenblick implodierten die kleinen Frösche im Gesicht des Vaters. Er schaute verwackelt zu seiner Frau und sagte, Weihnachten ist zu Ende. Jetzt Claudia lauter auf hebräisch etwas, das ich als *Siehst du, was du angerichtet hast* deutete, Bens verschämtes Grinsen, weil ihm alles über den Kopf wuchs, soll ich es zurücknehmen, dann lauter zu seiner zukünftigen Frau, hebräisch, fordernd, soll ich es etwa zurücknehmen oder was. Dann hin und her, Gezeter auf hebräisch, dazu Mutters Besänftigungsattacken, mit denen sie auf den Vater einwirkte. Hugo wollte aus dem Eßzimmer rennen, der Vater hielt ihn am Arm fest mit seinen starken, trockenen Händen. Laß mich los. Du bleibst hier, wer geht, ist jemand anderes. Und dann brüllte er atemberaubend, raus verschwindet, alle beide, ich habe genug von euren, eurem, diesem Hochmut, was bildet ihr euch ein, das ist mein Tisch und mein Haus, hier wurde extra wegen euch Weihnachten vorgezogen, extra wegen euch. Deine Geschwister haben sich Geschenke ausgedacht, deine Mutter hat stundenlang in der Küche gestanden, geht mir aus den Augen, beide, raus.

Die Mutter rief leise des Vaters Vornamen und wollte hinzufügen, daß Reis mit Pastetchen gar nicht so viel Arbeit darstellten, wie er dachte. Was, wandte der Vater sich schreiend an sie, fällst du mir jetzt auch noch in den Rücken. Worauf die Mutter betroffen schwieg. Die Schwester versuchte es mit *Papa, keiner wollte dir*, die Mutter aber schüttelte geistesgegenwärtig den Kopf, damit nicht zusätzlich zum sprichwörtlichen zerbrochenen Porzellan welche von den guten Tellern aus dem Fenster oder gegen den alten Ofen flogen, sie schob Claudia zur Tür, die zupfte ihren Zukünftigen am Ärmel, komm, und schlich aus dem Zimmer. Noch im Flur begannen sie wieder zu streiten in dieser Sprache, von der wir keinen Schimmer hatten, einer trat dem Hund auf die Pfote, der jaulte auf, laßt die Hunde in Ruhe, brüllte der Vater mit letzter Kraft, die Frösche waren in sein Essen gepurzelt und schabten angeekelt das Hühnerfrikassee von ihrer Haut und ihre Eingeweide zu denen im Teller. Der Vater nahm seine Gabel auf, als könnte er weiteressen, legte sie wieder weg, diesmal ohne Bedacht, sie schepperte gegen den Tellerrand, und wir waren erleichtert, daß wir nicht trautes Beisammensein um ihn herum inszenieren mußten, sondern von der Eskalation nachbeben durften. Da ihm der Weg nach draußen von diesem Pärchen verstellt war, drehte der Vater Runden durchs angrenzende Wohnzimmer, während derer wir um unsere Geschenke bangten.

Ben würde meine Schwester heiraten, und das in Israel, warum war ich nicht im Bilde? Eingeweiht, vorgewarnt. Aus einer spontanen Laune heraus fällte ich die Entscheidung, mein vierjähriges Vegetarierdasein zu beenden, zum Teufel mit allen Glaubenssätzen, ich häufte die am Rand meines Tellers versammelten Hühner- und Leberwürfel auf meine Gabel und schob sie mir in den Rachen.

Irgendwie waren die beiden Verlobten zum Flughafen gelangt, in ihren Flieger gestiegen und ins Streifenland entkommen, vermutlich hatte sich die Mutter ein Herz gefaßt, war in aller Herrgottsfrühe mucksmäuschenstill aus dem Bett gekrabbelt, in dem sich der Vater die halbe Nacht schlaflos herumgewälzt hatte, war in Socken statt in ihren Holzpantinen die Treppen rauf bis unters Dach gehuscht, wo sie das verstörte Pärchen zur Eile gemahnt hatte, eine rotgeweinte Schwester, einen stillen Ben mit ratloser Miene, wo sie ein paar tröstende Worte gefunden und bereits hinterrücks signalisiert hatte, daß sie sich natürlich freuten, die Eltern, wenn die beiden heiraten wollten, daß es nur der falsche Zeitpunkt gewesen sei und die Art und Weise, hatte auf dem Rückweg die leichten Gepäckstücke gleich mit runtergenommen, die Hunde ins Auto gesperrt, damit sie nicht im Erdgeschoß Alarm schlugen und den Vater weckten, hatte schnell ein paar Schnittchen geschmiert und Möhrchen geschält für die Kinder, die einen langen Tag vor sich hatten, war vorschriftsmäßig zum Flughafen gerast über leere deutsche Autobahnen, hatte ein bißchen geweint über die Abreise, das Verschwinden der Tochter aus ihren Weihnachtsferien und was es nach sich ziehen würde, hatte ohne Kaffee die Rückfahrt angetreten, weil der am Flughafen ein Vermögen kostete, hatte während der ganzen Fahrt, um sich wach zu halten, mit den Hunden gestritten, daß es eine Frechheit gewesen war, wie blöd sich gestern abend alle verhalten hatten, wie unmöglich, alle miteinander, besonders die Großmutter, ihre Mutter, die vor dem Nachhausegebrachtwerden dem Vater zugeraunt hatte, das habt ihr nun davon, ohne sich weiter zu erklären.

Schabbat im Streifenland

Schabbat Schalom, Schabbat Schalom. Auf dem Sofa sitzt eine schöne Orientalin und lächelt uns an, Schabbat Schalom. Sie ist extra wegen euch vorbeigekommen, behauptet Sara, kurze Frauenbesuche sind üblich am Schabbat, solange die Männer in der Bet Knesset sind. Wir tauschen Höflichkeiten in miserablem Englisch aus über ihr Kopftuch und wie mir das aber auch so gut steht, ein Tuch, wie ähnlich uns wir Schwestern sehen, zum Verwechseln, sie erzählt, wo sie ihr prächtiges Kopftuch gekauft hat und daß sie dort den ganzen Laden leerkaufen möchte, über ihren süßen Säugling, das Wetter, sie freut sich über Mutters Hebräischvokabeln, sie fragt, ob uns das auch so stört, dieser Lärm immer aus dem Nachbardorf, um vier Uhr morgens reißen die einen aus dem Schlaf mit ihrem Singsang, schrecklich, nicht wahr. Ich sage, daß bei uns die Glocken läuten, mancherorts jede Viertelstunde, ich sage nicht, wie sehr ich über die Schabbatsirene erschrocken bin. Sie lacht, but if you knew, what they are saying. Sie selbst spricht kein Arabisch, nein, aber sie weiß es. Sara bietet an, uns mal eine Vhs-Kassette mitzubringen, auf der die Texte des Muezzin untertitelt sind in Englisch. Au ja. Die Mutter meint, das will sie lieber gar nicht so genau wissen. Dann wieder über Kopftücher.

Kurz vor dem Essen erklimmt Mosche einen Hocker, klammert sich am Klavierdeckel fest, schielt zu mir rüber und bläst die Schabbatlichter aus, die seine Mutter vorhin entzündet hat. Ich bin schockiert, die Kerzen müssen den ganzen Schabbat über brennen, sie stehen für Licht im Tempel oder Gottes Gegenwart im Haus der Familie, sie markieren den Beginn des Festtages, sind die Lichtquelle, falls jemand den Schalter fürs Elektrische streift, heilig sind sie in jedem Fall, und ich bin offenbar abergläubisch. Warum sonst schlage ich sofort Alarm, als Sara aus der Küche kommt, Mosche hat die Schabbatlichter ausgeblasen, soll ich sie vielleicht, da du ja nicht mehr darfst. Nein, laß. Sara guckt ihren Sohn fragend an, warum hast du das gemacht, Moischik. Er zuckt die Achseln, suhlt sich auf dem Klavierhocker in einer undefinierbaren Mischung aus Schuldgefühl und Stolz. Warum habe ich den Racker verpetzt, ich blöde Tante, vielleicht hätte keiner was gemerkt, wir hätten ein Geheimnis geteilt, unsere erste gemeinsame Sünde gefeiert. Hatte ich statt dessen uneingeschränkte Solidarität bekunden wollen zum Lebensentwurf der Schwester. Ben nimmt den Sohn auf den Schoß und richtet sanfte ernste Worte an ihn, Mosche windet sich, versehentlich trifft sein Fuß den Vogelkäfig, die Sittiche flattern auf. Wieder schielt der Frechdachs zu mir rüber. Kleiner Mosche, entschuldige meinen Verrat.

Als ich nach dem Segen Saras Glas weiterreichen will ans andere Tischende, schießt Schimon in die Höhe, nicht, nein, nicht, er hält beide Hände schützend über das Glas seiner Mutter, bevor meine Finger es berühren, greift danach, umrundet den halben Tisch, nimmt vom Vater den gesegneten Wein in Empfang und trägt ihn feierlich zu seiner Ima. Indem er sich setzt, lächelt er mich entschuldigend an. Die Mutter sendet Blicke, siehst du, so kommt man sich vor. Ich schlucke die Kränkung, dann lasse ich Goj eben die Pfoten heute unterm Tisch. Die großen Jungen spüren mein Unbehagen, sie flankieren mich mit erwachsener Umsicht, die Bürde des auserwählten Volkes auf ihren schmalen Schultern. Es bedrückt mich, wie sie mich einbeziehen wollen in ihren Liebeskreis und gleichzeitig ausschließen müssen aus ihrem Allerheiligsten. Dabei war ich so neugierig auf den Schabbat, der bei den Orthodoxen eine Selbstverständlichkeit haben würde, verglichen mit den mühsam behaupteten Zeremonien damals bei uns unterm Dach oder den seltsam anmutenden christlich-jüdischen Feiern am Jordan. Nach dem Händewaschen wird mir ein Stück Brot gereicht, Challa mit einem Spruch, den ich nachnuschele, nachdem ich den Brotfetzen ins Salz getunkt habe, unseren schönen Hefekranz, hat das nicht Herr Jesus von sich behauptet, ich bin das Salz der Erde, Geschmacksverstärker des Lebens. Nach den Salaten und dem Fisch bin ich so satt, daß ich das Huhn lediglich koste. Sara hievt den schweren Topf auf den Tisch, brav loben die Kinder die Kochkunst ihrer Ima, danke Ima, schmeckt sehr lecker, Ima. Mehrmals unterdrücke ich den Impuls, Ben eine Schale zu reichen, ein paar Oliven, etwas Rote Beete, lieber unhöflich sein als unheilig.

Der Aba verteilt in Plastik eingeschweißte Liedblätter an seine Söhne und singt los, zäh bahnt sich Melodie durch seine Kehle, die Buben fallen ein, hell und mehrstimmig singen sie den Refrain mit dem Vater. Mir lächeln sie scheu zu, entschuldige, daß wir singen ohne dich, Tante Goj. Ich weiche ihren Blicken aus, starre vor mich auf das Schabbattischtuch und staune über die unbändige Kraft der Knabenstimmen, schiele zur Schwester, die stumm den Text mitliest, ein mütterliches Lächeln auf den Wörter formenden Lippen, mit zwei Fingern trommelt sie den Rhythmus gegen die Tischplatte, wiegt den Oberkörper, als müsse sie ihr Herz bezähmen, das in den Gesang einfallen möchte, das Lied teilen mit ihren Kindern und ihrem Mann. Michal singt auch nicht mit, statt dessen lässt sie ihren Kopf auf die Tischplatte plumpsen, Sara ermahnt sie freundlich, noch bis zum Nachtisch durchzuhalten, kurz darauf ist die Kleine im Sitzen eingeschlafen.

Ich hatte mir alles ganz anders vorgestellt, fröhlich, lebendig, voller Sinnlichkeit und Weihe. Sie sind ein bißchen müde, weil sie die ganze Woche so spät ins Bett sind, entschuldigt Sara die gedämpfte Stimmung. Die Oma schnaubt beleidigt und wendet sich Israel zu, der mit seinen zwei ersten Milchzähnen an einer Möhre schabt, unbeschwert in die Runde lacht, bevor er sie zu Boden fallen lässt, damit sich jemand für ihn bückt. Es folgen Gebete und hebräische Diskussionen des Aba mit seinen zwei großen Talmud-Tora-Schülern über die Verse der Woche, Textstellen aus der Tora, die an diesem Schabbat in der Synagoge vorgelesen wurden. Ben gibt sich Mühe, die Gleichnisse für uns ins Deutsche zu übersetzen. In einer Geschichte wird Finderlohn behandelt, was ist zu tun, wenn man etwas findet, das jemand anderem gehört, wohin es bringen, Belohnung, wenn ja, wieviel. Ich überwinde Michals ansteckende Müdigkeit und zeige mich interessiert, ach, solche praktischen Verhaltensregeln stehen da drin.

Ben erklärt mir, es handele sich um eine richtige Gesetzgebung, wie die Verfassung eines Staates, die Tora sei die erste vernünftige Verfassung der Menschen gewesen, ein einheitliches Gesetz, das der Einzige seinem Volk geschenkt hat, das erste Mal, daß Menschen solche Regeln für ihr Zusammenleben akzeptierten und sich dadurch von der barbarischen Welt unterschieden. In anderen Stämmen wurde weiter Ehe gebrochen, Inzucht getrieben, Sodomie, nach Lust und Laune geraubt und gemordet, aber bei den Juden gab es gegen das Unmenschliche jetzt ein Gesetz, das Wort des Einen. Was glaubst du, warum jüdische Stämme Pest und Cholera überlebt haben, weil sie sich an ihre Reinheitsgebote halten, dafür hat man sie gehaßt und mit dem Teufel im Bunde vermutet, die anderen kannten damals noch keine Hygiene, das ist mit ein Grund für die Entstehung des Antisemitismus.

Andauernd streiten die Rabbiner weiter um die Fragen der Neuzeit, berichtet Ben. Weiß ich doch. Gestern erst hat er uns von einem Dokumentarfilm aus dem Bauch einer abtreibenden Mutter erzählt, Live-Ultraschall-Übertragung von der Tötung des Fötus, Bilder, auf denen deutlich zu sehen war, wie der Embryo litt. Hör doch auf vor den Kindern, hat die Mutter gerufen, fühlte sich angegriffen, da unsere deutsche Gesetzgebung die Tötung der laut Rabbinat erwiesenermaßen eigenständigen Wesen mit vollwertigen Seelen gestattet. Wie die Winzlinge sich sträubten gegen den Tod, auswichen vor der Spritze, die Mutter verschwand überfordert in der Küche. Ich habe mir nie Gedanken darüber machen müssen, habe immer brav die Pille geschluckt oder Kondome auf ihre Unversehrtheit geprüft nach dem Akt der Fortpflanzung, der dem Vergnügen diente. Wenn es passiert, und du hast den passenden Mann und die entsprechende Lebenssituation nicht zur Hand, wirst du Maßnahmen ergreifen, vor den Maßnahmen hatte ich Respekt. Die beste Freundin bereut bis heute, daß sie mit dreiundzwanzig abgetrieben hat, sie fühlt sich diffus schuldig gegenüber der Schöpfung, eine andere versucht seit vier Jahren, schwanger zu werden mit allen möglichen Hilfsmitteln, nachdem sie viermal abgetrieben hat, eine dritte sprang der Pro Familia im allerletzten Augenblick von der Schippe, bat ihre Mutter um Geld, bezog unterm Dach ihrer Großmutter Quartier und trug ihr erstes Kind aus, das mittlerweile zur Schule geht und endlich schwimmen lernen soll. Die Vorstellung, daß ein Haufen Männer in schwarzen Jacken vor einer Leinwand sitzt und sich Bilder aus dem Bauch einer anonymen Sünderin anschaut, um festzulegen, wie der Eine seinen Spruch angesichts neuer Technologien gemeint haben könnte, macht mich wütend. Was bilden die sich ein, warum setzen sie sich nicht wenigstens mit ihren Frauen zusammen. Immerhin, es sind Männer, die aus eigener Erfahrung eine Ahnung von der Liebe zum Kind haben, von seiner Entstehung, den Mühen, Kosten, der Aufzucht, es sind keine katholischen Kirchenväter, die nicht mal von Frauen träumen dürfen. Trotzdem befremdlich, wie Ben spricht vom Recht des Embryos auf sein Dasein, vom Vorrecht der Mutter, die Geburt zu überleben, von den erlaubten Bergungsarbeiten, falls die Mutter das Auftauchen des neuen Menschen nicht übersteht.

Sind Gentests bei Embryos zulässig, Fragezeichen, dürfen orthodoxe Juden Handies mit SMS-Funktion benutzen. Nein, das Rabbinat bittet die Handy-Hersteller, weiterhin Handies ohne SMS-Funktion herzustellen, damit die Gläubigen von versauten Werbekampagnen verschont bleiben. Die Handy-Hersteller weigern sich, veraltete Apparate herzustellen, Ben grinst, bis auf eine unbedeutende Firma, die ordentlich absahnt durch den Handel mit den Orthodoxen, da denken die Großen rasant um. Michal ist schon wieder eingeschlafen, Sara trägt sie ins Bett. Während die Männer beten, plappert die Mutter ins Sakrale, wo ist denn jetzt der Mosche, geh Schimon, wo ist der denn hin, Mosche, bist du in der Küche, reich mir mal die Limonade. Zum Verrücktwerden. In einer Feierlichkeitspause entwische ich nach draußen und wähle die Nummer vom Mann des Lebens. Er ist gerade in einer Besprechung mit einer Sängerin, Besetzung für die Marschallin in seinem Rosenkavalier, Freitag abend einundzwanzig Uhr vierunddreißig. Nee klar, denke ich, Besprechung, klar. Die Abmachung verlangt, daß wir uns nicht allzu viele Fragen stellen, vertrauen ins Wesentliche, die Zeiten der großen Eifersüchte sind vorbei, rede ich mir ein.

Ich fühl mich völlig fehl am Platz hier, flüstere ich, ich bin ein ewiger Goj, was mache ich eigentlich hier. Dachte, du wolltest deine Schwester wiedersehen, darum ging's. Ich weiß, aber, habt ihr nicht Schabbat, da darfst du doch gar nicht telefonieren. Was denn, willst du nicht mit mir sprechen oder was. Doch doch. Oh Mann, und ich hab mich so auf diesen Schabbat gefreut, jetzt halte ich das nicht mehr aus, die ganze Heiligkeit hier und die Monologe über die grandiosen Juden, das geht morgen den ganzen Tag so weiter, bis Sonnenuntergang, hörst du das, die singen schon wieder da drin, die Jungs, ich glaub, denen ist das peinlich vor ihrer Tante, das ist mir dann auch wieder unangenehm. Der Mann fragt, ob wir später telefonieren können. Später weiß ich nicht, ich muss eh wieder rein, sonst fällt's auf. Dann morgen, Süße, schlägt er vor und läßt mich allein mit der Katze, die sich nicht für meine nagelneuen Schabbatschuhe interessiert. Bevor ich hineinstürze in eine düstere Stimmung, wähle ich die Nummer der besten Freundin und bitte sie, mich für den restlichen Schabbat zu kräftigen mit derben säkularen Flüchen oder über die letzten Kandidatenauftritte vor der Wahl zum Beispiel, damit ich nicht allen die Stimmung versaue. Nachdem sie mir versichert hat, daß der Platzhirsch mich liebt, auch wenn er sich um die Uhrzeit mit einer Blondine trifft, wettert sie los, über den Bundeskanzler und sein großes Maul, über die Gegenkandidatin mit Siegesgebaren, der Freundin fallen für alle Betreffenden herrliche Schimpfwörter ein, die sicher von irgendeinem Geheimdienst auf ihrem Pfad durch den Äther abgefangen und durchleuchtet werden. Ich muß mich beherrschen, um nicht laut loszulachen, danke, beste Freundin, danke, daß es dich gibt, freie Denkerin, Lebenskünstlerin. Gestärkt schlüpfe ich zurück ins Wohnzimmer, wo das parve Eis und mein Fruchtsalat verteilt werden. Die Großen bedanken sich rührend bei ihrer Tante, was für leckeres Obst sie zubereitet hat, mh, mit Pflaumen und Banane, sie bestellen extra gierig dreimal nach, um mir zu zeigen, wie sie sich freuen. Die Schimpfworte hallen nach, ich schmunzele in mein Eisschälchen.

Die Hügel kühlen ab. Die Jungs schlüpfen ins Kinderzimmer und in ihre Pyjamas. Der Aba betet. Die Mutter, die Ima und ich stellen Stühle auf die Terrasse und lassen frische Luft an die bestrumpften Füße. Sternklare Nacht, Frauen vor dem Haus. Die Mutter erzählt von ihren Gewissensbissen, als der Vater einige Jahre zuvor ein paar Meter weiter ein Loch in die Erde grub, um den Mandelbaum zu pflanzen, wie sie ihn davon abhalten wollte, er könnte doch unmöglich an diesem Ort so ein Zeichen setzen, einen Baum pflanzen mitten im Besetzten Gebiet, ein politischer Akt sei das, ein zweifelhaftes Statement, richtig Streit habe das gegeben, weil der Alte sich nicht davon habe abbringen lassen, und wie froh sie jetzt ist, daß wenigstens ein Bäumchen hier im Garten steht. Die vier staubtrockenen Blätter des Mandelbaums glänzen unschuldig im Mondlicht. Schimon kommt zum Gutenachtsagen, er legt mir beide Arme um den Hals und drückt mich vorsichtig an sich, ich erschaudere über soviel liebevolle Körperlichkeit von dem jungen Mann von zehn Jahren. Als hätte er meine Einsamkeit erfaßt. Der Große tappt barfuß über die Fliesen, er küßt seine Ima, küßt seine Oma und gibt auch mir einen Kuß auf die Wange, einen Hauch von einem Kuß, wie ich den horten werde in meinem Herzen. Leila tov. Als das Familienoberhaupt fertig ist mit Beten, frage ich nach Schnaps, um das viele Essen zu verdauen. Ben stößt mit an, wir trinken, knabbern Mandeln und schlittern wie versehentlich in ein nicht notwendiges Gespräch, die Fronten sind abgesteckt, Waffenstillstand. Es ist der einzige Abend, da die Mutter und ich mit Sara und ihrem Mann am Tisch sitzen und Blödsinn reden wie unter angeheiterten Freunden, ohne Zerren und Wollen. Über Tiere, das struppige Entenbaby, das die Jungs mittags aus der Synagoge mitgebracht haben, was wird die Schwester damit anfangen, den Fuchs, der früher durch die Gärten strich, den Fuchsbandwurm, die verrotzte Katze, die Hunde der Araber, die sich gegenseitig anstecken mit ihrem Gebell, und schließlich Mäuse und Ratten, wie ich neulich auf einem Bauernhof Mäuse im Marmeladenglas gefangen und ins nächste Dorf abtransportiert habe, wie Ben eine Ratte in die Küche jagte, die dann für immer hinterm Kühlschrank verschwand. Wir kichern, das Nasenbein der Schwester kräuselt sich, Ben erinnert mich an Ben von ganz am Anfang, den Freund meiner Schwester aus einem heißen Land, der Verkehrsregeln nicht so wichtig fand, sondern gerne schnell autofuhr und Chauvisprüche klopfte.

Sara quetscht sich grüßend durch die schnatternden Bekannten im Frauentrakt, stellt ihre Schwester mit dem schwarzweißen Hut vor, um mich herum wimmelt es von Jüdinnen, die Tabletts mit Köstlichkeiten über ihre Köpfe reichen, die Dekoration der Amusegueules korrigieren, Platz schaffen auf improvisierten Tischen für weitere Platten, die wie durch Zauberei aus der Ecke am Fenster auftauchen. Mir läuft das Wasser im Mund zusammen beim Anblick der Herrlichkeiten, es ist beinahe Mittag, wir haben nicht gefrühstückt. Die Schwester raunt mir zu, daß es hier nicht jeden Schabbat so voll ist, und auch nicht jeden Schabbat solch ein Buffet gibt, heute sei eine kleine Feier zu Ehren des Bräutigams, der nächste Woche heiratet. Im Haupthaus sind die Männer mit dem Zukünftigen zugange, singen, tanzen, jubeln, leider versperrt die reich gedeckte Bierbank den Weg zum Fenster, durch das ich an einem Vorhang vorbei einen Blick ins Herrenabteil hätte werfen können.

Wo ist die Braut. Die meisten Jüdinnen sind schwarz gekleidet, sicher keine Bräute, manche haben ziemlich enge Sachen an, schicke Spitze am Hals, sie tragen Ohrringe, Lippenstift, jetzt erst fällt mir auf, daß einige ihr Haar offen tragen, das ist ja ein

Ding, kein Tuch, kein Hut, was für prächtige Haare, schwarz und rot, glänzend gepflegt und in Wellen. Und wie stark sie geschminkt sind, Schönheiten sind unterwegs, mit Sonnenbrille auf dem Scheitel. Ich bin begeistert, daß es in dieser Siedlung offenbar auch weniger strenge Juden gibt, die Gottes Wort laxer interpretieren und dennoch geduldet sind, ich fühle mich mit einem Schlag wohl unter den wuselnden Frauen. Die Schwester flüstert, die Braut trifft sich an diesem Tag mit ihren Freundinnen und feiert im kleinen Kreis. Für eine Viertelstunde verabschiedet sich Sara von mir, da sie ihr Morgengebet sprechen muß, mitten in den Durchgang pflanzt sie sich, um sich dort in Zwiesprache zu wiegen. Während ihre Lippen über dem Gebetbuch murmeln, hebt sie schokoladeverschmierte Kinder über ihren Schoß, zupft eine Bekannte am Ärmel. Ich staune, wie sie da selbstbewußt im Weg sitzt, sich betend erhebt, die Schwester, die die meisten der Frauen um Kopfeslänge überragt, ihre schmale Gestalt in dem grauen Kostüm, schick, edel, selbstverständlich. Als sie geendet hat, hilft sie organisieren, weist Kindern den Weg, dirigiert Stühle für Freundinnen oder Lehrerinnen ihrer eigenen Kinder.

Ich verlasse den engen Holzverschlag, der provisorisch an den Haupttrakt des Containers angebaut wurde für den Fall, daß mal eine Frau am Schabbat auch ein Wörtchen mit Gott zu reden hat. Beim Eintreten hat Sara mir gezeigt, mit welch solider Holzkonstruktion Ben den Frauenbau vergangene Woche vor dem Einsturz gesichert hat, deutsche Maßarbeit wegen des Andrangs zur bevorstehenden Hochzeit. Draußen schlägt die Hitze mir ins Gesicht. Auf der Straße vergleicht Michal ihre Schabbathochzeitsvorbotenbonbons mit zwei Freundinnen, die Jungs verlassen das Haupthaus, winken scheu rüber und drängen sich am Frauentrakt vorbei aufs Klo. Der Waschraum und der Frauentrakt sehen sich von außen zum Verwechseln ähnlich, düster enge Stallungen, nur daß aus dem WC scharfer Geruch dringt. Ich gehe wieder hinein, wo es nicht ganz so heiß ist, in der Hoffnung, doch noch einen Blick in die Männerarena zu ergattern. Die Herrlichkeiten sind von den Tischen verschwunden. Die Schwester lacht, als sie meine Fassungslosigkeit bemerkt, das haben sie alles hineingereicht zu den Männern. Ich bin entrüstet, was, und das, wo ich solch einen Kohldampf habe, meine Fresse, wie selbstlos liebesfähig sind denn die Weiber hier, haben die etwa keinen Appetit auf Lachs mit Meerrettich, Cracker mit Hüttenkäse und all die anderen bunten Schweinereien. Hätten sie nicht die Hälfte hierbehalten können, warum denn alles den Männern reinreichen, absolut alles. In Windeseile drapieren sich die Frauen drei klägliche Tabletts zusammen, auf denen sie die Reste aus den Schüsseln versammeln, ein paar Salzbrezeln und die übriggebliebene Gemüsedekoration. Ich vergesse, daß die rührigen Frauen inklusive meiner Schwester von Anfang an gewußt haben, daß das Catering für ihre Männer aufgebaut wurde, sie fühlen sich nicht betrogen wie ich. Das nennt sich also Schabbat hier, Männer wedeln in einem dünnwandigen Bretterverschlag mit Gebetsschals, während Frauen auf drei Quadratmetern Bullenhitze Essen drapieren, das sie, bevor die Schokolade zerlaufen ist, den Männern zuschieben, in ihren Fensterschlund.

Eine dicke Freundin der Schwester zeigt auf mich und die Restcracker. Sara nickt mir zu, ich könne ruhig was essen, ihre Freundin Rachel sage das auch. Da mich nun beide so auffordernd anlächeln, nehme ich widerwillig eine Salzbrezel, beiße ab und halte der Schwester auch eine hin, hier, nimm, du hattest zu Hause schon so einen Hunger. Sie schüttelt den Kopf, ich muß noch warten, bis der Rabbi das Kiddusch für die Frauen gesprochen hat, müßte gleich soweit sein. Was, wie bitte, ein Krümel verhakt sich in meiner Luftröhre, lassen die mich Goj vor versammelter Mannschaft Kekse futtern, obwohl ich extra das Kleid, den Hut, extra die schwarzen Socken, extra mich anpasse und verhalte, hinnehme, daß sie hinter meinem Rücken ihren Männern die Köstlichkeiten übergeben, fordert die mich, Unselige, sogar noch dazu auf, nimm dir einen Keks, Kleines, und die dicke Rachel schaut zufrieden zu, wie ich mir mit dem heillosen Essen den Rachen verkleckere. Der Krümel kratzt, Tränen schießen mir in die Augen, Hustenreiz, ich springe auf, aus dem Blickfeld der Schwester und ihrer gemeinen Freundin, eile an den verklebten Kindern vorbei ins Freie, bis Michal mich einholt und mir ein grünes Bonbon anbietet. Nee du, laß mal, ich mag jetzt kein Bonbon, kleine Schabbatfee, laß mich mal eben in Ruhe. Michal schaut erschrocken, eilt davon und ist kurz darauf mit den Brüdern wieder um mich rum, die Großen bieten mir von ihren Bonbons an, sie dürfen natürlich schon essen, weil drinnen bei den Männern das Kiddusch längst durch ist. Da ich wortkarg und tatenlos auf dem Bordstein stehe und die Kinder nicht wissen, was sie gegen die geröteten Augen anstellen sollen außer Bonbons und nette Gesichter, verdrücken sie sich wieder zu ihren Freunden.

Eine unverschämt schöne junge Frau tritt auf mich zu, die ich nicht sofort einordnen kann, sie lächelt wie eine alte Bekannte, begrüßt mich in Englisch, faselt irgendwas von Sara und Sister, natürlich, es ist dieselbe Frau, die gestern bei Sara auf dem Sofa saß mit ihren paar Englischvokabeln. Sie fragt erneut, wie es mir gefällt in der Siedlung, do you like. Ich sage toll, jaja, Hochzeit, also nett, nice, wow, die vielen Leute, die vielen Bonbons, impressing, spectacular. Irgendwas an ihr irritiert mich, ihr Lächeln, die Sonnenbrille im Haar, ihre großen Zähne, die weiche Oberlippe, die sich unter ihrer Nasenspitze spannt, bis ich merke, was es ist, sie trägt keins von ihren geliebten Tüchern auf dem Haupt, im Gegenteil, sie trägt ihr Haar offen, prächtige hellrote Locken, Mann, wenn ich solche Haare hätte. Ich starre die Frau mit offenem Mund an, die Krümel sind geschluckt, wie kann sie, sie darf doch nicht, ich dachte, die ist ultra, da geht sie doch nicht ausgerechnet am Schabbat, während sie sich verabschiedet, um ihren Kinderwagen zu suchen, Bye bye Saras Sister, Schabbat Schalom. Ich glotze weiter von einer zur anderen, all die Offenhaarigen tragen Mittelscheitel, bei fast allen fallen die Haare seitlich vom Scheitel quer über die Stirn in Richtung Ohr, manche haben Locken, andere nicht, alle Frisuren sind mindestens schulterlang, es sind kräftige Haare, die in der Sonne glänzen. Perücken. Ich Vollidiot. Perücken. Wie konnte ich annehmen, daß Frauen in dieser Siedlung, Lehrerinnen, die Saras orthodoxen Kindern das göttliche Einmaleins beibringen, daß sie ihr Haar offen tragen, schon gar bei einer Hochzeitsvorfeier. Perücken, jedes Kind weiß, daß manche orthodoxe Frauen Perücken tragen, ich hab es nicht etwa mit relaxten Westbankern zu tun, sondern mit besonders überzeugten Religiösen, am Ende ist ihr Kopf unter dem falschen Haar geschoren, kahl, ein blanker Schädel, auf dem asiatisches Haar klebt oder Pferdeschwanzhaar oder Plastik, ich würge am Krümel. Was für ein Tag. Ich will nach Hause, ich will weit weg nach Hause. Ich gehöre in die leere Wohnung in der Hauptstadt, ins Bett neben den Mann des Lebens oder an den Schreibtisch oder hinter die Kamera oder auf die Bühne oder jedenfalls in die Stadt Berlin, wo mich keiner auffordert, Kekse zu essen, die noch nicht gesegnet sind.

Der Rabbi tritt erschöpft aus dem Herrenklo und ist im Nu umringt von hungrigen Frauen, sie drängen in einem Kreis um ihn, quetschen sich auf der Treppe, herrschen ihre Kinder an, still zu sein. Wichtig ist, daß du den Segen hörst, nicht, daß du den Rabbi dabei siehst, die Schwester hat sich neben mich gearbeitet und erklärt mir die Welt. Nach dem Kiddusch wird dampfender brauner Nudelkuchen herumgereicht, eine Spezialität, verkündet die Schwester, dazu in kleinen Espressobechern to go Nußlikör, schrecklich süß, echt widerwärtige Kombi.

Ich wollte alles hinreißend finden, große Schwester, besonders deinen Schabbat, aber diese vorverdauten, magenwarmen Spaghetti müßt ihr ohne mich weghauen. Ich geh schon mal vor nach Hause, bye bye, in die noch kühle Wohnung deiner Nachbarin, verziehe mich auf mein Lager, Ruhe, Heimweh, wann ist endlich dieser Schabbat vorüber. Vormittags Heimweh, das hat es lange nicht mehr gegeben.

Michal ertappt mich mit einem Buch in der Hand. Ihr dürft nicht lesen am Schabbat, sage ich, jedenfalls nicht sowas, und sie schüttelt den Kopf. Ich wedele mit dem Buch, ich schon. Sie nickt, ihr kurzes *Ja* ruft sie und kichert laut heraus. Ich lese weiter. Michal zieht ihre Sandalen aus und quetscht sich neben mich auf das Sofa. Darf sie das, mitten am Schabbat Schuhe ausziehen und sich neben eine Heidin legen. Eine Weile hält sie die Stille aus, dann springt sie auf und verabschiedet sich lang und breit, bye bye Schaaaahalom und so weiter, verläßt die Wohnung, knallt die Wohnungstür zu, und ich gebe vor, vor lauter Lesen nicht zu bemerken, wie sie auf leisen Sohlen wieder hereinschleicht, um mich zu erschrecken. Mächtig fahre ich zusammen, sie quietscht vergnügt, das zelebrieren wir vierzehn Mal, und schließlich sagt sie, Kommkomm, nimmt mich an der Hand und zieht mich über den Flur in die Schwesterwohnung.

Der Schwager unterbricht sein Gebet am Wohnzimmertisch, um mir freundlich zuzunicken. Ich grüße zurück, wie kann er schon wieder Zwiesprache halten, geht ihm nie die Luft aus. Die Schwester hantiert in der Küche und mustert mich von der Seite, die ich im Regal nach einer Salzbrezel suche. Alles klar, Kleines, fragt sie. Ja ja. Die Mama hat gesagt, dir ist eine Laus über die Leber gelaufen, bohrt Sara nach, und die Mutter rechtfertigt sich sogleich für ihre Indiskretion mit *ich dachte nur, weil du vorhin so kurz warst.* Was ist denn los, Kleines. Und weil sie mich unter diesen Umständen sowieso nicht kampflos ziehen lassen würden, die Muttertiere, erzähle ich halt von meinen Schabbaterlebnissen, die Betroffenheit spüren sie trotz aller Selbstironie, erstens die Enttäuschung über das entführte Festgelage, zweitens meine Unkenntnis in Sachen jüdische Perücken, und drittens und vor allem die Schmach, vor der Zeit ungesegnetes Knabberzeug gekostet zu haben, das fand ich saublöd, daß du mich dazu ermuntert hast. Na, die Rachel hat gedacht, du bist hungrig. Die wollte nur, daß ich mich weiter verunreinige, und du hast sie auch noch darin bestärkt. Blödsinn. Was glaubst du, warum ich mir dieses ganze Zeug überstülpe und bei jedem Handgriff nachfrage, ob ich den überhaupt ausführen darf, was glaubst du, warum ich mir solche Mühe gebe, nicht aufzufallen und was zu begreifen von deiner verdammten Religion, etwa, damit ich am Schabbat zur allgemeinen Belustigung unkoschere Kekse fresse. Hat doch keiner gemerkt. Das ist mir egal, ich kam mir total scheiße vor. Aber die Rachel. Laß mich in Ruhe mit deiner dicken Freundin, das ist eine doofe Pute, und das ist noch milde ausgedrückt, weil heute Schabbat ist. Und da sagt sie plötzlich, tut mir leid, Kleines, das wollte ich nicht, das war vielleicht ungeschickt von mir. Mir bleibt die Spucke weg. Meine blöde große Schwester, die mit den schlankeren Fesseln, dem einladenderen Becken, das Mädchen, das ich bewundert hatte und belächelt, mit dem ich musiziert und Kuchen gebacken hatte, das einfach eine Schwester gewesen war mit Haut und Haaren, bis sie plötzlich ohne ein richtiges Wort des Abschieds aus meiner Welt verschwunden war wie eine Halluzination, tut mir leid, Kleines, hat sie gesagt. Tut ihr leid. Das hab ich nicht gewußt, daß du dann auch lieber wartest, das war doof von mir.

Jetzt schießt doch Drüsenflüssigkeit in die Augen, während die Mutter mit sanfter Stimme erklärt, daß der Brauch mit den Perücken aus der russischen Diaspora stammt, wo Jüdinnen wegen ihres Kopfschmucks verfolgt wurden und zur Tarnung Perücken erfanden, um trotz allem dem Gesetz gehorchend ihr Haupthaar zu verstecken. Dann hast du das in den falschen Hals gekriegt, ich wollte dich nicht verletzen. Kommt mir vor, als hätte ich über fünfzehn Jahre auf so was in der Art gewartet.

Deine Jaworte

Kurz bevor das Ultimatum des Sicherheitsrates auslief, rief Saddam Hussein zur Schlacht aller Schlachten auf und kündigte die Befreiung Palästinas an. Claudia kam ohne Ben zurück nach Hause, das bald nicht mehr ihr Zuhause sein sollte. Am siebzehnten Januar ließ Bush der Erste seinen Wüstensturm los, und ich fragte mich, wie Ben in seiner Uniform eingreifen wollte in das Computerspiel der großen bösen Buben, wem nutzte sein Blut in dieser neuen Sorte Krieg, den wir auf den Bildschirmen verfolgen konnten, grüne Blitze über schwarzer Landschaft ohne Morgengrauen.

Bis zur Hochzeit dauerte es noch eine ganze Weile. Ich hatte Zeit, etwas unter meinem Niveau Abitur zu machen und die ersten Aufnahmeprüfungen für Schauspielschulen nicht zu bestehen, Hugo wechselte solange die Arbeitgeber, bis er einen in Ordnung fand, den er duzen konnte, auch wenn der Weg dreimal so lang war und die Spätschicht sehr spät zu Ende, Paul verfolgte eine steile Karriere als Hilfswissenschaftler im Fach Physik, Claudia brachte ihr Gesellenstück nach Hause und begann statt Architektur ein Sozialpädagogikstudium, weil sie das besser gebrauchen konnte im Streifenland, die Mutter raufte sich mit neuen Erstkläßlern zusammen, der Vater wechselte als Direktor an eine Schule, wo ihn die Sturheit des Lehrerkollegiums und die Arroganz der Schüler nachhaltig frustrierten, die Großmutter geriet in einen regelrechten Papierkrieg mit der heimischen Zeitung betreffs ihrer humoristischen Leserbriefe gegen das Verbot der Fütterung von Tauben in der Innenstadt, und Frau Niederländer verlor ihren Ehemann, einen Lastwagenfahrer, durch ein dickes Geschwür in seinem Magen. Palästina wurde nicht befreit, Kuwait schon. Als Ben nach Wochen des Bangens wieder in Claudias Armen und auf den Dachbalken seines Arbeitgebers gelandet war, ließ er sich dazu herab, in aller Form beim Vater um die Hand von dessen Tochter anzuhalten.

Ich entdeckte im Freundeskreis meiner Exfreunde einen wunderschönen, hochgewachsenen Mann mit einer hauchdünnen goldenen Brille, und da er hinterm Mond lebte und ich mit dem Dasein auf der Erde nichts anzufangen wußte, da er Hände aus Elfenbein besaß, Haare aus Ebenholz und Augen ohne Antworten, da er traurig aussah und verloren, machte ich ihm den Hof. Ich bat ihn, mir auf Spaziergängen ins französische Hinterland zu folgen, ich brachte ihm Blumen mit von Frühlingswiesen, ich begleitete ihn auf Konzerte, in denen sie achtundvierzig Stunden am Stück Erik Satie spielten, ich betrachtete den feingemusterten Teppich vor dem Klavier in der Wohnung seiner wohlhabenden Eltern und seine schlanken Finger, während er Débussy spielte, ich setzte mich auf sein Bett, atmete den Geruch der Fremde und wartete geduldig darauf, daß seine Finger auf mir klimperten. Als er eines Tages mit meiner Lieblingsblume vor unserer Haustür stand, versuchte ich, ihn vor dem brutalen Zugriff der Brüder zu bewahren, aber er brauchte keinen Beistand, war immun gegen ihre Angriffe, die als kraftlose Fürze auf dem Weg zum Mond mitten im All verpufften. Wir entjungferten uns bei Tageslicht auf dem Bett der Schwester in ihrem verlassenen Zimmer, unspektakulär wenig Blut, stellte ich fest, wozu die Handtücher, so leicht war das gehortete Häutchen zerfetzt. Auf einem Spaziergang nach Frankreich entdeckte ich eine Beule an meiner rechten Schamlippe, die ich verheimlichte, wir kauften Rotwein und Baguette und machten uns auf den Heimweg über die Milchstraße. Die Beule schwoll an, bis er sie tasten konnte und erschrak, da ging ich zur Frauenärztin und wurde ins Krankenhaus geschickt mit einer Bertholinischen Drüse, und als ich aufwachte nach der Operation in meinem Kindernachthemd, war es bereits eine Fistel, sagte mir der Frauenarzt, keine harmlose Frauendrüse, die sich verstopft hatte wie bei vielen anderen Frauen, sondern von hinten kam die Initiative, eine Komplikation vom Darm her, da war ein unterirdischer Verbindungsgang mit Verästelung, genaugenommen drei, die würde er nun in nächster Zeit täglich dreimal spülen mit braunem Desinfektionsmittel, das mir die Tränen in die Augen trieb vor Schmerz und braun meine Schenkel entlangrann, damit sich nicht wieder Eiter sammelte neben der Bertholinischen. Ich gebärdete mich tapfer in meinem geblümten Nachthemd, das auch dem Gynäkologen der Klinik zu gefallen schien, warum behielt er mich sonst auf seiner Station, der Charmeur, wo er nicht zuständig war für Komplikationen, die vom Arschloch ausgingen.

Ich lag nicht zum ersten Mal im Krankenhaus, als ich fünf war, hatten sie meine Augen geradestellen lassen, zwei kaum auffindbare schiefe Schlitze zwischen mächtigen Wangen, in einer Universitätsklinik mit dem Herz für Kinder. Ich schlug die Bettdecke beiseite und betrachtete meine Beine, hob sie an die Luft, die Waden waren schmaler geworden vom Liegen, ich war jetzt eine Frau, die im Krankenhaus lag, ich war regelrecht zur Frau gemacht worden mit allem Pipapo auf dem Bett der Schwester. Ich war dem schönen Mann auf seinen Planeten gefolgt, Logik war gestorben, Gott war tot, sobald ich hier raus war, würden wir umsiedeln vom Mond auf die Venus.

Claudia und Ben waren für die verbleibende Zeit im Waldland unter das Dach der Großmutter gezogen, in wenigen Tagen würden sie heiraten, standesamtlich, im alten Rathaus, in unserer Kleinstadt, dann würden sie alles vorbereiten für eine Übersiedelung ins Streifenland im nächsten Jahr, sie machten ernst. Ich war froh, mich aus den Vorbereitungen zuhause heraushalten zu müssen, mir blieb nichts anderes übrig, als meine Knie zu betrachten, meine Haare zu kämmen, dreimal am Tag die Zähne zusammenzubeißen, meinen Po zu entblößen mit gespreizten Beinen für den gutaussehenden Chef der Gynäkologie, später nur noch einmal am Tag, später nur noch alle drei Tage, der Mann vom Mond entführte mich während der Besuchszeiten in die nahe gelegene Wohnung seiner Eltern, wir versicherten uns unserer Anziehungskräfte allen Verwundungen zum Trotz.

Als ich nach Hause kam, bat mich die Schwester, ihr mit den Haaren zu helfen, bitte, schnell, komm mit rauf. Im Haus schwirrten Brautjungfern herum, hysterische alte Freundinnen und mir unbekannte neue Freunde, hübsche Cousinen, eine rührselige Mutter, die Anweisungen durchs Treppenhaus rief, ein witzelnder Vater, der Crémant an die Gäste verteilte, vielbeschäftigte Brüder in Anzügen, aufgescheuchte Hunde, Frau Niederländer mit dem Brotmesser. Claudia hatte sich gestern von einer unerfahrenen Friseuse einen Pony einreden lassen, und von der Nacht entfesselt ritten die Ponys über ihrer Stirn jetzt in alle Himmelsrichtungen, ich besorgte Mutters Fönlotion, eine Rundbürste und den Fön, um das wilde Haar zu zähmen, riß an den störrischen Locken, bis der Schwester Tränen aus den frisch bemalten Augen schossen, erschrak und erkannte zugleich den Hoffnungsschimmer am Horizont neben ihrer Wange, umgehend ergriff ich die Gelegenheit beim Schopf und redete mit besorgten Schwesternzungen auf sie ein, daß, wenn sie auch nur den geringsten Zweifel hätte, selbst jetzt, am Morgen ihrer Trauung, dann, und das fand ich wirklich und ehrlich, müsse sie es bleiben lassen, heute, ich würde das den Leuten unten schon verklickern, auch ihrer zukünftigen Zusatzfamilie, die extra aus Israel angereist war und jeden Moment eintreffen mußte, sogar ihrem Ben, daß sie sich plötzlich anders entschieden hatte. Doch Claudia schüttelte den Kopf und die Ponys, weinte, wieherte, kicherte, boxte mich brüderlich, zog ihre Nase hoch, wischte sich die Wimperntusche ins Make up und erklomm auf wackeligen Beinen mit zerzausten Stirnfransen die ersten Stufen hinunter in ihr neues Leben, wo die Brautjungfern enttäuscht murrten, weil es keinen Schleier zu tragen gab, und die butterkuchenverputzenden Brüder nur darauf warteten, sie auszulachen, weil sie geheult hatte, das Weichei.

Während der Zeremonie im Alten Rathaus kämpfte der Vater mit den toten Fröschen, die sich in seinem Gesicht Gräber schaufelten, sein Ausdruck wechselte zwischen väterlichem Stolz, Erschütterung und aufmunternden Blicken in Richtung aufgelöster Damen, er schien in Gedanken warmzulaufen für seine Brautvaterrede inklusive Spaßeinlagen. Seiner Bewunderung für den mutigen Schritt des jungen Paares würde er Ausdruck verleihen, Ehe an sich war ja schon ein Wagnis, man verpflichtete sich, einander ab jetzt schlimmstenfalls bis an sein Lebensende zu ertragen, und er könnte ihnen bescheinigen, es war ein hartes Brot, hier würde seine Frau verläßlich dazwischenprusten, um zu verdeutlichen, daß er es nicht so meinte, daß sie beide, im Gegenteil, eine wunderbare Ehe führten mit vielen Höhen und wenigen Tiefen, und daß, wenn hier überhaupt einer den anderen mit seinen Abgründen ertragen müsste, daß dann sie diejenige war, welche, wohlwollender Applaus von Bekannten. Was diese beiden wagten, würde der Vater fortfahren, über Ländergrenzen, ganze Kulturkreise hinweg, Völkerverständigung undsoweiter, die Zuneigung, die sich das Brautpaar etwas hatte kosten lassen, er würde, apropos, mit der Schachtel winken, die er für sie gebastelt hatte, ein alter Schuhkarton in Form eines Düsenjets, in den man über den Schlitz im Cockpit Geldscheine oder Geldgutscheine einwerfen konnte, oder, und da würde er sicher den nächsten Lacher kassieren, oder Münzen, wenn man von Ausflügen in den Nahen Osten nicht allzuviel hielt. Die Liebenden mußten sparen, um wahr zu machen, was sie gewillt waren, nämlich ganz und gar ins Heilige Land umzusiedeln, sobald sie ihre Ausbildungen zu Ende genossen hatten, etwa in einem Jahr, da würde ein Raunen durch den großen Teil der Zuhörer wabern, die davon noch nicht wußten, jawohl, so war es, seine Tochter plante, Deutschland den Rücken zu kehren, das mußte man sich bieten lassen von der erwachsenen Brut, ha ha ha na sowas, eine Freundin der Familie hatte neidisch die Hände über dem Kopf zuammengeschlagen, würde er berichten, Israel, mein Gott, was ihr alles erleben dürft mit euren verrückten Kindern, wie toll, und so bemühte er sich neuerdings, die Situation zu betrachten, Israel, wie aufregend, mein lieber Schwiegersohn, was für eine Bereicherung. Und er hoffte, daß er seiner Tochter Claudia das nötige Rüstzeug mit auf ihren Lebensweg gegeben hatte. Sollten sie jedoch jemals ihren Entschluß, also falls die Umstände, jedenfalls hieße er sie bereits hiermit und jederzeit herzlich willkommen zuhause, hier bei uns, auch wenn es da immer ein paar Grad kälter war. In dieser Phase der Alleinunterhaltung würden die Frösche dem Vater zu schaffen machen mit ihren Grabschaufeln, dem Mann, der eine Tochter verlor, die er klettern gelehrt hatte an steilen Felswänden entlang, in den Abgrund schauen, ohne dem Schwindel nachzugeben, in der Nordsee schwimmen entgegen der Strömung, unser bröckeliger Fels in der Brandung mit seinen Schildkrötenhänden, besser, er würde nun rasch zum Schluß kommen, dem jungen Paar Glück wünschen und das Buffet eröffnen mit ein paar lobenden Worten über Frau Niederländer.

Der Vater des Bräutigams drückte uns an sich, als wollte er nicht nur Claudia, sondern auch gleich mich und meine beste Freundin in seine Familie aufnehmen. Ich habe viel von dir gehört, wann kommt ihr uns besuchen, hinter dicken Brillengläsern lächelten uns freundliche graue Augen an, anders als die seines Sohnes, herzlich, neugierig, selbstvertraut. Die beste Freundin sagte auf ihre vorlaute Art, daß sie nicht unbedingt Lust habe, in die Luft gesprengt zu werden. Ach was, winkte der Bräutigamvater mit breiter Hand ab, bei uns am Fluß ist es ruhig, das ist ein ganz normales Dorf, da leben Juden und Araber friedlich miteinander. Aber der Golan ist nicht weit, forschte die Freundin, und er, ja nu, da ist es nicht ganz so ruhig, aber glaubt mir, das Risiko, in Israel bei einem Autounfall ums Leben zu kommen, ist weit höher als die Chance, von einem Selbstmordkommando erwischt zu werden. Na dann Prost, die angeheiterte Freundin hob ihr Glas, wir kommen also zu Fuß. Dieser Mensch strahlte etwas ungemein Legeres aus, fast wie ein Cowboy, wie er sich jetzt mit einem Taschentuch den Schweiß unter der Hutkrempe abwischte, trotz der deutschen, eckigen Brille und seiner seltsam ungelenken Stimme. Sag mal, und du lebst schon seit dreißig Jahren in Israel oder was, erdreistete sich die beste Freundin, den wildfremden Mann zu duzen, bist du da nicht mal Gott Vater persönlich über den Weg gelaufen, ich hab gehört, der wohnt in der Wüste zur Untermiete, solange der Tempel in Trümmern liegt. Da lachte der Bräutigamvater über die Maßen mit dem frechen Biest Freundin, du machst dich lustig, aber Gott ist bei uns in der Tat sehr präsent, jeder Stein erzählt dir eine seiner Geschichten. Die Steine von den Palästinensern erzählen ganz andere Storys, sie entzündete eine Zigarette und bot ihm auch eine an, und komm mir jetzt bloß nicht mit Moses. Ich bin ihm tatsächlich einmal begegnet, Bens Vater zwinkerte uns zu und wippte leicht mit dem Oberkörper, als könne man auf dem Gartenstuhl schaukeln, doch das Gras gab nur ein wenig nach, und so bohrte er sich langsam, aber sicher mit den Hinterbeinen immer tiefer in unseren Garten hinein, es ist allerdings schon ein paar Jahre her.

Da war er von einem Gerüst gefallen, sein Schädel war zerschmettert von dem Sturz aus der Höhe, zerteilt in mindestens drei Teile, und seine Seele machte sich ohne viel Aufhebens auf die Reise aus dem Körper heraus. Sie schwebte über dem leblosen Rest auf der Erde und beobachtete, wie zwei von den Freiwilligen sich über ihn beugten, ins Haus rannten, den Arzt riefen, wie er auf einer Bahre in den Wagen verfrachtet wurde, wie sie ihn mit ihrer lebensbedrohlichen Fahrweise ins Krankenhaus nach Tiberias kutschierten, daß die Seele kaum hinterherkam, wie er dort an Schläuche angeschlossen wurde, der verlebte Körper, wie sie einen Herzschlag in ihn hineinzwangen, obwohl die Seele, die von der Zimmerdecke aus über das Geschehen wachte, davon abriet. Sie sah den zerbrochenen Schädel, das viele Blut in Haaren und Kissen, die redlichen Anstrengungen der Ärzte, die herbeieilenden Verwandten, die nicht in den OP gelassen wurden, seine kleine Frau, zwei seiner Söhne, die die Mutter hielten, seine Tochter, die die Krankenschwestern anschrie, wo ihr Vater sei, was mit ihm geschehe, und die Seele befand, daß ihre sogenannte Zeit gekommen war, verabschiedete sich bis auf weiteres von ihren Lieben, ohne daß die etwas merkten, und wanderte los Richtung Eisenbahntunnel, der in ihrem Fall der Keller im Haus seiner Eltern in Bayern war, feucht und dunkel genug, daß die Seele, sobald sie sich daran gewöhnt hatte, das Licht aus dem

Fensterschacht gegenüber gewahren und darauf zueilen konnte. Obwohl es sie mit Macht hinzog, kam sie nicht näher heran. Geduldig wartete Gott wie seine Mutter einst am aufgeschlagenen Bett mit ihrer Gutenachtgeschichte, wenn er mit den Brüdern aus dem Badezimmer kam. Papa komm, komm bitte, Papa, rufen die Brüder, krabbeln unter die kalten Laken und zappeln mit den Füßen. Komm zurück, Papa, bitte, bitte, laß mich nicht allein, und die Seele wunderte sich, daß sie es widerhallen hörte, Papa, bitte, ich brauche dich, ich liebe dich, Papa, komm zurück, bitte, du wirst hier gebraucht, was sollen wir denn ohne dich machen, und während sie weiter auf das Licht aus dem Fensterschacht zusteuerte, dämmerte der Seele, daß nicht ihre Brüder ihm Vergangenheit vorgaukeln, sondern sein eigener Sohn, der Älteste, der erst vor wenigen Minuten im Krankenhaus eingetroffen war, nach ihm rief und um seine Gegenwart bat. Ben. Schwerfällig drehte die Seele sich um. Auf dem Flur vor dem Krankenzimmer war die kleine Mutter eingeschlafen, die Tochter weinte mit den jüngeren Brüdern, all seine Lieben saßen da aufgereiht, mittlerweile war es tief in der Nacht. Wieso Nacht, wunderte sich die Seele, die sich jenseits der Zeit herumtrieb, und hätte den ihren gern versichert, daß alles in Ordnung war, daß sie den Ausgang schon gefunden hatte, daß sie nur noch das Licht erreichen brauchte, das Gott war, und das so unvermittelt nah war. Doch davon wollte der Älteste nichts wissen. Er umklammerte die tote Hand und bewegte unablässig die Lippen. Worte, dachte die Seele, Herrgottnochmal, Worte. Sie war nicht böse, dieses Leben verlassen zu dürfen, sie war erleichtert, alles schien leicht, blitzschnell und sonnenklar, ehe sie sich's versah, waren viereinhalb Wochen vergangen in dem Krankenzimmer, und immer noch saß sein ältester Sohn neben seinem Bett, beharrte darauf, daß die Operationen erfolgreich verlaufen waren, die Metallplatten vom Restschädel erstaunlich gut angenommen worden waren, er hielt die grobschlächtige Hand, die nicht zur Unbeschwertheit der Seele paßte, und bettelte, er möge zurückkommen, der Vater, dableiben, bitte nicht gehen. Die Seele war hin- und hergerissen. Je länger sie zauderte, desto schwächer wurden die Lichtsignale im Keller, je genauer sie sich die Anstrengungen der Genesung in der zersplitterten Hülle ausmalte, die unlösbaren finanziellen Probleme im Betrieb, die Wiedersehensfreude der Kinder, die Erleichterung seiner Frau, desto unregelmäßigere Zacken schrieb sein Herz um die Stillstandslinie. Sogleich schöpfte sein Sohn Hoffnung, da er Bewegung aus dem Koma witterte, er tastete nach ihm, rüttelte, umarmte den Körper, soweit die Schläuche es zuließen, er flüsterte dem Entgeisterten Bitten ins Ohr, Worte von Kraft, bis dessen Seele es nicht mehr aushielt neben der Neonröhre an der Decke verkeilt, den lieben Gott auf später vertröstete und zurück in den Körper glitt, ihn erwachen ließ, weitere drei Operationen über sich ergehen ließ, seine Augen sich öffnen ließ, ohne daß das linke Auge zunächst reagierte, ihm ungeahnte Kräfte einflößte für seine Wiederauferstehung zwischen Metallplatten, Verbänden, Narben. Ein Wunder, riefen sie im Dorf, er war doch schon tot. Ein Wunder, dachte ich, und Ben hatte es gewirkt. Kein Wunder.

Bald nach Claudias Hochzeit wechselte ich das Krankenhaus und den Fachbereich, da der Frauenarzt aus meinem Innenleben nicht schlau und der Fisteln nicht Herr wurde. Ich hatte mich mit Mullbinden, Sitzbädern und brennendem Schmerz zwischen den Beinen arrangiert, es hinderte mich an kaum etwas, man konnte so leben. Dennoch fuhr ich eines Tages zur Universitätsklinik, an der mittlerweile die beste Freundin studierte. Ich haßte die neue Abteilung auf den ersten Blick, die

Numerierungen der Patienten, die Befragungen durch hergelaufene Studenten in den Umkleidekabinen, den glatzköpfigen Spezialisten, der zwar sanft zupackte und mit weicher Stimme sprach, jedoch gnadenlos die Wahrheit ans Licht brachte, von der ich nichts wissen wollte. Sein Geselle, der mir auf den Untersuchungsstuhl half und meine Beine in Stellung hielt, während der Meister in mir herumbohrte mit Zangen, Spannern und Röhren, mir Proben fürs Labor aus dem Fleisch riß, um zu dem Schluß zu kommen, daß es sich um eine chronische Darmentzündung handelte. Die neue Beschriftung meines Daseins klang nach unappetitlichem Sterben, während ihr mich Abschnitt um Abschnitt meines Darmes entledigt mit euren Fleischermessern, macht mir doch nichts vor, wozu heißt der Laden hier Chirurgie.

Der Arzt lud mich zur Operation ein wie zu seiner eigenen Geburtstagsfeier, das kriegen wir hin, versicherte er freundlich, aber nach der OP hatte ich statt weniger Beschwerden plötzlich noch mehr Fisteln, neue Gänge, die im Verborgenen geschlummert hatten, dazu auf halber Höhe auf dem Weg zum Dünndarm Gewebeveränderungen, die seine Diagnose bestätigten. Der Mann vom Mond saß treu und ratlos neben meinem Krankenbett und erzählte von Kursen in Literatur und wöchentlichen Dichtertreffen. Die üblichen Fragen wagte ich einem Mann vom Mond nicht zu stellen, ob er mich trotz der Bescherung zwischen meinen Beinen ein anziehendes Universum fände, ob er bei mir bleiben würde, obgleich ich in wenigen Jahren einen künstlichen Darmausgang an die Bauchdecke geschnallt bekommen würde, ob es ihn nicht erschrecke, daß ich in zwei Wochen so rapide an Gewicht verloren hatte, für solche Fragen war unsere Liebe zu jung und jenseits. Kaum war ich draußen, besuchte ich Spanischvorlesungen und Geschichte, wir nahmen unsere Spaziergänge wieder auf, probierten neue Stellungen, die

Nähte platzten auf, das niedrig dosierte Cortison des Glatzkopfes versprach Milderungen ohne Nebenwirkungen, ich versprach, an seiner Studie teilzunehmen, aber sobald ich mich dem Leben und den Ablenkungsmanövern gewachsen fühlte und der Kreislauf sich stabilisiert hatte, setzte ich die Tabletten ab.

Claudia lernte neben Alt- und Neuhebräisch die sechshundertdreizehn Mizwot, sie büffelte die Kashrut, begann Milch und Fleisch zu trennen, goß sich Leitungswasser über ihre rauhen Hände, sie gewann Einblicke, welchen Schnürsenkel sie morgens als ersten zubinden sollte, welches Gebet zu welcher Gelegenheit sprechen, sie ließ während der Periode ihre Finger von ihrem Mann, kaufte sich Strickhüte und tauschte ihre Karottenhosen gegen lange Röcke ein. Die beiden bereisten nahe liegende Großstädte, um an Lebensmittel mit Rabbinatsstempel zu kommen, unterm Dach der Großmutter schraubte Ben Freitag nachmittags die Birne aus dem Kühlschrank, damit der schöpferische Akt des Lichtmachens während des Schabbat nicht durch Öffnen der Kühlschranktür ausgelöst wurde, denn am siebten Tage ruhte der Herr, nachdem er sich die Woche über kreativ verausgabt hatte mit Sonne, Mond und Sternen, Wasser, Getier, Adam und Eva. Sein Volk sollte es ihm gleichtun, der Birne entledigt ließ sich die Kühlschranktür öffnen, ohne daß der Funken übersprang. Claudia und ihr Mann hatten den Rabbiner der jüdischen Gemeinde weichgeklopft, er unterrichtete sie für den Übertritt.

Die Hüte stehen dir nicht, fanden wir, Claudias neuer Look befremdete uns, kürzlich noch hatte sie beim evangelischen Jugendwerk für Gleichberechtigung der Frau Lieder gesungen und Blockflöte gespielt, jetzt zuckte sie die Achseln, wenn wir mit unserem Unverständnis kamen, bemühte sich nicht, ihre logische Familie in die Wandlung einzubeziehen. Unsere Fragen und Neckereien strengten sie an, immer weiter zog sie sich zurück in ihre Welt der Unvernunft. Warum trägst du einen Klorollenschoner auf dem Kopf, warum nimmst du dir nicht ein Stück Kuchen, warum holst du dir nicht selbst die Milch aus dem Kühlschrank, warum darfst du heute Mandarinen schälen, warum brabbelst du immer rum, bevor du was in den Mund steckst, warum akzeptierst du, daß dein Mann sich jeden Tag bei Gott bedankt, keine Frau zu sein, warum vögelt ihr nicht, wenn du blutest, warum guckst du so treudoof, warum willst du eine Jüdin werden, warum kannst du überhaupt eine Jüdin werden, wo das durch die Muttermilch übertragen wird, warum hältst du dich an Gebote, die irgendein Mann mit Sonnenstich auf einem Berg notiert hat, warum bedeutet dir Luther plötzlich gar nichts mehr, und Jesus, warum antwortest du nicht, warum willst du uns verlassen, was hast du denn gegen uns?

Hugo schrie, der haben sie doch ins Gehirn geschissen, Paul schüttelte arrogant den Kopf, die Eltern bohrten nach, wollten verstehen, widerlegen, griffen an, ließen sich auf endlose Diskussionen mit Ben ein, die nur dazu führten, daß sich die Fronten verhärteten, das Ganze ließ sich nach Lehrerhaushaltsmaßstäben nicht befriedigend verständlich machen. Es ging um blindes Vertrauen, Glauben, gelobtes Land, Heilige Erde, göttliches Gebot, das sich Bens Ansicht nach weiter zu verwirklichen hatte. Aber warum mußte Claudia an der Verwirklichung mitarbeiten, was hatte sie zu schaffen mit dem Volk der Juden, als gebürtige Christin, als Jahrzehnte nach dem Untergang des Dritten Reichs geborene Deutsche, als junge Frau, der die ganze Welt offenstand. Wir hatten die Schwester erwischt, wie sie die Mutter Samstag vormittags um einen Schluck Tee gebeten hatte, mit unwiderstehlichem Augenaufschlag die leere Teekanne in die Luft gehoben und geseufzt, ach schade, die ist leer, ich hatte solche Lust auf einen Tee. Und die Mutter hatte nicht widerstehen können, ihrer Tochter einen frischen schwarzen Tee zu kochen, den Claudia am Schabbat nicht zubereiten durfte wegen der Elektrizität. Hoffte die Mutter, den Bann des Glaubens mit der Unterstützung unbedeutender Schwachheiten zu brechen, oder bordete sie bloß über vor Fürsorge. Das ist eine Frage des Prinzips, wetterte der Große, wenn sie ihren idiotischen Schabbat halten will, muß sie konsequent bleiben. Er riß der Mutter die Teekanne aus der Hand und kippte das braune Zeug in den Abguß, du wirst jetzt nicht anfangen, ihr die Entscheidung leichtzumachen. Und zur Schwester, von einer Ungläubigen läßt du dir Tee kochen, dafür sind wir Untermenschen also gut genug, sollen dir deinen Schabbat versüßen, damit du nachher in der ersten Reihe im Paradies sitzt, besorg dir halt eine Thermoskanne für deine Feiertage.

Daß Claudia schwanger war, erfuhr ich so ziemlich als letzte, jedenfalls nach ihrem Rabbiner, ein Grund mehr, dem kleinen Mann mit den traurigen Augen und der dicken Nase zu mißtrauen. Rabbi Braun kam jetzt manchmal zum Kaffee, die Eltern suchten seine Nähe, luden ihn ein in die letzte Herbstsonne unterm Kirschbaum, während ich mich in meinem Zimmer auf Aufnahmeprüfungen vorbereitete, als Büchners Lucile um den Verstand kam, als Ionescos Dienstmädchen dem Feuerwehrmann hinterherschielte. Ich konnte diesen Mann von Anfang an nicht ausstehen, fehlte nur noch, daß Claudia ihre Ultraschallbilder für ihn rahmen ließ. Rabbi Braun war mein erster echter Jude, ein Überlebender, er trug eine Kippa, einen dunklen Anzug, er hieß bezeichnenderweise Braun, als würde er mit seiner bloßen Gegenwart nicht ausreichend auf unsere Vergangenheit hinweisen. Warum konnte ich den Mann nicht leiden, würde ich genauso fühlen, wenn er ein skandinavischer Fischer wäre, würde ich dem die Scheißfreundlichkeit als gemütliche Milde durchgehen lassen. War ich inmitten der Familienfehde um das Herz der Schwester zur Antisemitin geworden? Quatsch, grölte die beste Freundin, du magst ihn nicht, na und, man kann doch nicht jeden gern haben, vielleicht findet er dich auch blöd oder arrogant. Wieso arrogant, ich begleitete sie mit leichtem Bauchgrimmen von einer Darmspiegelung übers Unigelände in die Pathologie, wo sie mit ihren Kommilitonen an vergilbten Leichen herumschnippelte. Alle trugen sie diese weißen Kittel, bildeten sich ein, daß man mit Lexikonwissen und Experimenten an eingelegten Toten befähigt wurde, Menschen von ureigenen Krankheiten zu befreien. Schau, das ist die Milz, sagte die Freundin, und das gelbe Ding hier ist Heinis Darm, ganz schön lang, was. Sie hob eine beißend riechende Schleife heraus und hielt sie mir unter die Nase. Welche Verschwendung, dachte ich, vollkommen unversehrt schlängelte sich der Verdauungstrakt durch den Unterleib des Toten. Meine Entzündung hatte sich verschlimmert, der Doktor hatte mir auf dem Bildschirm glutrote Herde im Unterirdischen gezeigt, sehen Sie das hier auf den letzten zwölf Zentimetern, das war letztes Mal noch nicht, nehmen Sie denn Ihre Tabletten.

Wer hat den Koffer gepackt, wer hat zugeschaut, wann war der Koffer allein, wie lange, was befindet sich in dem Koffer, was ist Anlaß der Reise, hat ihnen jemand Geschenke zugesteckt, wer hat sie verpackt, wie lange beabsichtigen Sie zu bleiben, was werden Sie sich ansehen in Israel. Nur das Dorf am Fluß Jordan, in dem angeblich Jesus sich von Johannes taufen ließ, und die Stadt am See Genezareth, dort heiratet die Schwester zum zweiten Mal. Wie heißt Ihre Schwester, wie heißt ihr Mann, sind sie nicht bereits verheiratet. Schon, aber trotzdem. Ihren Reisepaß bitte, sind Sie sicher, daß Sie nicht auch nach Bethlehem fahren werden. Nach Bethlehem wollt ihr auf keinen Fall, auch wenn Weihnachten ist, hatte uns die Schwester eingebleut, bringt das vor allem den Omas bei. Wir waren mit unserem Berg von Gepäck durch den Flughafen geeilt, endlose enge Gassen auf Soldaten in Schießscharten zugelaufen, schließlich in der separaten Abfertigungshalle für El-Al-Flüge gelandet. Blutjunge Israelis machten sich mit todernsten Fragen über uns her, kein Lächeln, kein Zwinkern, Fangfragen, perfekt inszenierte Einschüchterung, die Kälte, mit der sie meinen Koffer durchwühlten, was planen Sie mit den Spritzen und Kanülen. Damit spüle ich meine Analfisteln, willst du sie sehen. Sie hatten die beiden Großmütter einzeln im Netz, unsere zerbrechlichen Gefäße behüteter Erinnerung, Achtzigjährige, ob sie in der Partei gewesen waren oder nicht, ob sie Sprengstoff mit sich führten, nachher waren die beiden sehr still, erst über dem Mittelmeer krächzten sie trotzig *Oh du fröhliche.*

Ein großes Fest mit über vierhundert Gästen gaben Claudia, ihr Mann und die Familie, in die sie hineinheiratete, für das Dorf, in dem sie nah bei einem Zitronenbaum leben würden, sobald ihre Ausbildungen in Deutschland beendet waren, in einem halben Jahr würden die Freiwilligen umquartiert, das Gästehaus für Ben und Sara geräumt. Die Zitronen waren reif, die Ziegen lustig, die Zimmer der Geschwister waren zwei für fünf. Wir wurden nicht wirklich gebraucht zum Feiern, obwohl unsere Familie die Braut stellte. Claudias Bauch war angeschwollen vom ersten Kind, sie wurde für einen Haufen Gold dem Herrgott abgekauft, so erschien es mir, unter der Chuppa, dem Hochzeitsbaldachin, machte der Minjan sie mit sechs Hochzeitssegen und Verlesung des Ehevertrages zum zweiten Mal zur Frau ihres Mannes, der steckte ihr einen koscheren Ring an, nahm sie den Rabbinern ab und zertrat mit Wucht ein Glas. Sara umkreiste ihren neuen Mann sieben Mal, dann flog der Reis.

Rotwangig wurde die Schwester in einen rosa Ohrensessel drapiert wie die Siegerin einer Quizsendung aus den Sechzigern, während die Männer wild tanzten, den Bräutigam auf einem Tisch durch die Hotelhalle trugen, seinem Vater zujubelten. Diesmal trug sie ganz und gar Weiß, sie lächelte unter ihrem Schleier für die Kameras und weinte vor Müdigkeit und Angst hinter ihren weit aufgerissenen Augen, erschöpft von der Schwangerschaft, der Grippe, dem Bad in der Mikwe zwecks Reinigung von Körper und Seele zum Übertritt in die uralte Religion. Rabbi Braun hatte ganze Arbeit geleistet und sogar die israelischen Glaubenshüter von der Echtheit ihres Judentums überzeugt, was ihm aufgrund der im Ausland vollzogenen Ausbildung einige Überredungskunst gekostet hatte. Claudia hieß jetzt Sara, Muttermilch hin oder her.

Irgendwann verzog sich das Brautpaar zum Jichud, Alleinsein undsoweiter, wir mußten ohne sie weiterfeiern. Mir war überhaupt nicht nach Ausgelassenheit zumute, ich hatte mit meiner Periode und dem wadenlangen Pepitarock meiner Base zu kämpfen, beneidete die jungen Jüdinnen und Araberinnen um ihre sexy Fetzen. Außerdem war mir mulmig, da meine Schwester sich an diesem Tag nicht nur erneut ihrem Liebsten, sondern riskanterweise auch dem mächtigen jüdischen Patriarchat an die Brust geworfen hatte. Unwiderbringlich, einmal Jude, immer Jude, aus diesem Bund mit Gott konnte man nicht austreten wie aus einem Ruderclub. Von nun an würden diese Herren in interessanten Gewändern über ihr Schicksal walten in Gottes Namen. Ich begriff nicht, was mich eigentlich daran störte. Die Schwester würde ab jetzt Anspruch haben auf regelmäßigen Geschlechtsverkehr inklusive Orgasmus, das war sensationell, bei den Protestanten war mir nie ein entsprechender Passus untergekommen, schon gar nicht für Frauen, sie würde für die Einhaltung der Reinheitsgebote im Hause sorgen, sich weiterbilden in Sachen gesunde Ernährung, Hygiene, Heilmethoden, sie würde die zu gebärenden Kinder im Beten unterweisen, sie würde die »Krone des Mannes«, die »Priesterin des Hauses« sein, was war schlimm, überall auf der Welt kümmerten sich Frauen um den Haushalt, sie wollte es so. Mir ging die einzige Schwester verlustig, und ich erlaubte mir mit meinem übertrieben nachkriegsdeutschen Sinn für absolute Toleranz nicht mal, um sie zu weinen. Jedem das Seine gefälligst. Und mir Bauchschmerzen. Ben hatte meine Sorge um Saras Gleichberechtigung zu zerstreuen gesucht, das weibliche gelte im Judentum als das gescheitere Geschlecht, der Mann werde daher angehalten, sich mit seiner Gattin zu beraten, die Frau brauche nicht so oft die Bet ha-Knesset zu besuchen, da sie Gott ohnehin nah war, von Natur aus, wer ließ sich von den Schmeicheleien nicht gerne einlullen. Daß ein weiblicher Seitensprung in flagranti als eine der drei Todsünden galt, während beim Mann ein Auge zugedrückt wurde, hatte Ben nicht erwähnt.

Orangen, Zitronen, Avocado, die wortkargen Söhne der angeheirateten Familie, Bens Freunde mit ihren dunklen Brauen und unverschämtem Grinsen, die Pistolen im Hosenbund trugen, die den Fernseher auf die Terrasse rückten, um sich Hetzreden gegen den Friedensprozeß anzuschauen, Lieder zur Gitarre, Picknick am Flußufer, Predigten des Schwiegervaters gegen sein herkömmliches Volk, die Deutschen, daß nur dieses Volk zu so etwas imstande wäre, zu solcher Präzision, sechs Millionen, Buchempfehlungen zum Thema, diesmal ging mir seine Emphase auf die Nerven, ich wollte keine Erklärungen, ich würde mir die Bücher nicht kaufen, die er allen ans Herz legte, seine schweigsame Frau, der das Hebräische auch nach all den Jahren nicht geläufig geworden war, mit der die Kinder der Familie nur widerwillig deutsch sprachen. Ihr beachtliches gemeinsames Lebenswerk, das Betreute Wohnen, die anschmiegsamen Behinderten, die sich gerne von der Schwester kommandieren ließen.

Wir bereisten das warme Streifenland, Eltern, schweigsame Großmütter, Gedränge an den umstrittenen Brutstätten unseres Herrn Jesu Christ in Bethlehem, das wir in zwei arabischen Taxis besuchten, Prozessionen von Touristengruppen und Gläubigen durch die engen Gassen der Altstadt von Jerusalem, Maschinengewehre um die Klagemauer, attraktive junge Männer und Frauen in Uniform, schöne alte Steine, Händler, die uns Perlenketten andrehten, Kamele, die uns ins Gesicht spuckten, und ständig das Gefühl, sich als Deutsche besonders unauffällig benehmen zu müssen.

Das Mittelmeer, das tote Meer, Massada, Großmütter in Wintermänteln am biblischen Ort, wo Juden sich selbst vernichtet hatten, um nicht dem Feind in die Hände zu fallen.

Die vom Alter verwirrte Oma Maria gab bei jeder sich bietenden Gelegenheit eine Anekdote zum besten, die sie sich beim Kofferpacken zurechtgelegt haben mußte, Isreal, Juden, Deutsche, eine Anekdote. Ihr Sohn, mein Erzeuger, war einundvierzig auf der Straße herumgelaufen und hatte geträllert *Es geht alles vorüber, es geht alles vorbei, auch Adolf Hitler und seine Partei.* Betretenes Schweigen unter den jüdischen Israelis, den israelischen Deutschen, den deutschen und arabischen Gästen. Ich versuchte, mir etwas auf diesen mutigen vierjährigen Vater einzubilden, da brachte sie die Pointe, daß nicht sie es gewesen war, die ihm dieses Lied beigebracht hatte, um Gottes willen, wo er das bloß hergehabt hatte. Schweigen, ach Oma. Vielleicht wäre ich auch besser im Waldland geblieben wie Hugo, hätte mich auf meine Aufnahmeprüfungen in Berlin und München vorbereitet, das leere Haus genossen, statt hier mit meiner Familie von einem Fettnapf in den nächsten zu stolpern.

Berlin schlummerte dreckig, zerrissen und eiskalt im Morgenblau, in das mein Nachtzug einfuhr, unter den Bahnsteigen hatten sich Menschen, denen ich mich eigentümlich verwandt fühlte, Schlafzimmer eingerichtet, mir war sofort klar, daß ich hier leben würde. Die Großmutter hatte als Dolmetscherin am Lette-Institut gearbeitet, kurz vor dem Krieg, als sie noch davon geträumt hatte, Afrika zu bereisen, ich würde mir eine kalte Schnauze zulegen und ihre Reise fortsetzen, meinen Weg machen, Berlin, Afrika und schließlich die Welt. Das Hauptgebäude der Hochschule hatte Majestät wie die verrottete Stadt und mein neu entstehender Größenwahn, durch dieses Tor wollte ich Tag für Tag treten und den Freipaß erhalten, dauernd jemand anders zu sein. Im März erhielt ich den Anruf, daß ich bei den Darstellenden Künsten aufgenommen war, im April fand ich acht Quadratmeter mit Hochbett und Sitzbadewanne am Ende der Welt in Friedrichshain. Wenn ich abends aus der S-Bahn stieg, glänzte die rote Sonne auf den Schienen, meine neue Heimat roch nach Braunkohle, die Häuserfronten bröckelten schwarz, es gab weder Telefon noch Zentralheizung, das Leben war billig, anstrengend und abenteuerlich.

Während ich mit den Kommilitonen Geist, Seele und Körper ausforschte und fürs Theater trainierte, gebar Claudia, die jetzt Sara hieß und immer noch im Haus der Großmutter wohnte, ihren ersten Sohn. Sie beschloß, ihm zu gegebener Zeit, nämlich am achten Tag nach seiner Geburt, den Namen meines Lieblingsneffen zu geben, über den sich insbesondere die Hausherrin Großmutter maßlos aufregte, es gibt so viele jüdische Namen, die bei uns nicht weiter auffallen, Daniel, Immanuel, Jonathan, David, Juden hießen sogar Hans und Fritz, Billy, Jack oder Elisabeth, warum mußte es ein derart komplizierter Name sein, wie ein Stempel würde er das Kind zeichnen sein Leben lang. Die

Großmutter hieb mit beiden Fäusten gleichzeitig auf den Tisch. Ich drehte die Lautstärke ihres Fernsehers runter, der durch die Werbepausen brüllte, und fragte sie kleinlaut, ob sie mitkommen wollte, übermorgen, zur Beschneidung, zu der ich angereist war, falls der Kleine, dessen zukünftigen Namen ich nicht nennen wollte, bis dahin von seiner Gelbsucht genesen war. Da sagte die Großmutter gar nichts mehr.

Der Säugling schrie wie am Spieß. Rabbi Braun flößte ihm mit einem Tuch Rotwein ein, er schrie weiter. Woher sollte der kleine Mensch wissen, daß Erzvater Abraham sich im Alter von neunundneunzig Jahren zum Zeichen des Bundes zwischen Gott und seinem Volk Israel seiner Vorhaut entledigt hatte und nun er an der Reihe war, der kleine Mensch, zum Zeichen. Abraham, der alle Glaubensprüfungen bestanden hatte, alle Gesetze befolgt, Abraham, der soweit gegangen war, seinen eigenen Sohn auf dem Altar zu opfern, Abraham, der Fürbitter, der am Tor zur Hölle warten würde, um zu retten, die zu retten waren, Abraham, um dessentwillen womöglich die ganze Welt erschaffen worden war.

Ich hatte zur Verstärkung die beste Freundin und den Geliebten mitgebracht, wir drückten uns in einiger Entfernung auf einer Fensterbank herum und linsten rüber, erfüllt von Neugier und Ekel. Die Schwester hielt ihre Hände vors Gesicht und ließ sich von den wenigen Frauen der jüdischen Gemeinde abdrängen in einen Nebengang, wo sie auf ihre Mutter traf, die für die Gelegenheit keine passende Muttergeste parat hatte und den verrückten Blick weitergab an den Vater, der dastand, als handele es sich nicht um seine Party.

Ein Tablett voller Gold machte die Runde über die Köpfe hinweg, auf dem anderen kreischte das zerknautschte, gelbstichige Baby, während der Mohel, Fachmann auf diesem Gebiet, sein Stahlmesser zückte, um den winzigen Penis mit einem wohlgesetzten Schnitt zum Bund mit Gott zu veredeln, Berit Mila. Er sägte die obere Vorhaut ab, zerriß die untere und schob sie unter die Eichel. Ich hab schon krassere OPs gesehen, raunte die beste Freundin enttäuscht. Der Geliebte hatte sich kundig gemacht, berichtete sensationslüstern, daß bis ins neunzehnte Jahrhundert das Blut mit dem Mund angesaugt worden war, gefundenes Fressen für Antisemiten, von wegen Reinigung. Heute wurde die Wunde mittels eines Glasrohrs ausgesaugt und mit Watte und Alkohol desinfiziert. Im Nu war alles vorbei. Was hätte ich empfinden sollen? Ich hatte keinen Schwanz, kein Baby, keinen Gott, ich schlenkerte auf der breiten Fensterbank mit den Beinen, umarmte den Mann vom Mond und fragte die beste Freundin, ob sie den Rabbi auch so unsympathisch fand. Sie hat sich ganz schön verändert, die Claudia, flüsterte die beste Freundin. Sara heißt die jetzt, ich bin mir gar nicht mehr sicher, ob ich noch eine Schwester habe. Sara oh Sara, sang der Geliebte, der mittlerweile Musikwissenschaften statt Literatur studierte, leise, während Ben eine Segensformel für seinen ersten Sohn, sprach, Elieser, der Herr wird helfen. Die Eltern blieben scheu an der Wand stehen, die Juden gratulierten. Die Schwester lud uns ein zu einem Happen im Nebenzimmer, aber wir hatten keinen Appetit. Die Brüder hatten die Zeremonie geschwänzt nach dem Motto *Ich bin doch nicht blöd, wenn die da an seinem Schniedel rumschnippeln, das muß ich mir echt nicht geben.*

Der Mann vom Mond fand im Prenzlauer Berg ein Zimmer bei einem Alkoholiker, der den Herd mit der Kloschüssel verwechselte, wenn er nachts von der Sauftour nach Hause kam. Die meiste Zeit verbrachte der Geliebte bei mir, am Ende der Welt, wo er mit seinem aufgeweckten Hosenstall auf mich wartete, ihn interessierten die Komplikationen in der Schule wenig, er wollte mir Gedichte vorlesen und ran an die Möpse. Sie hatten gelobt, daß ich mich gut entwickelte, liebevoll an den Figuren gefeilt hatte, glaubhaft, authentisch undsoweiter, jedoch sei nicht zu erkennen, daß ich meine Kunst auch irgendwem zeigen wollte, ständig drückte ich mich in Ecken herum, statt wie die Kollegen die Rampe und den Zuschauer zu suchen. Sie haben recht, dachte ich, ich wollte forschen, hineinsteigen in die Welt des anderen, es interessierte mich nicht, jemanden daran teilhaben zu lassen, vielleicht war ich hier wirklich falsch. Aber funktionieren wollte ich dennoch um jeden Preis, sie durften nichts merken von der inneren Selbstzerfetzung. Halbe Nächte schlug ich mir mit Durchfall um die Ohren, um nicht abhängig zu werden von Cortison, ich brauchte keinen Arzt, behielt alles im Griff, frühstückte kaum, verbarrikadierte mich nach dem Mittagessen in abgelegenen Aborten, schaffte es abends vor der großen Entleerung kaum bis in den vierten Stock, Essen zog Strafe nach sich, Liebesentzug für den Mann vom Mond, der sich den ganzen Tag auf mich gefreut hatte.

Obwohl ich die Kopien aus Gesundheitsmagazinen, die die Mutter mir geschickt hatte, ungelesen als Kohleanzünder verwendet hatte, war ich dahintergestiegen, daß es sich bei meinem Feind um eine Autoimmunkrankheit handelte, Rebellion des Körpers gegen die eigene Art, irgendwas hatte ich gegen mich, was genau, blieb schleierhaft, ich fand mich überflüssig, na gut, wer war das nicht. Ich ergrübelte Ursachen, Theorien, stülpte mich um und um, um der Sache auf den Grund zu kommen. Innerhalb weniger Wochen verlor ich dreizehn Kilo, selbst wenn ich gar nicht aß, waren da noch Reste von Körpereigenem, das rauswollte in die Welt, die mir zum Schlachtfeld wurde. Gegen Ende des zweiten Semesters faßte ich den Entschluß, auf der Schauspielschule zu bleiben. Die Dozenten feuerten einen anderen. Der Wind pfiff erbarmungslos zwischen den Häuserfronten des Berliner Winters, an mir schlackerte alles, ich war ein Schmalchen ohne dickes Fell, die Wohnung war ausgekühlt, wenn ich spät vom Unterricht nach Hause kam. Erst nach Monaten warf ich das Handtuch, mir war dauernd schwindlig, einmal kippte ich um, hatte den Mann vom Mond noch rufen hören, war erst wieder erwacht, als er meinen Kopf befühlte, der auf den Ochsenblutdielen aufgeschlagen war.

Da ging ich zum Arzt, der schimpfte, Krankenhaus sofort, das sieht nicht gut aus, und mich zu dem Spezialisten fürs Innere überwies, einer Koryphähe auf dem Gebiet, in eine Klinik, die den ganzen Menschen in Betracht zog, sie verabreichten mir ein Produkt mit erstaunlicher Wirkung, das benutzten sie auch bei Organtransplantationen, Abrüstung, ich schluckte die weißen Pillen und erklärte mich zu zusätzlichen humanitären Maßnahmen bereit, Maltherapie, Musiktherapie, Eurythmie, Gesprächstherapie. Dauerhafte Entzündung fördere den Generalangriff der entarteten Zellen, sprach die Koryphähe, wenn sie erst eine Brutstatt gefunden haben, wo sie mit den gesunden Zellen um die Wette florieren. Krebs, erschrak ich zu Tode. Was aus mir würde, fragte die Koryphähe, wenn ich nicht mehr spielen könne. Wieso, dann würde ich malen, wenn ich nicht mehr malen könne, würde ich schreiben, wenn auch das nicht mehr ginge, dann tja, laß mich in Ruhe, dann wüßte ich nicht, wozu ich noch auf der Welt sei, und brach in Tränen aus. Der Arzt schüttelte sorgenvoll den Kopf. Und du, dachte ich trotzig, wenn du keine Koryphähe mehr sein kannst, dann bist du doch auch geliefert, und ahnte, worauf er hinauswollte. Die Seele an sich. Meine Seele. Daß sich der Wert eines Menschen nicht an Ausdruckskraft oder Leistung bemißt, lauter so banales Zeug.

Die Psychologin ließ mich erzählen, auf den Teppichboden in ihrem Behandlungszimmer breitete ich meine Vergangenheit aus und die Gegenwart, die machtergreifenden Ängste, jemanden zu verletzen, die Anstrengung, Tag und Nacht sinnlich zu sein für die Bühne und den Geliebten, die Probleme mit der Zimmernachbarin, die ihre Innereien an die Wände und Fenster des Krankenzimmers schmierte und mit tiefer Stimme klagte, *Ich verliere meinen Geist*, ich weinte plötzlich los über die Tatsache, daß Leben bedeutete, andere zu verletzen, immerzu, Selbstbehauptung, daß das schon bei den Ameisen anfing, die man Tag für Tag tottrampelte. Die Therapeutin erzählte mir eine persönliche Geschichte, es war einmal sie in einem Flugzeug, irgendwo über dem Pazifik, und sie merkte, da ist was nicht in Ordnung, etwas wurde verhandelt im Cockpit, eine Entführung, wie sie innerlich in Panik verfallen ist, eine falsche Bewegung, wie sie zu zittern begann am ganzen Körper, alle Versäumnisse ihres Lebens durchhechelte in wenigen Sekunden, vom überbordenden Müll in der Küche, dem ungewaschenen Geschirr, bis zu offenen Rechnungen mit Freunden, einer nicht gestandenen Liebe, einer vernachlässigten Mutterwitwe. Und wie sie ein Versagen ihres Lebens nach dem anderen unter *nicht so wichtig*, beziehungsweise, in Anbetracht der Tatsache, daß sie gleich sterben würde, als *verzeihlich* abhakte, überkam sie plötzlich eine immense innere Ruhe, und die Ruhe war Erkenntnis, und die Erkenntnis war Gott. Ich erschrak. Wollten die Anthroposophen mich zu Gott bekehren, nur weil ich ein bißchen Durchfall hatte. Ich sagte, nee danke, über Gott kannst du mit meiner Schwester reden, der heilt mich bestimmt nicht. Da wollte sie über meine Schwester reden. Aber ich wollte nicht.

Vor dem Haus der Eltern parkte ein rostroter Container, der sich allmählich mit Claudias ehemaligem Leben füllte. Claudias Schrankwand in Einzelteilen, Vorsicht Glas, der Schreibtisch, der schreckliche Nierentisch, ihr Drehstuhl aus Plastik, der grüne Teppich für den Winter im Streifenland, ein paar Stühle, die die Notkirche vor vielen Jahren abgestoßen hatte, die Mutter schleppte alte Kinderbetten an, die sie auf dem Dachboden gehortet, einen Kinderwagen, den sie der Nachbarin abgekauft hatte, einen aufklappbaren Wickeltisch, viel Platz werdet ihr nicht haben. Als die Männer das Klavier an Tauen die Treppen herunterhievten, schoß dem Vater der Schmerz ins Kreuz, er ging in die Knie und machte sich auf dem Rasen lang, zwei Tage konnte er kaum aufstehen, geschweige denn mithelfen, auf allen vieren kroch er zum Unterricht, die braune Ledertasche zwischen den Zähnen. Der Container füllte sich mit einer Menge Schrott und Erinnerungen, mit Bücherkisten, Kleidersäcken, unseren alten Bauklötzen, gebrauchten Fahrrädern, drei Plumeaus in Plastiktüten, mach dich nicht lustig, das sind echte Daunen, du wirst sehen, daß du sie eines Tages gebrauchen kannst, es wird auch mal kühl werden bei euch am Fluß, wie üblich erstickte die Mutter ihren Kummer im Organisieren, sie war der Ansicht, daß man die Ausmaße des Containers bis zum letzten Zentimeter ausnutzen mußte, wenn man sich schon auf so einen teuren Transport einließ. Aus der Mansarde der Großmutter schleppten sie die Küchenmaschine an, die sie zur Hochzeit geschenkt bekommen hatten, das gekoscherte Geschirr, Töpfe, Pfannen, Kerzenleuchter, zwei Wolldecken, einen zerschlissenen Ohrensessel, den gerahmten Chagalldruck, den wir Claudia zum Geburtstag geschenkt hatten, auf dem ein Liebespaar kopfüber durch den Himmel schwebt und ein Schaf traurig zur Geige singt.

Am Tag ihrer Abreise sagte die Schwester ihren berühmten Satz, wann kommst du uns besuchen. Ich strich dem schmächtigen Säugling über den Kopf, zuckte die Achseln, wünschte den dreien einen streßfreien Flug, keine Ahnung, bißchen teuer ist das. Ben umarmte mich feierlich, einen Weg gibt es immer. Schalom. Die Mutter kurbelte das Fenster herunter, kommt ihr jetzt, oder wollt ihr den Flieger verpassen, mir soll's recht sein.

Kaum war das Auto außer Sichtweite, hielt der Wagen des Vaters vor dem Haus. Er hatte sich vor der Schule von seiner Tochter verabschiedet, aber heimlich geplant, trotz Lehrerkonferenz zur Abfahrt wieder zu Hause zu sein, um Claudia eine rote Rose aus dem Garten zu schneiden. Er hatte übersehen, daß das Auto der Mutter nicht mehr in der Einfahrt parkte, der Babybuggy nicht vor der Haustür herumlag wie noch am Morgen, er war durch den Garten gestapft, hatte die schönste Rose gebrochen, die er finden konnte, eine dunkle Blüte, die noch tagelang aufblühen würde, er hatte an die Küchentür geklopft, gewartet, wieder geklopft, gewartet, bis ich zufällig dort vorbeikam, weil ich mir einen Kamillentee machen wollte, ihm die Tür geöffnet hatte, ihm von Claudias Abreise erzählt hatte, die jetzt Sara hieß. Dem Vater fiel sowohl die Rose als auch seine braune Tasche aus der Hand, Tränen schossen ihm in die Augen, und ich schaute erschrocken beiseite, ratlos wie die beiden Hunde, denen beinahe der Appetit auf Mittagessen verging. Noch nie hatten wir den Vater weinen gesehen. Vorsichtig berührte ich den großen Mann am Arm, da stieß er mich weg und preßte hervor, du laß mich.

Wortwechsel im Streifenland

Die Mutter nippt am Schnaps, es hätte ein friedlicher Abend werden können, Schabbatausgang, familiäres Beisammensein so wie gestern, als die Kinder im Bett waren und wir bei Mandeln und Flaschengeist bis tief in die Nacht erstaunlich viel gelacht haben. Ach Kind, das war schön, so entspannt habe ich die beiden schon lange nicht mehr erlebt. Als ich Sara morgens frage, ob sie auch so gut geschlafen hat, nickt sie, ja, naja, wir haben noch lange aus der Tora gelesen, der Ben und ich, und gemeinsam gebetet, damit der Abend nicht so seltsam ausklingt mit den wilden Geschichten. Das hat mir einen Stich gegeben. Für die Mutter und mich war es ein Fest gewesen, die Leichtigkeit, die Sorglosigkeit, die Fettnäpfchen unter dem Eßtisch schienen ausgetrocknet. War es am Ende ein Zugeständnis gewesen, oder ein Versehen, eine Sünde mitten am Schabbat, die das Paar mit Gebeten bis tief in die Nacht zu büßen suchte. Ist überhaupt jeder Funken Gemeinsamkeit bloß Einbildung, Sehnsucht nach heiler Welt in der für immer zerbrochenen Familie.

Wie kann man sich so eine Blöße geben, wettert Ben und schenkt der Mutter vom Selbstgebrannten nach, dieses Wort falsch zu übersetzen, es ist logisch, daß Mose nach dem Gespräch mit dem EINEN nicht *Hörner* am Kopf trägt, er ist *erleuchtet*, die Wörter wurden vorsätzlich verwechselt, es muß

Bosheit sein, die Buchstaben anders zu deuten. Der Schabbat ist hinausgegangen aus der Wohnung der Schwester, aus der Siedlung, aus den Besetzten Gebieten im Heiligen Land, weitergezogen auf seinem Weg rund um den Erdball, wo verteilt in alle Winde Juden ähnliche Dinge beginnen, wenn er mit aufkommender Dunkelheit und drei Sternen bei ihnen Einzug hält.

Hat er gerade logisch gesagt, frage ich mich, echt, logisch? Und überlege heidnisch weiter, vielleicht war Mose einfach zu lange unterwegs gewesen, und im Lager haben sie ihm inzwischen Hörner aufgesetzt, sowas kommt vor, hat nicht Moses Volk mit Anbetung des goldenen Kalbs sogar dem lieben Gott Hörner aufgesetzt. Oder trug Mose die Tafeln wie Hörner neben den Ohren. Oder hat Gott ihn persönlich gehörnt als Belohnung, weil das damals en vogue war. Eigentlich hab ich bloß wissen wollen, wie es um die Torarolle steht, die Ben vor ein paar Jahren begonnen hat, mit Gänsekiel auf Pergament zu übertragen, im Auftrag eines Orthodoxen, Buchstabe für Buchstabe, Tag für Tag, in höchster Konzentration.

Als Mose vom Berg Sinai herabstieg – die Tafeln der Bundesurkunde waren in der Hand des Mose, als er herabstieg –, da wußte Mose nicht, daß die Haut seines Gesichts von der Unterredung mit dem Herrn strahlte. Als Aaron und alle Israeliten Mose erblickten und sahen, daß sein Angesicht strahlte, fürchteten sie sich, ihm zu nahen. Mose aber rief sie herbei. (Exodus, 34, Vers 29–31)

In mancher christlichen Bibelübersetzung der hebräischen Schriftrollen kam Mose laut Ben mit Hörnern vom Berg Sinai, nachdem er zum wiederholten Mal mit Gott gesprochen hatte, nachdem er die Tafeln der Bundesurkunde bereits zerschmettert hatte aus Zorn über sein eigensinniges Volk, nachdem er ihnen von ihrem pulverisierten goldenen Kalb zu trinken gegeben hatte, nachdem er die Leviten aufgefordert hatte, ihre ungläubigen Brüder, Freunde und Verwandten abzumetzeln, nachdem er schließlich bei Gott ein Wort für sein reduziertes Volk eingelegt hatte, nachdem er erneut auf den Berg gestiegen war, um Gott zu schauen.

Ben in Angriffslaune erteilt Lektionen für die arrogante Christenheit. Fundamentalismus braucht klare Feindbilder, resigniere ich, die helfen, die eigene Position zu festigen, wenn es ans Unfaßbare geht wie Glauben. Die Mutter wendet ein, daß es bestimmt nicht bös gemeint war, das mit den Hörnern, ihrer Ansicht nach sollte man sowieso viel mehr Nachsehen haben miteinander, das beträfe übrigens alle. Ben schenkt ihr einen mitleidigen Blick, glaubst du wirklich, daß es die christlichen Übersetzer, die Mose vom Berg Sinai mit Hörnern statt Erleuchtung herunterkommen ließen, die nebenbei die Juden haßten und verfolgten und ausrotten wollten, daß die es nicht böse gemeint haben, daß sie es versehentlich falsch übersetzt haben, dann wären sie noch dümmer, als er annahm. Die Mutter fühlt sich erneut ans Bein gepinkelt, diesmal nicht als Schwiegermutter, Nichtjüdin, Deutsche, Bürgerliche, Sozialdemokratin, deren Partei Abtreibungen billigt, sondern als naive Christin. Hat nicht Chagall Moses auch mit Hörnern gemalt, fragt sie zaghaft, und Chagall war selbst Jude, ich meine, ich kenne so ein Bild. Vielleicht zum Spaß, werfe ich ein.

Niemals, braust Ben auf, kein Jude, auch ein nicht orthodoxer nicht, würde sich an Mose aus Spaß vergehen, auch ein Künstler nicht, keiner würde auf solche Weise Schabernack treiben mit Mose. Na sowas, denke ich, kein einziger, wie schade, Mose ist demnach tabu für einen jeden Juden, wozu überhaupt Kunst neben Religion, wenn keiner der Künstler den Religionsstifter in Frage stellt, wer stellt dann überhaupt die Fragen der Menschen, wer legt den Finger auf die Stellen, die dein Gott großzügig offengelassen hat. Und dabei sind die Juden für ihren

Humor berühmt, ihre Selbstironie, wir haben seit ein paar Jahren amerikanische Juden in der Familie, die noch über ganz andere Dinge lachen, ob die unseren Herrn Mose so bitterernst nehmen.

Der Chagall mit dem schwebenden Liebespaar, dem Schaf und der Geige, den wir Geschwister Claudia vor Jahren geschenkt haben, hängt hier jedenfalls nicht an der Wand, statt dessen Bilder alter Männer mit langen, lockigen Bärten und schwarzen Hüten, Rabbiner, die wesentlich am Talmud mitgearbeitet haben, nehme ich an. Der über dem Klavier, das ist zum Beispiel Israel Meir, erklärt Ben stolz.

Mir wäre es lieber, ein Jude hätte Moses Hörner angedichtet und kein verdammter Kreuzzügler, dessen Heiland wiederum von Juden ans Kreuz undsoweiter. Hör mal, für die Christen ist Mose auch nicht unwichtig, unternimmt die Mutter einen neuen Anlauf, die Tora, das ist auch unser Altes Testament, die Christen beziehen sich genauso auf den, da schneiden wir uns ins eigene Fleisch. Ben winkt lässig ab.

Ich gründe eine neue Religionsgemeinschaft, beschließe ich, ohne alte Bücher mit fehlenden Vokalen, in aller Unschuld, eine Gemeinschaft von Zweiflern, lose Blätter voller Fragen und heiligem Spott in allen Sprachen, oder schließt Heiligkeit den Spott aus und umgekehrt. Wir würden Rituale des Denkens erfinden, ein Bekenntnis des Unwissens, wir würden täglich neue Pläne für nach dem Tod schmieden, wir wären genauso ausgeliefert und verletzbar wie andere Gläubige und Fanatiker, schließlich würde es uns zur Pflicht werden, uns ein Bild zu machen von allen auf der Erde anwesenden Göttern und ihren unvollkommenen Söhnen. Im Nu würde das Ganze als Sekte abgestempelt werden, jemand würde Millionen scheffeln aus dem Vermögen ihm auf den Leim gegangener Hollywoodstars, die ein bißchen Halt suchen zwischen all dem schrecklichen Ruhm.

Mir liegt eine Frage auf der Zunge, die ich runterschlucke, weil sie zu blöd ist, weil sie antisemitisch klingt, antireligiös, nihilistisch, ich frage natürlich nicht, warum haben die Juden eigentlich nicht längst einen Messias ernannt oder anerkannt, täglich rennt irgendwer durch Jerusalem und hält sich für erleuchtet und verwandt mit einem dieser Einen warum taugte noch keiner zum ultimativen Messias, ob in Brooklyn oder der russischen Einschicht. Sie warten so dringend auf ihn, Herr Freymann spricht unablässig von der Schlechtigkeit der Welt, der Korruption unter Sharon und Präsident Bush, von der Notwendigkeit der Erlösung, daß es really an der Zeit sei. Warum konnte Jesus nicht als Messias herhalten mit all seinen Wundern, klugen Reden, seiner Liebe, den Dornen und eingelösten Prophezeihungen, oder der Prophet Mohammed mit seiner Reife, seinen fünf Säulen und dem prächtigen Himmelspferd, es wäre so viel einfacher für alle verkrachten Weltreligionen, wenn sie sich darüber einigten, ob jetzt ein Sohn Gottes dagewesen ist oder noch kommt oder gar nicht mehr kommen braucht, und wie er heißt oder wer von ihm kündet. Ach geh, Kind. Ben würde mir Monologe um die Ohren hauen über die Menschlichkeit und Ungöttlichkeit der Propheten, eindeutige Gegenbeweise, messerscharfe Rechtfertigungen. Ich gähne hinter vorgehaltener Hand.

Ungelenk landet das Gespräch in den USA und mit den amerikanischen Truppen im Irak und dort bei den skandalösen Folterungen der Kriegsgefangenen durch übergeschnappte US-Soldaten, und über einen kleinen Menschenrechtsschlenker in Guantanamo. Unglaublich, findet die Mutter, was die Amerikaner sich da herausnehmen, nicht zu fassen, wie sie sich aufführen als Weltpolizei, als hätten sie die Weisheit mit Löffeln gefressen. Ben nickt zögerlich, ja, dieser Krieg war wahrscheinlich so nicht notwendig, andererseits, wenn die Irakis die Atombombe gebaut hätten, hätten sie die vermutlich zuallererst über Israel getestet. Haben sie aber nicht. Zurück zu den Folterungen. Die Schwester zuckt die Achseln, sie lese viel zu wenig Zeitung, dazu habe sie nicht die Muße. Ich breche einen Krach vom Zaun mit der Mutter, weil ich diese Empörungsschreie durch Europa und Amerika und rund um den Erdball lächerlich finde, diese Schockwellen, weil eine amerikanische Offizierin mit ihren Kumpels Irakis gequält hat, mit Tüten über dem Haupt und Peitsche in der Hand, eindrucksvolle Bilder, peinliche Zeugnisse für die Achse des Guten. Das mußte natürlich geahndet werden, da hielt Mister President eine außerordentliche Pressekonferenz ab, und seine Außenministerin ließ Beschämtes verlauten. Na hör mal, das war auch eine Sauerei, sowas geht nicht.

Bildet sich wirklich jemand ein, man könne Krieg auf humane Art führen, ist es moralisch vertretbarer, nachts anonyme Bomben über Städten abzuwerfen, massenweise Häuser, Familien, Leben zu zerstören, als das tierische Vergnügen zu quälen an einzelnen Gefangenen auszuleben und den Wahnsinn auch noch dämlicherweise auf Video zu bannen? Diese grobpixeligen Fotos sind wenigstens ehrlich, die Demütigung wird sichtbar, mit ihr der Alltag, sie gaukeln uns nichts vor, was westliche Menschen mit weißen Westen an nahöstlichen Menschen mit Werten, von denen wir keinen Schimmer haben, vollführen, als könne man mit der Einnahme einer Hauptstadt mal eben ein Exempel statuieren in Sachen Demokratie. Trotzdem, Kind, es ist ein Unterschied, ob ein Soldat. Für mich gibt es da keinen Unterschied, warum darf man das eine mit dem Befehl von oben rechtfertigen und das andere abstrafen, weil es dazu nicht die ausdrückliche Order gab, los, Kameraden, geht mal eben ein paar schwarze Tüten besorgen und zieht unseren Ungeständigen die Hosen aus, damit wir ein bißchen Spaß haben. Es ist sowieso inhuman, Krieg zu führen, wieso wird von einem Menschen, der dazu dressiert wurde, kriegswichtige Gebäude zu zerstören und gefährliche Gegner zu töten, erwartet, daß er sich in den Feuerpausen die Hände wäscht, Vater unser betet oder God save the Queen, sich brav an den Tisch setzt und Broccoli futtert.

Israelische Soldaten würden so etwas nie im Leben tun, dazu werden sie viel zu streng ausgebildet, behauptet Ben. Ach komm, da hab ich andere Sachen gehört, in jedem Krieg gibt es die Momente, in dem die hübsche Militärausbildung vor die Hunde geht, weil Instinkte Überhand gewinnen, die die Zivilisation eigentlich en gros gezügelt und hinter sich gelassen haben will, unkontrollierbare archaische Gefühle, das weißt du besser als ich, komm mal einem mit den zehn Geboten, dessen Kumpel gerade sein Bein verloren hat, warum gehen denn so viele junge Israelis nach dem Militär erst mal sich das Hirn mit Drogen durchpusten in Indien oder Südamerika. Woher willst du das wissen. Hab ich gelesen. Daß ein Krieg sogenannte unmenschliche Züge annimmt, ist in meinen Augen vollkommen normal, empörend ist, daß Krieg überhaupt als Mittel der Demokratisierung gebilligt wird, wer einen Krieg vom Zaun bricht oder sich in ihn hineinbegibt, begeht ein Unrecht nach dem anderen, da könnt ihr noch so viele Konventionen verabschieden, warum reden sie so selten von totaler weltweiter Abrüstung, kann mir das mal jemand sagen?

Weißt du, das Schlimmste zwischen den Menschen ist nicht die Gewalt, es ist die Verführung, eröffnet Ben die nächste Schlacht. Prompt stecken wir wieder mitten in den Toraprüchen der Woche. Die Moabiter schickten Mädchen, um das Volk Israel zu schwächen, um ihnen die Sinne zu verweichlichen, den Kampfgeist zu brechen. Das muß hingehauen haben, denn *Zehn Generationen müssen vergehen*, sprach Gott, sagt Ben, *ehe ein Moabiter Jude werden darf*, zehn. Bei den Ägyptern sind es bloß drei. Mir ist das neu mit den Moabitern, den Mädchen und diesen Jahreszahlen, die ganz nebenbei belegen, daß es grundsätzlich nicht unüblich war, jemanden in das Volk der Juden einzugemeinden. Erzählt er uns die uralte Geschichte, um ein für alle Mal unsere Zweifel an Claudias Muttermilch zu begraben. Die Mutter hört etwas anderes raus, Verführung, sie und ihre harmlosen Erpressungsversuche zum Deutschunterricht, als ob ihre Süßigkeiten mit den Mädchen der Moabiter mithalten könnten. Das kann höchstens Coca Cola, und Coca Cola ist sogar koscher. Vielleicht liest du einfach auch mal die Bibel, schlägt die Mutter mir vor, sie kennt sich aus, wer darin wann wem den Schädel eingeschlagen hat, das Land geraubt, wer mit wessen Frau Kinder gezeugt hat zum Fortbestand des Volkes.

Die ewige Versuchung, die Verführung des Menschen durch einen anderen ist schrecklicher als alle Gewalt, beharrt Ben, das bedeuten diese Zahlen drei und zehn, das wollen uns diese Worte sagen. Sag ich doch, Coca Cola. Und sehe Mädchen durch die Wüste tanzen, mit nichts als Staub bedeckt.

Plötzlich fällt mir ein, daß sich in unserer Hauptstadt um die Überreste der alten Synagoge in der Oranienburger der Straßenstrich als feste Größe etabliert hat, Frauen in sexy Sachen auf hohen Absätzen mit schier endlosen Beinen schlendern übers Trottoir, bis ein Auto hält mit einem eiligen Sünder, einem mutlosen Ehemann, ein paar neugierigen Touristen. Ausgerechnet hier, ob das auch passiert wäre, wenn das prunkvolle Gebäude ein Dom gewesen wäre und außer Betrieb, ob die Regierung das geduldet hätte. Seit wann konzentriert sich das Rotlicht an der Hauptschlagader des alten Jüdischen Viertels, sind dort vor einigen Jahrzehnten, vor Nationalsozialismus, Krieg, Sozialismus,

Kapitalismus, junge Männer in schwarzen Mänteln entlanggehuscht mit Kippas auf den gesenkten Häuptern, in der Hoffnung, daß ihnen die Schläfenlocken den Blick auf die Netzstrümpfe verdeckten und sie der Versuchung widerstanden.

Die Mutter erwähnt, apropos Gewalt, daß die Juden auch recht brutal gewesen seien, daß sie bei den Kanaanitern nicht gerade Gnade haben walten lassen, also friedliebend könne man das nicht nennen, das alte Testament strotze nur so von Grausamkeit. Ben nickt weihevoll, das alte Lied, immer wieder halte man das den Juden vor, dieses Kapitel ihrer Geschichte. Er antwortet mit absoluter Überzeugung, ja, das habe der Einzige befohlen, diese Völker haben vernichtet werden müssen, weil sie kein Recht kannten, es waren Gesetzlose. Ich lache schrill auf, die vögelten vermutlich ihre Tiere, die Frauen ihrer Väter, ihre Töchter, ihre Brüder und wuschen sich nicht mal die Hände, darum, und weil EL-ELOHIM sie nicht erwählt hatte, mußten sie dran glauben, heutzutage haben sie schlicht keine Ahnung von den Segnungen der Demokratie, das ist auch schon Grund genug. Was willst du damit sagen. Es kommt auf dasselbe raus, rede ich mich in Rage, so erklärt sich fast jeder Völkermord, ähnlichen Quatsch haben alle machtgierigen Männer, ihre Propagandaminister oder Außenministerinnen verbreitet, die Lust hatten, im Namen weltbewegender Ideen über Haufen von Leichen zu gehen, das sind verdammt riskante Thesen, bornierter Wahnsinn, mithilfe dessen wahre Interessen verbrämt werden, die zu wenige Soldaten hinterm Ofen rauslocken würden. Aber was reg ich mich auf, Menschen sind unvollkommen, warum sollte Gott perfekt sein. Ich wollte mich nicht aufregen, jetzt ist es doch passiert. Ich gehe in den Garten hinaus, um den Kopf zu kühlen.

Lieber Ewiger, diese Steintafeln, sag doch, deren Ritzen du deinem Liebling Mose eingehaucht haben sollst in deiner wandernden Wolke. Wir glauben, daß jedes Wort der Tora wahr und göttlich ist, beharrt Ben, als ich wieder drin bin, jeder Buchstabe heilig, sobald ein Buchstabe auch nur undeutlich geschrieben ist, ist die Rolle wertlos. Er muß es wissen. Der Auftrag für seine Torarolle ist geplatzt, erzählt Sara, der Käufer war ungeduldig geworden, dabei hat Ben schon mindestens die Hälfte fertig, und bezahlt war sie auch. Den Vorschuß will der Kunde nun zurück, einige Tausend Schekel. Das haben wir längst ausgegeben, lacht die Schwester auf ihre unvergleichliche Art. Im Kopf der Mutter beginnt es zu arbeiten, sie wird mit dem Vater telefonieren und etwas aushecken, einen zinslosen Kredit auf Raten zum Beispiel, damit die ganze Maloche nicht umsonst war und das Pergament nicht brachliegt, wenn die Rolle erst einmal fertig ist, wird sich schon ein Käufer finden.

Ich habe einen Kloß in der Brust. Nach den Verbalschlachten und dem Feiertag könnte ich einen Ferientag gebrauchen, nicht reden, nicht rechten, keine Fehltritte, nichts als ein paar Bahnen ziehen auf einer anonymen Fünfzigmeterbahn in einer Schwimmhalle voller Chlor und Pipi am Rand meiner Hauptstadt. Der Graben ist tiefer geworden, wenn sich schon Schwestern so wenig begreifen, wie sollen sich wildfremde Völker vertragen? Ben macht sich an die Arbeit, Stühle restaurieren für irgendwelche Nachbarn, die sich das leisten können, die dafür bar auf die Hand zahlen.

Gegen Mitternacht tauchen wir bei unseren Gastgebern auf, die erschöpfte Mutter mit ihren Tüten und ich mit Saras Tuch überm Kopf. Das Ehepaar sitzt am Küchentisch, die Waschbecken quellen über vom Geschirr der Feierlichkeiten, Kinder und Enkel sind abgefahren, weil sie morgen alle früh rausmüssen. Das Ehepaar bittet uns in die Küche, how was your Schabbat, did you enjoy it. Impressing, yes. Frau Freymann fallen lauter deutsche Wörter wieder ein, erzählt sie uns auf englisch, während sie uns Wasser eingießt und Salzbrezeln serviert, standhaft hatte sie sich gewehrt, deutsch zu sprechen, als sie klein war und die Eltern sich in dieser Sprache verständigten, aber jetzt, da wir zu Besuch seien, kämen die Wörter von selbst zu ihr zurück, Milch, Kuchen, Mehl, Ofen, danke sehr, die Gegenstände würden sie mit ihren deutschen Namen ansprechen, Schranktür, Fräulein, Salz, Boden, Wasser. Wir loben ihre natürliche Aussprache, die Mutter gibt Hebräischvokabeln zum besten, zur Überraschung der Gastgeber formt sie ganze Sätze. Interesting, finden die Gastgeber, was wir beruflich machen und machten, sie sind so selbstverständlich jüdisch, daß der Blick über den Tellerrand für sie keine Gefahr darstellt. Herr Freymann erzählt von seiner Zeit als Rabbiner beim Militär. Anarchy is bad, sagt er. Ja, das hab ich jetzt kapiert, orthodoxes Judentum heißt vor allem Tod der Anarchie. Bis in die Straßen von Damaskus habe er sehen können mit den exzellenten Armeefeldstechern, herrliche Aussicht von den Golanhöhen. Frau Freymann freut sich, als wir wissen, welche Feste als nächstes anstehen, Rosch-ha-Schana, wo jeder die Rechnung bekommt fürs vergangene Jahr, danach wird zehn Tage besonders gesetzestreu gelebt bis Jom Kippur, dem großen Versöhnungstag, kurz darauf Laubhüttenfest. Sie läuft in den nachtschwarzen Garten und bringt uns Natur zum Beschnuppern, ein Zweig duftet zitronig, lecker. Der Mensch bestehe schließlich nicht nur aus Geist, sondern auch aus dem Körper, darum erlebe er die Feierlichkeiten zu Gottes Ehren leibhaftig, und das liebe sie besonders am Judentum, für Kinder sei das sehr schön, dieses Einbeziehen alles Sinnlichen, den Himmel schauen durch das Laub, all das gehöre schließlich zu Seiner Schöpfung.

Sie haben es gut. Sie bekommen die Wände ihres Labyrinthes zu spüren, schwirrt mir nachts durch den Kopf, sie stoßen sich daran. Das Rätsel ist greifbar, jeden Tag zelebrieren sie es, wie sehr der Mensch auf der Suche nach dem richtigen Weg ist, wie sehr er im übrigen ein Mensch ist im Unterschied zum Esel oder Dornbusch oder Edelstein, während sie kollidieren mit ihren wegweisenden Gesetzen. Statt sich wie ich Goj am Vakuum aufzureiben.

Tags drauf hat die Mutter den Wäscheberg bewältigt, sämtliche Socken gestopft, alle abgerissenen Knöpfe angenäht, kleine Risse ausgebessert, Lob verdient. Die restliche Näharbeit erledigt Sara mit der Maschine, während die Mutter sich über die Fotoalben der Kinder hermacht und ich unter strenger Aufsicht der Schwester die Intarsien für ihre Batej Mesusot aus hauchfeinem Holzfurnier ausschneide. Sara und Ben betreiben nebenbei eine häusliche Mesusa-Manufaktur, wir basteln an besenstieldicken, hohlen Kapseln für den Segensspruch, den Fromme nach Einzug in ein neues Heim an allen rechten Türpfosten anbringen, um vor der Sünde bewahrt zu werden. Neulich hatte ein Kunde aus Amerika achtzig Mesusot für seine Villa am Meer geordert, stell dir vor, wie viele Türen die da haben, lacht die Schwester, und ich male mir aus, wie beschäftigt er ist mit Mesusa-Berühren, Segensspruchmurmeln und Handrückenküssen, wenn er sein Heim durchquert, wie wenig Zeit ihm da bleibt für die Sünde.

Ben ist mittags zum Reservedienst losgezogen, nachdem er lange gezögert hat, ob er das mit sich und der Situation in Gaza vereinbaren kann, sein Vorgesetzter schimpfte, warum sagst du das erst jetzt, wir warten hier auf dich, du kommst für die Nachtübung, und morgen haust du wieder ab. Ich kann mir Ben nicht mehr vorstellen in Armeeklamotten, wie er mit den Kameraden nachts durch die Wüste robbt, wie kriegt er das alles unter einen Hut, Gott, Gebete, Meditation, Kinder, Ehe, den Gänsekiel, das Holz und die Kanonen. Michal hat ihre Hausaufgaben fertig und hilft Fotos einkleben. Der deutschen Verwandtschaft und Hugos schöner Braut hat die Mutter mit wasserfestem Filzstift lange Ärmel und hochgeschlossene Dekolletés angedichtet.

Elieser lädt mich zum Pfeilschießen mit seinem selbstgeschnitzten Flitzebogen ein, vor dem Garten auf dem Sandweg, Schimon und Mosche folgen uns selbstverständlich. Wir erklären einen ausgedienten Autoreifen zur Zielscheibe, ich jubele mit gedämpfter Stimme *joffi, gut*, wenn Elieser in die Mitte trifft, *ach fast*, wenn wir daneben schießen, Mosche plärrt *Jawoll*, als mein Pfeil durchs Ziel flitzt. Ein hübscher Nachbarsjunge mit melancholischen Brauen beäugt mich mißtrauisch, bevor er sich nähert, um Elieser und Michal zu erkären, daß er gerade einen Stein nach dem Araber da drüben geworfen und ihn getroffen hat, der ist jetzt tot. Ich bin entsetzt, als Elieser mir den Hergang bruchstückhaft übersetzt. Elieser wirft lachend den Kopf zurück, der macht Quatsch. Achso. Quatsch ist das. Nichts liegt näher, als den Autoreifen aus Spaß zum feindlichen Araber zu erklären, ich kann mich grade noch beherrschen. Wie schnell hier Ernst wird aus harmlosen Spielen. Wie wenig ich mitreden kann und dagegen ausrichten.

Auch Sara will den Flitzebogen ausprobieren. Sie stellt sich im Ausfallschritt auf und setzt den Bogen an, für einen Augenblick scheint sie ihre orthodoxen Verhaltensregeln zu vergessen, die Buben kichern verschämt zu den Nachbarfenstern rauf. Sara schießt weit übers Ziel hinaus. Jawoll Ima, brüllt Mosche, und wir Schwestern grinsen uns an. Wie dem kleinen Rabauken erläutern, daß sich ein deutsches Jawoll nicht schickt in einer jüdischen Siedlung. Elieser macht seiner Ima Zeichen, daß ihr hinter dem Ohr eine Strähne aus der Kopfbedeckung gerutscht ist. Unheimlich, sein erwachsener Ernst. Später wälzen wir die frisch gebastelten Fotoalben. Da guck, ruft der Zweitälteste, da ist der Elieser in Berlin.

Die Hand vom Kind

Ein einziges Mal war mich die Schwester mit dem Auto der Eltern, ein paar Schüsseln vorgekochten Essens und dem knapp einjährigen Sohn in Berlin besuchen gekommen. Sie hatte sich mit ihrer Kopfbedeckung gefürchtet, im Osten waren jüdische Friedhöfe geschändet und Asylantenheime angezündet worden, seltsam, mit der Schwester und solchen Bedenken durch meine Stadt zu spazieren.

Der Neffe kundschaftete auf allen vieren meine Wohnung aus und war zum Fressen, wir besuchten das jüdische Restaurant neben der Synagoge, dessen Speisekarte die Schwester argwöhnisch beäugte, ich hatte einen Topf gekauft und einen Satz Plastikbesteck, damit sie ihr Mitgebrachtes aufwärmen konnte. Sara erzählte von der Mutter, die ihre Küche für den zweiwöchigen Besuch der Großen mit Hilfe von Frau Niederländer komplett umgekrempelt hatte. Sie hatten den Kühlschrank und die gigantische Gefriertruhe im Keller ausgeräumt, beides mit scharfen Sachen geschrubbt und gewischt, jeweils ein Fach für Gemüse, ein Fach für Mutters Eis- und Kuchenvorräte, ein Fach für Wurst, Schweineschnitzel, Pastetchenfüllung reserviert, Frau Niederländer hatte sich bereit erklärt, die Fischfilets bei sich Zuhause kühl zu lagern, da die Mutter sich bei Schuppentieren unsicher war. Der Vater hatte mit seinem Hang zur Übertreibung gleich zwei Garnituren Geschirr aus Glas angeschafft, weiß für

Milch, blauweiß für Fleisch, die sich bis auf den letzten Krümel reinigen ließen, anders als Steingut, wo sich in Rissen und Unebenheiten Essensreste verhakten. Die Frauen hatten die Arbeitsflächen rund ums Waschbecken mit Alufolie ausgelegt, Käse- und Fleischmesserchen beschriftet, damit keine Mißverständnisse aufkamen, wobei die Schnittkante des Klebstreifens auch wiederum einen Risikofaktor in Sachen *koscher* darstellte, wie Sara lachend berichtete. Die Mutter hatte ihrer Tochter erlaubt, diverse Kochtöpfe in den braunen Fluß der Kreisstadt zu tunken, um sie rituell zu reinigen, der Vater hatte die Gelegenheit genutzt, das zerschlissene Wachstischtuch zu entsorgen.

Ich dagegen hatte versehentlich Leberwurst mit einem von Claudias Plastik-milchig-Löffeln aus der Haut gekratzt. Und da ich so in Eile gewesen war, hatte ich den Löffel anschließend kurz entschlossen nur sehr kurz unter sehr heißes Wasser gehalten, statt ihn abzukochen undsoweiter, die Zeit hatte ich nicht gehabt, ich hatte den Löffel zurück in den Becher mit Saras koscherem Milchbesteck gesteckt und mir gedacht, was sie nicht weiß, macht sie nicht heiß, und daß davon die Welt vermutlich nicht untergehen würde. Und tatsächlich war die Welt bis heute davon nicht untergegangen. Aber jedesmal, wenn Sara einen ihrer Löffel benutzte, ihn ableckte, ihren Kleinen damit fütterte, hatte es mir im Nacken gekribbelt, eine Gänsehaut hatte sich von dort bis zu den Ellbogen ausgebreitet, und ich hatte mir geschworen, daß es nie wieder vorkommen würde.

Wann wir heiraten wollten, fragte die Schwester den Mann vom Mond und mich. Da lachten wir. Inzwischen studierte Paul in den Staaten und machte einer amerikanischen Jüdin den Hof, ausgerechnet einer Jüdin. Er sei übrigens auch zu einem Sechzehntel Jude, prahlte der Mann vom Mond, der in Wirklichkeit zur Hälfte Sizilianer war. Der Jüngste ging seit eineinhalb Jahren mit einer deutschen Türkin, die ihm das Herz brach, da sie ihren Cousin heiraten mußte.

Wir führten in der Hochschule »Kabale und Liebe« auf und probten »Engel in Amerika«. Ich sollte für den Monolog des alten Rabbi einen Buckel vortäuschen, eine grotesk dicke Brille tragen, schwarzen Hut und Mantel, ich sollte an den Händen zittern, den Oberkörper wiegen, mit dem Kopf wackeln, aus dem vorgeschobenen Unterkiefer sabbern und mit brüchiger Stimme jiddisch sprechen zur Beerdigung des an Aids erkrankten Geliebten des schwulen Protagonisten. Die Proben waren eine Qual, da unsere Dozentin uns alles vorspielte. Ihr Rabbi war eine lustige Nummer, sie wackelte auch bei den anderen Figuren mit dem Kopf, ihr Kopf gehorchte ihr nicht mehr, ich war fast erleichtert, als sie die Proben wegen Unpäßlichkeit, die wir als Alkoholentgiftung interpretierten, unterbrechen mußte. Rabbi Braun hatte weder einen Hut getragen noch einen Mantel, er hatte nicht gesabbert und ganz normales Deutsch gesprochen, er hatte keine lächerliche Brille getragen und aus schielenden Augen listige Blicke in Richtung Zuhörerschaft geworfen.

Nach dem zweiten Jahr Schauspielschule wollte ich in die Sonne statt ins Krankenhaus, ich komme dich besuchen, Schwesterherz, in eurem Dorf am Fluß. Oh ja, Kleines, dann kannst du mir helfen im Haushalt, ich bin nämlich wieder schwanger im soundsovielten Monat. Ich kann dir nicht helfen, ich bin ziemlich krank. Macht nichts, komm, wir freuen uns, der Elieser ist ganz wild nach dir. Ich war nur noch ein Strich in der Landschaft grauer Häuserfronten.

Am Flughafen die bekannte Prozedur, nein, ich möchte nicht nach Bethlehem, in Bens Klapperkiste von Tel Aviv zum israelisch-arabisch-deutschen Dorf, in dem Ben aufgewachsen war, ich bekam die Pritsche im Wohnzimmer, der Zitronenbaum in ihrem Garten trug dicke Dinger, morgens stand mein Neffe blondgelockt vor der Matratze und zeigte mir Knetmasse in vielen Farben und fragte nach Kaugummi und zerrte am Laken, damit ich aufstand und mit ihm in den Garten lief. Die Schwester war zum Walroß geworden, sie watschelte schwerfällig durch ihren Haushalt von einem Kühlschrank zum anderen und hielt sich den Rücken. Ich konnte nicht rumliegen und Schnecken kneten, erklärte mich bereit zum Gemüsewaschen, Tischdecken, Kind baden, Geschirrspülen, Wäsche aufhängen, Kind föhnen, Frühstück machen, neue Wäsche aufhängen, Kind ausziehen, Kind anziehen, Kind Fahrradfahren beibringen, mit Kind zum Minimarkt laufen, Zwiebeln kaufen und koscheren Kaugummi fürs Kind, Kind aus deutschen Bilderbüchern vorlesen, immer wieder ein und dieselbe langweilige Geschichte von einer Bärenfamilie, die schlafen geht, in die das Kind vernarrt war, die es mehrmals direkt hintereinander hören mochte, die Ziegen nachahmen mit Kind, die Hand vom Kind in meiner Hand spazierenführen, die großen schrägen Augen vom Kind betrachten, das nackte Kind im Planschbecken ärgern, mit dem Kind und einem arabischen Nachbarsjungen das Brot ausfahren in die Nachbardörfer, das Kind auf den Schultern durch die sandigen Straßen tragen, mit dem Kind neue Melodien erfinden, Tisch im Gemeindehaus decken, dem Kind die Haare kämmen. Meine Dusche parterre wurde nur von schwarzen Skorpionen mitbenutzt, das Wasser war reichlich, Ben wirkte zufrieden, entspannt, brachte mir Sympathie entgegen in seinen Mittagspausen, erzählte mir von seinem Land, von seiner Arbeit, von der Kaballa, Mystik, Magie, Geheimlehre, daß er lieber meditiere als zu arbeiten. Er trank türkischen Kaffee mit mir, witzelte über seine Frau, der der Haushalt über den Kopf und den Bauch wuchs, rauchte Zigaretten mit mir, stritt mit mir über schwule Männer, daß die innerhalb der Schöpfung nicht vorgesehen waren.

Was aber, wenn einer deiner vielen zukünftigen Söhne Israels deinem lieben Gott aus der Reihe tanzt, willst du den dann verstoßen, fragte ich. Das wird nicht geschehen, wenn wir sie richtig erziehen, kann das nicht passieren, diese Abarten wachsen nur in einer kranken Gesellschaft, in der alles erlaubt ist und jeder denkt, er muß möglichst viel haben und erreichen und ausleben. Du meinst, die Welt, in der ich lebe. Nicht direkt du. Mann und Frau sollen sich fortpflanzen, das steht geschrieben, mehret euch, es liegt auf der Hand, meinst du etwa, die Geschlechtsorgane wurden zum Vergnügen erfunden. Aber wozu wurde das Vergnügen erfunden?

Den Palästinensern geht es nirgends so gut wie in Israel, verkündete die Schwester, ich weiß nicht, worüber sie sich beklagen, sie bekommen von uns alles, was sie brauchen. Wie sie redete. Ähnliche Sprüche hatten die Buren in Südafrika geklopft. Wenn du erst einmal hier lebst, mußt du dich entscheiden, du kannst nicht neutral bleiben, erklärte Ben mit zusammengekniffenen Augen. Du kannst es dir nicht leisten, für dich vor dich hin zu leben wie in Deutschland, du mußt deine Familie schützen, du mußt dein Land verteidigen, du willst deinem Gott dienen. Ich erschauderte über den Pioniergeist der Schwester, wie stolz sie einherschritt auf dem sandigen Boden mit ihrem aufgeblasenen Mutterkörper, wie vehement sie auf den Gemüsehändler einredete, wenn ihr etwas überteuert erschien, wie sie sich mit Wildfremden unterhalten konnte über Brot oder das Wetter, wie sicher sie ein abgelegenes Uferstück am Fluß auftrieb, wo wir unbeobachtet baden konnten, der kleine Blondgelockte mit seinem Schwimmreifen, die Schwester in knielangen Shorts und Elefanten-T-Shirt, unter dem sie Bauch und

Busen verbarg, ich im Bikini. Sie fühlte sich offensichtlich zu Hause.

Als ich zurückkam ins Waldland, hatte ich Magenschleimhautentzündung, obwohl die ganze Zeit die Sonne geschienen hatte. Ich redete mir ein, daß ich zu viele Avocados mit Olivenöl gegessen hatte und viel zu viele Zitrusfrüchte, aber es waren eher die inneren Zwiespälte, die an mir nagten, offene Fragen, mit denen ich die Schwester nicht hatte belasten wollen.

Trotzdem fuhr ich eineinhalb Jahre später wieder hin, diesmal mit Mann vom Mond und mitten im August. Ich stand kurz vor den Diplomprüfungen, die mir nicht viel bedeuteten, ich brauchte ein Erstengagement, um krankenversichert zu bleiben, zwei Jahre Stadttheater war der Plan, danach irrsinnig freies Theater direkt am Puls der Hauptstadt.

Wir mußten uns die Pritsche im Wohnzimmer der Schwester teilen, der Sommer war schwül, den Neffen wurde heiß in ihren Betten, wir fanden sie morgens auf den kühlen Steinfliesen. Elieser hatte mich wiedererkannt, sein kleiner Bruder vernarrte sich in den Mann vom Mond, wir nahmen die alten Spiele auf, erfanden neue dazu, halfen der Schwester Reinemachen in jüdischen Ferienwohnungen am See Genezareth, fanden auf der Spiegelkommode benützte Schlüpfer, mit denen wir zu Saras Empörung die gerahmten Fotografien im Schlafzimmer abstaubten, barbusige, blonde Mädchen in Schwarzweiß. Was wird sich der liebe Gott dabei gedacht haben, eine ehemals christliche Deutsche, die Architektur hatte studieren wollen, mit kurzhosiger Schwester und deren nihilistischem Geliebten Urlaubsdomizile steinreicher Juden am See Genezareth putzen zu lassen, in denen Softpornografie an den Wänden hing.

Nächstes Wochenende fahren wir nach Jerusalem in die Wohnung von den Mendelsohns, verkündete die Schwester. Zwischen ihrem Dorf am Fluß und Jerusalem lag die Westbank. Araber in der Westbank empfanden Autos mit israelischen Kennzeichen auf ihrem Terrain als Provokation, hatte der Mann vom Mond in seinem alternativen Reiseführer gelesen. Wir bestanden darauf, außen herum zu fahren, oder wir bleiben halt hier, kein Problem. Quatsch, ihr kommt mit, Kleines. Außen herum bedeutete fünfzig Kilometer mehr, eine halbe Stunde Umweg, wir wollten niemanden verletzen oder Steine an die Birne kriegen. Die Schwester lachte mitleidig, als wir sie von der Kinderkrippe abholten, wo sie ebenfalls etwas dazuverdiente, also gut, wenn ihr darauf besteht. Ich war mir nicht sicher, ob sie mit Ben überhaupt über den Umweg gesprochen hatte. Ben nahm jedenfalls den kürzesten Weg mitten durch die besetzte Zone. Als wir es merkten, war es zu spät. Die Neffen tobten fröhlich durchs Heck. Ben war todmüde, darum die Abkürzung. Es war nicht daran zu denken, auszusteigen und entlang des gesicherten Zauns zurückzumarschieren, mitten durch die rabenschwarze Nacht an den Zeltlagern gekränkter Palästinenser vorbei. Bei einem Schlagloch klappte das Handschuhfach auf, ein Revolver purzelte auf meinen Schoß. Hinten sang Elieser unser neues Lied, *a kiss is just a kiss* auf neineinei, die Schwester schrie, er solle still sein, Ben nahm mir den Revolver ab, klemmte ihn in seinen Hosenbund und knallte das Handschuhfach zu, daß der Neffe vor Schreck verstummte. Der Mondmann schwieg eisig. Ich sah einen entgegenkommenden Wagen auf uns zufahren, war mir sicher, daß Ben die falsche Spur benutzte, die Gegenspur, sonst war niemand unterwegs auf der Strecke, Wüstensand hatte die Straßenmarkierung verweht, wenn überhaupt jemals ein Mittelstreifen existiert hatte. Ich fühlte den Zusammenstoß kommen und konnte nichts sagen, die Scheinwerfer blendeten auf, alles in Weiß, schön, dachte ich, kurz vor dem Aufprall riß Ben das Steuer herum, wir schleuderten seitlich die Böschung hinauf und blieben quer am Hang stehen. Versteinert. Ich drehte mich nach dem anderen Wagen um, wie dessen rote Lichter durch die Nacht schlingerten, bis er seine Piste wiedergefunden hatte, verirrte Tieraugen. Die Schwester heulte auf und befühlte den Kopf des großen Kleinen, der brav die Fragen seiner Ima beantwortete, ob alles in Ordnung war, ob sie sich weh getan hatten, nahm ich an, ken, ja, lo, nein. Ben preßte auf deutsch eine Entschuldigung hervor, er sei sehr müde, habe den anderen zu spät bemerkt. Wortkarg erreichten wir die Heilige Stadt, machten die Betten in der fremden Wohnung, Jerusalem war kühler als das Dorf am Fluß, ich verkroch mich vor dem kommenden Tag, an dem der Mann vom Mond kein Wort mit dem Mann der Schwester wechselte.

Elieser nahm mich an der Hand, um mir den Weg zum Spielplatz zu zeigen. Auf der Straße lag eine tote Katze. Hand in Hand gingen wir das Tier betrachten, eine ihrer Augenhöhlen war halbleer. Der Neffe sagte *kaputt*, ich antwortete, ja, die Katze ist tot, ihr Katzenkörper würde voraussichtlich nie wieder durch nachbarliche Gärten streifen. Der Kleine zog mich weiter zum Supermarkt.

Der Mondmann wollte die heilige Innenstadt sehen, wir nahmen den Bus und kauften einen Stadtplan, drinnen war die Hölle los, die Soldaten mit großen Waffen und jungen, ernsten Gesichtern. Die Klagemauer war nicht mehr gesperrt, sondern ein Schauplatz voller Schaulustiger. Auf dem Weg zum anderen Ende der Innenstadt kam uns fröhlich singend eine zionistische Jugendvereinigung entgegen, wir machten kehrt, um nicht zerquetscht zu werden, liefen stillen Mönchen in die Arme, in braunen Kutten mit Kordeln um dem Bauch, wir machten eine Vierteldrehung und rannten in eine spontane palästinensische Befreiungsdemonstration, dann in eine japanische Schulklasse auf Exkursion, dann in einen Haufen italienischer Katholikinnen, die eine mumifizierte Windel schwenkten, dann in eine Gruppe orthodoxer Juden, die uns keines Blickes würdigten, dann in eine Horde Zebras, die dem städtischen Zoo entlaufen waren, dann in ein deutsches Fernsehteam, das den arabischen Basar für eine luxemburgisch-belgisch-französisch-deutsch-tschechische Koproduktion aufnahm, dann in ein Mütterchen, das sich verlaufen hatte und seinen Vater, seinen Mann, seinen Sohn, seinen Enkel und seinen dicken Bürgermeister im Yomkippurkrieg verloren hatte und seine Cousine zweiten Grades in Treblinka, dann in einen Laden, in dem es alle Weltreligionen zu kaufen gab, dann in eine Prozession Gläubiger, die sich die nackten Rücken peitschten und mea culpa in den jerusalemischen Himmel schrien, dann zum Bus, der uns verpaßt hatte, dann zu Fuß nach Hause über sieben Hügel.

Auf der letzten Bergkuppe schauten wir uns um, die Abendsonne ließ die goldene Eichel des Felsendoms zwischen den Dächern hervorstrahlen, von fern waren nicht mal die Schreie der Mea-culpa-Anhänger zu hören, es gab Vögel, ein paar bewässerte Sträucher und Eliesers Spielplatz, auf dem wir uns nachjagten. In der Wohnung wartete der große Neffe ungeduldig auf meine Rückkehr, er nahm mich sofort bei der Hand, und wir liefen wieder zu der Stelle, wo die tote Katze gelegen hatte. Sie lag immer noch da. Diesmal sagte Elieser *Tote Katze*. Wir betrachteten sie eine Weile. Das Auge war nun völlig aus der Höhle verschwunden und hatte ein dunkles Loch hinterlassen, in dem sich Ameisen tummelten. Es war nicht auszumachen, ob die Katze auch uns beobachtete. Elieser stellte allerhand Fragen ohne viele Wörter, wer wie was, wieso weshalb warum, und ich dachte mir Antworten aus, außerdem hatten wir frische Kaugummis zu besorgen und Pläne zu schmieden für nach dem Abendessen. Der Mann vom Mond hatte geduscht, als wir zurückkamen, er sagte, ihn hätten noch nie so viele Menschen berührt wie an diesem Tag, überall an seinem Körper seien noch ihre Fingerabdrücke. Elieser wollte die Fingerabdrücke sehen. Also bestreuten wir den Körper des Geliebten mit Mehl und pusteten es in die Laken, wo es unsichtbar im Weiß verschwand. Die Fingerabdrücke waren auch unsichtbar geworden, über Nacht machten wir neue, der Geliebte und ich. Auf dem Rückweg nahmen wir den Umweg um die Westbank herum durch Israel. Was möchtet ihr noch sehen, fragte die Schwester, um von der schlechten Laune ihres Mannes abzulenken. Schnee, brüllte der Neffe, und sein kleiner Bruder imitierte ihn begeistert, Nee, Nee.

Nachdem ich jahrelang an der Kruste seines Planeten gekratzt hatte, trennte sich der Geliebte urplötzlich von mir wegen einer melancholischen Brünetten, die angeblich besser zu ihm paßte. Seine Erklärungen über Telefondraht quer durch Deutschland klangen so weit hergeholt, daß ich in meiner frisch renovierten Wohnung die Buchse aus der Wand riß und für mich allein weitertobte, weinte und viele Zigaretten rauchte, morgens gegen elf die ersten, obwohl das meinem Verdauungstrakt überhaupt nicht bekam. Die Proben für Don Carlos hatten begonnen, willkommene Ablenkung, ich war die Königin und verzauberte die Probebühne mit Durchlässigkeit, Charme, Temperament undsoweiter, der Regisseur trug mich als rohen Diamanten auf Händen, der Hauptdarsteller verknallte sich Hals über Kopf, das Leben nach der Katastrophe fing von vorne an. Ich war für zwei Jahre am Theater in der alten Heimat gelandet, war bei der pfiffigen Großmutter ins Erdgeschoß gezogen, hatte den verrosteten VW-Kombi der Eltern geerbt und barst vor Aufbruchstimmung. Statt mich auf die Endproben auf der großen Bühne zu konzentrieren, mich mit Kostüm und Perücke anzufreunden, in denen sich der Wildfang von Königin kaum bewegen konnte, stürzte ich mich ins erotische Abenteuer mit Don Carlos. Nachts mit offenem Dach durch die Apfelalleen im Umland rauschen, die neue Freiheit war vollkommen. Die Premiere wurde, was meine Person anging, ein Desaster, von dem der Intendant noch Jahre später mit Ehrfurcht sprechen würde, die Zeitung zerriß mich, ich zerriß die Zeitung, die Eltern waren trotzdem stolz.

Mir war alles schnuppe, ich hatte nie eine Karriere am Staatstheater geplant, enthusiastisch gab ich mich meinen Aufgaben als Geliebte und Ensemblesprecherin hin, ging dem Intendanten als Anarchistin aus Berlin auf die Nerven, verpulverte Energie für die Organisation politischer Diskussionen, die Kollegen schlossen mich ins Herz, die Regisseure wußten mich nicht zu handhaben, ich war zu unberechenbar und eigensinnig. Einem gefiel genau das, er war in die Provinz gereist, den Vogelhändler zu inszenieren, der Ruf des Platzhirschen war ihm vorausgeeilt. Ich hatte die Nase voll vom Naschen und Vernaschtwerden, doch das Schicksal wollte, daß der Platzhirsch mich nebst liebgewonnener Kollegin auf seinen Speiseplan setzte, und zwar inklusive Nachtisch, daß ich Fieber bekam, als er mich zum Essen einlud, das Schicksal wollte, daß ich in der Sommerpause für Filmproben nach Berlin mußte, daß er seine breite Matratze anbot, und als ich nach getaner Arbeit aufbrach, um ihm vom Tellerrand zu springen und Pauls Hochzeit in New York zu feiern, da sagte der Platzhirsch, take care, ab jetzt hast du einen Freund.

Der große Bruder war zärtlicher geworden, ob es an der Entfernung zum Elternhaus lag oder an der fabelhaften Frau, die er in einer Woche heiraten würde, Paul begrüßte seine Rasselbande mit Wärme, stopfte uns in sein enttäuschend unamerikanisches Auto und fuhr uns vom Kennedy Airport über sagenhafte Brücken und Schleichwege, auf die er sich sonstwas einbildete, zur Upper West side, wo wir in der Wohnung seiner zukünftigen Schwiegereltern Zwischenlager aufschlugen. Die Zimmer waren dunkel, obwohl das Appartment im fünften Stock lag, die Klimaanlage brummte, wir entdeckten Feuerleitern aus Hollywoodklassikern, von denen aus die dicke Katze unserer Gastgeber ihre Streifzüge unternahm. Die neuen Schwiegereltern, die wir erst in ein paar Tagen kennenlernen würden, waren echte Juden von Natur aus ohne wenn und aber. Die beste Freundin hatte mich ausgelacht, als ich von Pauls Verlobung berichtet hatte, was, willst du mich verarschen, der heiratet auch eine Jüdin, was habt ihr denn für Versöhnungsgene in der Familie, läßt der sich jetzt auch beschneiden oder was.

Die zweite Ladung Mischpoke aus Zion traf noch am selben Abend ein, großes Hallo und Schalom, wir teilten die Dreizimmerwohnung durch zehn, Sara, Ben und ihre bis dato drei Kinder im ehemaligen Töchtertrakt mit eigenem Bad, die Eltern im Elternschlafzimmer, Hugo und ich und die Katze auf den Sofas im Wohnzimmer. Die Eltern wollten Wiedervereinigung feiern, solange sie alle Kinder und Enkel auf einem Haufen hatten, uns für ein paar Stunden für sich behalten, bevor wir einer nach dem anderen ausschwirren würden, die Großstadt unter die Lupe zu nehmen. Der Abend startete mit einem saftigen Krach zwischen Vater und Mutter, in den sich ungefähr alle einmischten, ob wir Deutsche und orthodoxe Deutsch-Israelis und der Deutsch-Amerikaner die säkulare New Yorker Küche unserer jüdischen Gastgeber polnischer Abstammung für die Woche unseres Aufenthaltes koschern sollten und durften, oder, wie der Vater es sich wünschte, jeweils in einem der vielen koscheren Läden am Broadway Fertiggerichte bestellen oder einfach gleich orthodox essen gehen, was die Eltern, die wir alle umgehend als unsere Brotgeber akzeptiert hatten, bei so vielen Mäulern erheblich kostspieliger käme. Schließlich starteten wir vor lauter Hunger mit einer improvisierten Mahlzeit aus Obst plus Saras Reiseproviantresten auf Mutters Taschentüchern um den großen dunklen Eßtisch, ein vertrautes Möbelstück, wie die restliche Wohnung der baldigen Verwandten seltsam europäisch, bürgerlich.

Am nächsten Morgen vertrieben zwei quietschfidele Neffen die Katze aus dem Wohnzimmer, Kommugo, kommdersdin, komm, Zärtlichkeiten, Kissenschlachten, Krümelfrühstück über Mutters Taschentüchern, der Vater hatte Blaubeerbagels besorgt. Später bekamen die Neffen koscheres Kaugummi, Hugo führte sie aufs World Trade Dach, wir spielten Eisenbahn und Zoowärter bei den Eichhörnchen am Riverside Drive, Ben checkte die nahe liegenden Synagogen, Sara das Überangebot an koscheren Lebensmitteln, ich borgte mit dem Vater Fahrräder, auf denen wir durch die Straßenschluchten jagten, der Himmel war von morgens bis abends blau und klebte als zweite Haut auf unbedeckten Körperteilen. Wir schleppten uns durchs Jüdische Museum, wo sie wieder auf der Geschichte des einzigartigen Volkes herumritten, wie incredible unbezwingbar es sich erhalten hatte allen Anfeindungen zum Trotz. Paul kam vorbei, machte uns mit seiner Braut, Sushi und dem New Yorker Nachtleben bekannt, Brooklyn Bridge, Battery Park, Greenwich Village, New York war bigger than life.

Kurz vor der Hochzeit quetschten wir uns in zwei Autos und wurden ein paar hundert Kilometer nach Norden in die Hügel chauffiert. Paul, der jetzt Pol hieß, führte noch während der Fahrt vor, wie humorvoll und somit eines derart geistreichen Schwiegersohns würdig der Brautvater war, ein schlanker Marathonläufer mit prominenter Nase, den wir von seinem Institut abholten, seine lustigen Augen, sein hinreißendes Lächeln. Er schmunzelte über Pols Hitlerspäße und gab ihm Saures zurück. Komisch, dachte ich, ich soll mich auf den New Yorker Straßen laut Anweisung der Brüder nicht als überdrehte Deutsche outen, und der Große mit seiner Alphatierstatur reißt hier auf dem Beifahrersitz Jokes über den Erfinder des Holocaust, der hat Nerven, gut möglich, daß einige Verwandte seiner zukünftigen Schwiegermutter von Adolfs Handlangern in Polen vergast worden waren.

Schon am Polterabend ging es los, daß alles great war, wonderful, so sweet, fantastic, delicious, beautiful, gorgeous, keiner merkte, daß ich mir die weißen Sommerhosen vollgemacht hatte. Für die Nacht war ein Schloßhotel reserviert worden, die Brauteltern ließen es krachen. In der Früh stellten wir die Hochzeitszeremonie durch, der Brautvater führt die Braut die Treppe hinunter, die engste Familie rahmt das glückliche Paar, ein berühmter Onkel von hundertzwölf Jahren spielt ein Adagio auf der Geige, ich lese mit der Brautschwester Dylan Thomas und Hermann Hesse auf englisch und deutsch, der Friedensrichter sagt ein paar besonders persönliche Worte, Tausch der Ringe unter dem Tor aus Rosen, Kuß, alles klatscht, wieder Violine. Nach und nach trafen die Gäste ein, die hübschen New Yorker Freundinnen der Braut, die dem Vater den Kopf verdrehen würden, die schüchternen Kollegen aus Pols Firma, jüdische Verwandtschaft, amerikanische Bekanntschaft, die Braut weinte klassisch beim Einkleiden, ihre Schwester versteckte die frischen Tattoos unter einer mintgrünen Stola, der uralte Jude stimmte seine Geige.

Jetzt trudelte auch Sara mit ihrem orthodoxen Clan ein. Man hatte im Nachbarort nah einer winzigen Synagoge eine Gästewohnung aufgetrieben, damit Ben am Schabbat mit neun anderen beten konnte, ohne viele Schritte zu machen, so wie es das Gesetz von einem Frommen verlangte, man hatte der fünfköpfigen Familie extra koscheres Essen fürs Festgelage geordert, einen separaten Tisch. Zwischen den ausgelassen feiernden Großstädtern wirkten Saras blonde Buben mit ihren Kippas wie verkleidete Schweden, die den Säkularisierten vorlebten, daß ein Jude kein mit Käse überbackenes Kalbfleisch essen durfte, du sollst das Lamm nicht in der Milch der Mutter futtern. Ob sich die Schwester der grotesken Situation bewußt war mit ihrer deutschen Erscheinung unter dem Hut, mit ihren süßen arisch-jüdischen Zwergen zwischen diesen sophisticated people, denen man ihre jüdische Abstammung ansah, auch wenn sie darauf gar keinen Wert legten. Was ging in den amerikanischen Köpfen vor sich, wenn ihnen unsere selbstgemachten Judenisraelis ins Auge fielen. Ich spürte leichtes Befremden bei der Brautschwester, die für die Hochzeit ihr Haar platin gefärbt hatte, die als social lawyer arbeitete, die Israels Palästinenserpolitik und Amerikas Israelpolitik kritisch betrachtete und somit auch den Weg von Ben und Sara, die Angst vor einem einst faschistischen Deutschland hatte und trotzdem zu Besuch nach Berlin kommen würde. Was mochten ihre Eltern gedacht und gefühlt haben, und die Großeltern, die wenigen, die noch am Leben waren, all die Menschen mit ihren Geschichten auf dem Buckel, all diese weltgewandten Juden, die ihren Rabbi nicht fragten, ob sie eine Reise antreten durften oder nicht.

Nach dem opulenten Mahl wurde die Mischfamilie auf Fotos verewigt, überall fläzten Grüppchen angeheitert in Korbstühlen, ich zog die Riemchensandalen aus und schnappte mir Hugo und die Neffen zum Fußballspielen auf der Wiese. Der

Geiger schlug den Neffen vor, es uns gleichzutun wegen der Hitze, get out of your shoes, kids. Doch die Kinder schüttelten ernst den Kopf, wir durfen nicht Schuh aus. They are not allowed you know, warum dürfen kleine jüdische Jungen nicht zum Fußballspielen mit Onkel und Tante ihre Schuhe und Strümpfe ausziehen. Als uns die Puste ausging, kreuzte eine dicke graue Katze den Rasen, Elieser zeigte mit dem Finger auf sie und rief Totekatze. Wir rannten dem Tier hinterher, und ich sagte, Quatsch, das ist eine andere, die hier lebt noch, und hätte gerne erzählt, wie ich die tote Katze damals von Jerusalem in einem Geheimkoffer per Flugzeug mit nach Berlin genommen hatte, ihr ein Ersatzauge aus einem Flummi eingesetzt hatte und sie hatte konservieren lassen, damit sie in Soap Operas Nebenrollen spielen konnte. Leider fehlten uns die Vokabeln, die Geschichte endete ohnehin nicht ganz koscher. *(Die Katze hatte gegen Kost und Logis gearbeitet, mit dem Alter war sie zickig geworden, mit dem Bekanntheitsgrad war ihre Gage gestiegen, schließlich war sie zur begehrtesten Nebendarstellerin des deutschen Filmes avanciert, der unter anderem durch sie eine schrille Blüte erleben durfte, sogar über Europa hinaus. Vor zwei Wochen war sie überraschend verunglückt, in vier Tagen sollte ihre Beerdigung sein, ganz Berlin war bereits auf den Beinen, es gab etliche Gedenkfeiern, Revivalparties und Veranstaltungen, die auch stattgefunden hätten, wenn die Katze nicht gestorben wäre. Besondere Ehrfurcht hatte das alte Luder seinen Fans durch die Umstände seines Verscheidens eingeflößt. Die Katze, die sich für die Filmbranche den Künstlernamen Samson zugelegt hatte, obgleich alle Welt wußte, daß sie weiblich war und schwach, wie es sich für ein Objekt der Begierde immer noch schickte, hatte gegen den Willen ihres neuen Lieblingsregisseurs, der sie schlecht zu behandeln pflegte, und den sie darum um so mehr anhimmelte, darauf bestanden, den gefährlichen Sprung vom Dach eines Reihenhäuschens in den Vorgarten ihrer Katzen-*

halterin ohne Stuntdouble zu vollführen. Nun war vorgesehen gewesen, daß das Stuntdouble, eine mausetote Katze ähnlicher Statur wie die Katze, zu Wiederverwendungszwecken in ein Sandbecken gefallen wäre. Die Katze jedoch weigerte sich standhaft, nach dieser lächerlichen Distanz von viereinhalb Metern in einem, ich zitiere, stinkigen Ostseesandbecken zu landen. Sie landete hart und verstarb auf der Stelle. Ich wurde als nächste Angehörige verständigt und mußte mir die Geschichte geschlagene drei Mal anhören, einmal kurz und knapp von dem gestreßten Regisseur, einmal von seinem nervenzusammengebrochenen Tonassistenten, der mir auch gleich diverse Techtelmechtel mit der Katze gestand, und schließlich von der Katze selbst, die mich bat, für die Totenfeier ihre verdrehten Beine und den verstümmelten Unterkiefer unter einem Teppich weißer Rosenblätter zu verbergen und die Bekundungen des Tonassistenten nicht an die Presse weiterzugeben.) Ihre Liebeleien hätte ich für die Neffen ausgespart, vielleicht hätte die Katze in der orthodoxeren Version sogar geheiratet und Kinder bekommen, ihre Filmkarriere an den Nagel gehängt, am Telefon ihren Freunden versprochen, nächstes Jahr in Jerusalem, vielleicht hätte sie Gott gefunden oder wenigstens gesucht, wer weiß. Warum hatte die Schwester ihr Versprechen nicht gehalten, die Kinder zweisprachig zu erziehen, warum verspielte sie diese Chance in Sachen Völkerverständigung? Wir begnügten uns damit, unter einem Ahornbaum ein paar einfache Stunts und dazu passende Vokabeln auf A einzuüben, Ahornbaum, Ahornblätter, dünner Ast, Aaaachtung, ich fall runter und *Stuntdouble*, wo wir schon mal in Amerika waren.

Als das Nachmittagsprogramm begann, sang ich *von Kopf bis Fuß auf Liebe eingestellt*, veranstalte eine Toastbrotshow während der Best Man seinen Toast auf das Brautpaar hielt, tanzte, bis mein Seidenkleid durchsichtig wurde, sprang mit dem uralten Geiger und ein paar unerschrockenen Gästen in Unterwäsche in den nahe gelegenen See, räkelte mich vor der Kamera des Hochzeitsfotografen wie ein Hollywoodsternchen und stellte fest, daß mir ambulant-standesamtliche Weddings viel eher lagen als orthodoxe. Wir verabschiedeten uns mit den üblichen Sprüchen und tonnenschweren Herzen in alle Himmelsrichtungen, wonderful party, great family, wann kommt ihr uns besuchen, die Neffen flüsterten mir unsere neuen Codeworte zu, Stuntdouble Stuntdouble, die Nichte verteilte Extraküßchen an alle, pretty girl, godious, look, how sweet, ich vermißte die Geschwister bereits, als wir den Flieger bestiegen, die schrille, sich vervielfachende Großfamilie, die Stadt New York, wo nichts unmöglich war, die neuen Bekannten mit ihrem unschlagbaren Optimismus, bye bye, have a good flight, come back soon.

In *Top Dogs* verkrachte ich mich mit dem Regisseur, bei *Lysistrate* machte ich mir mitten auf der Bühne in die Hose, Ophelia durfte ich nur im Dialekt spielen, in den Probepausen tauschten die Kollegen Kochrezepte aus, statt zu diskutieren, wie man die Stadt wachrütteln oder die Welt aus den Angeln heben konnte, allmählich verglühte die Flamme der Erneuerung, ich mußte einsehen, daß ich am Stadttheater wie befürchtet fehl am Platz war. An jedem möglichen Wochenende raste ich im klapprigen Diesel nach Berlin, die Großstadt beschnuppern sowie den Platzhirsch und seine Matratze. Er machte Andeutungen, wie ernst es ihm war, und ich lachte, komm mir nicht mit Ernst, du bist ein Platzhirsch. Aber er ließ nicht locker, besuchte mich in der Provinz, als seine Operette längst abgespielt war, überraschte mich mit Trips nach Südengland oder Nordfrankreich, schlug neue Verhaltensregeln vor von wegen absolute Ruhe am Vormittag undsoweiter. Ich dachte noch, der spinnt wohl, dermaßen bei mir hereinzuplatzen, doch da war er schon zum

Mann des Lebens geworden, der lachte, wenn ich die Hosen voll hatte, der mich anfeuerte, wenn ich aus purem Gefühlsüberschuß weinte, der mich bewunderte, herausforderte, mich rüttelte, wenn ich an der Welt verzweifelte oder im Selbstmitleid baden ging, der es aushielt, wenn ich Gegenstände nach ihm warf, mit dem sich lauthals streiten ließ, der mich anzupacken wußte und schließlich sagte, ich werde dich gesund machen, Puppe, pah, du wirst sehen. Da dachte ich, ha, das will ich sehen.

Im Spätherbst stand wieder eines dieser Großfamilienfeste an, runder Geburtstag, die Eltern spendierten Flugtickets für unsere Israelis. Ich probte gerade *Pippi Langstrumpf* fürs Weihnachtsmärchen und sprang im Quadrat vor Vorfreude in den Riesenschuhen, Pippi und ich malten sich das Spektakel aus, wie ich Elieser und Schimon aus dem Zuschauerraum auf die Bühne bitten würde, nachdem ich die Räuber vertrieben hatte, die meinen Schatz hatten stehlen wollen, wie ich den Neffen von meinen Goldtalern abgeben würde, während im Zuschauerraum die Sterne aufgingen, wie wir mit dem Publikum hebräische Vokabeln üben würden, leila tov, gute Nacht, Kinder, wie wir uns zu dritt unter mein Federbett kuscheln würden vorne an der Rampe, nachdem ich meinem Papa in Takatukaland Grüße gesandt und der verstorbenen Mama im Sternenhimmel gewinkt hatte mit Tränen in den Augen. Die Vorstellung würde locker eine Dreiviertelstunde länger dauern als im Programmheft angekündigt, der Intendant würde kopfstehen wegen der Beschwerden von Eltern und Lehrern, die im Anschluß Termine hatten.

Am Telefon erklärte mir die Schwester, daß sie nicht ins Theater kommen könnten, daß sie sich aber sehr freuten, mich zu sehen, alle. Was denn, was denn, aber wieso denn, da spiele ich einmal eine Hauptrolle extra für Kinder, und da willst du deine Söhne nicht ins Theater lassen, die einzigen Kinder, die ich einigermaßen kenne und liebe. Tut mir leid, Kleines, unser Rabbi hält es für besser. Was hat euer Rabbi damit zu tun, wenn deine Schwester die Lieblingsheldin aller Kinder auf der Bühne gibt. Ach weißt du, wir können das nicht gutheißen, Pippi Langstrumpf verkörpert, na ja, sie ist so unverschämt zu allen, zu ihrer Lehrerin, den Polizisten, zur Obrigkeit überhaupt, und wenn die Kinder sehen, daß ihre Tante dahintersteckt, dann denken sie, das sei so in Ordnung, weil sie dich mögen, weißt du, dann ist unsere ganze Erziehung im Eimer. Das ist doch bloß Theater, außerdem ist Pippi kein Schwerverbrecher, sie ist bloß sehr stark und sehr reich und total unabhängig und clever und lustig und okay, sie ist frech, aber sie tut nichts, was ich nicht unterschreiben würde. Du lebst eben anders als wir. Dann sollten deine Kinder ihre Tante besser auch gleich nicht mehr sehen. Kannst du das nicht verstehen. Nee, Große, das versteh ich nicht, ich dachte, sowas läuft unter Erziehung, wenn dein Kind Sachen erlebt, die ihm gefallen und dir nicht, das kannst du denen doch erklären, was dir daran nicht gefällt, der Ben kann mitkommen und mich vor seinen Söhnen an den Ohren ziehen. Sie kicherte leise, daß ich dachte, gleich wird sie nachgeben, nein, es geht nicht. Es ist bloß Theater, Mann, das habt ihr in zwei Wochen rausgebügelt aus den kleinen Hirnen, Quatsch, in zwei Tagen, wenn dein Rabbi noch seinen Senf dazugibt. Komm, sei nicht böse, Kleines. Doch, ich bin böse, ich hatte mich so darauf gefreut, das wär endlich mal eine Vorstellung gewesen, die für mich irgendwie Sinn gemacht hätte in dem verstaubten Kasten hier, was die Neffen für eine Gaudi gehabt hätten, jetzt bin ich echt beleidigt. Aber das geht doch nicht gegen dich. Doch, das kapierst du nicht, weil du nicht mehr klar denken kannst, das geht hundert Prozent gegen mich, Pippi Langstrumpf ist vermutlich die Rolle meines Lebens, zu mehr reicht es hier eh nicht, ich unterbrach die Verbindung und ließ dem Rest freien Lauf. Verkündete den Eltern, daß sie zu ihrem beschissenen Familienfest nicht auf mich zählen brauchten. Die sensorische Mutter erriet sofort, wie der Hase lief, sie bearbeitete die Große am Telefon, doch die Fronten wurden immer härter, die kurzen Kleidchen mit Strapsen, die die Tante als Pippi trage, das könne den Kindern nicht zugemutet werden. Aber sie hat Radlerhosen unter dem Röckchen an. Trotzdem, Ben war grundsätzlich dagegen, das Theater sei nun mal in Griechenland erfunden worden, und da die Juden mit den Griechen nicht besonders gut standen, diese Geschichte mit dem Tempel damals, lehnten sie Theater insgesamt ab.

Ich weigerte mich standhaft, den Feierlichkeiten im Haus der Eltern beizuwohnen, sollte ihnen ihr koscheres Festfressen zu den Ohren rausquellen, was hatte ich mit Neffen zu schaffen, vor denen ich meinen Beruf verheimlichen mußte neben der Art, mich zu kleiden, privat lief ich gerne freizügiger durch die Gegend als Pippi Langstrumpf. Was konnte ich mit Kindern und ihren Eltern anfangen, für die meine Gedanken verbotene Früchte waren, das bißchen *Ich mach mir die Welt, widdewiddewie sie mir gefällt.* Für sich selbst beanspruchte die Schwester absolute Toleranz, das ganze Haus wurde auf den Kopf gestellt, wenn Madame mit ihrer Bagage anreiste, damit sie hier exakt so weiterleben konnte wie daheim, keinen Deut nachgeben brauchte sie im Befolgen ihrer sechshundertsoundso göttlichen Gebote, Hugo fand den Joghurt nicht mehr im Kühlschrank, die Mutter trug an heißesten Tagen langärmelige Shirts, die Eltern schenkten sich Hebräischkurse zum Geburtstag, lasen alles zum Thema Juden heute und gestern, was sie in die Hände kriegen konnten. Wieso begriff sie nicht, daß andere Lebensformen ebenfalls Respekt verdienten, mein Gottesdienst war das Theater, Pippi die Hohepriesterin.

Die Maskenbildnerin hatte Mühe, meinen verlaufenen Sommersprossen hinterherzurennen, nimm dir das doch nicht so zu Herzen. Aber mir ging es nicht in den Schädel, Pippi und ich zogen uns nach Ansicht der Schwester und ihrer Glaubensbrüder an wie Huren, wir hatten verbotene Ansichten, ich machte gemeinsame Sache mit den Griechen.

Das geht zu weit, Tochter, sprach der Vater ein Machtwort zu Sara, deine Schwester leidet. Er schleppte sie mit ins Theater, obwohl er die Vorstellung bereits vier Mal gesehen hatte, auch wenn die Kinder zu Hause bleiben, du mußt dahin. Jedesmal war er stolz, wenn seine kleine Tochter auf Händen über die Bühne clownte und dazu Pfannkuchenlieder sang, auch jetzt wieder, da er die große Tochter dazu schmunzeln sah, verläßlich war er gerührt, wenn seine kleine Tochter im weißen Herrenschlafrock an die Rampe kam, auf die Sterne am Theaterfirmament zeigte und ihrem Piratenpapa mit Kinderstimme eine gute Nacht wünschte, da fühlte er sich direkt persönlich angesprochen nach dem romantischen Lied für die tote Mama, wenn Pippi sich in ihre Federdecke mummelte, der Mond runtergedimmt wurde, und es Schwarz wurde um das Mädchen, das verruchte, die Nutte im Nachthemd, mich. Pause. Nach der Vorstellung warteten die beiden am Bühneneingang. Sara knuffte mich in die Seite, gut gemacht, Kleines, wußte gar nicht, daß du Spagat kannst. Beim Vater waren die Frösche unterwegs, kommst du mit, Tochter, die Mama hat Kaffee und Kuchen vorbereitet. Zum Glück war an dem Tag Doppelvorstellung, ich hatte gerade mal eine halbe Stunde, bevor ich wieder in die Maske mußte zum Sommersprossen korrigieren.

Von nun an mied ich die Schwester. Es schien einfach, sie lebte meilenweit entfernt. Damals für die Trennung vom Mondmann hatte ich eine Methode ersonnen, mir Menschen gewaltsam aus dem Herzen zu reißen ohne viel Blutvergießen, ein beherzter Ruck, ein paar Zigaretten, und schon hatte ich keine Schwester mehr, sondern eine Leerstelle in der Brust.

Nachdem die heißgeliebte Großmutter das Zeitliche gesegnet hatte und sie mir in *Leonce und Lena* nicht die Titelrolle anboten, ließ ich mich krank schreiben, versteigerte meine Möbel und die Ölbilder und finanzierte damit den Umzug in die Hauptstadt, woraufhin der Platzhirsch ein wenig erschrak. Zur Tarnung ließ ich mich in meine Berliner Klinik einweisen, wo der Chef Koryphähe feststellte, daß sich das Schlachtfeld auf der Darminnenwand ausgeweitet hatte auf über sechzig Zentimeter. Ich hatte bloß eine Ausrede für den Intendanten gesucht, wollten die etwa eine echte Kranke aus mir machen. Ja, Sie sind krank, Fräulein Schauspielerin, also streifte ich meinen Pyjama über, legte mich ins Bett, verkündete, daß ich alles mitmachen würde außer Maltherapie und die Gespräche mit der religiösen Psychologin, bekam ein Loch unters Schlüsselbein gerammt und einen Schlauch in die Herzgegend geschoben, der mich die nächsten Wochen zusätzlich zu Nährstoffen mit Chemikalien versorgen würde, damit der Darm endlich Ruhe hatte vom Stoffwechseln und Selbstverdauen. Sie hatten ein topneues Mittel entdeckt, von dem noch keine bemerkenswert lebensgefährlichen Nebenwirkungen bekannt geworden waren, der Tropf wurde mein ständiger Begleiter, der Chemiehammer verursachte Depressionen, mit der Zeit wuchsen mir Härchen auf den Ohrmuscheln, als der weiße Flaum sich zart über Wangen und Halswirbel ausbreitete, dachte ich, ich werde ein Schimpanse. Schon nach wenigen Wochen war die Landschaft auf dem Endoskopiemonitor nicht wiederzuerkennen. Der Doktor Chef war selbst erstaunt über den raschen Heilungsprozeß, er schickte mir eine

Ernährungsberaterin, die mich aufklärte, was für ein Wunder ein Apfel ist, wie lange meine erste Karotte dünsten sollte, daß Stutenmilch gesünder sei als die von der Kuh, zu welcher Uhrzeit die Milz auf Bitteres wild war, wann die Leber mit Süßem einverstanden undsoweiter. Ich bestellte Kochbücher beim Platzhirschen, der fand, daß ich schick vergeistigte vom Hungern, und äugte den flotten Schwestern nach, die das Pflaster über meiner Lochstelle sauberhielten. Aus meinem Innern begann am Schlüsselbein orangene Flüssigkeit herauszusuppen, die sich auch der Chef nicht erklären konnte, die blaue Markierung des Schlauches löste sich allmählich auf von dem ätzenden Mittel, das mir seit Wochen in die Vene gejagt wurde. Die Dosis wurde beibehalten wegen der Resultate im Darm. Was, wenn sie auch die Wände der Adern zerfraß und ich mich langsam in Nichts auflöste? Ich bekam es mit der Angst, nachts wurde daraus Todesangst, und klammheimlich schlich sich über diesen Umweg ein Lebenswille bei mir ein. Das war ein Großereignis. Ich wollte existieren. Überleben um jeden Preis, ein Urinstinkt meldete sich zurück, den ich irgendwo zwischen Kindheit und Pubertät hatte links liegenlassen, und er mich.

Die erste gekochte Karotte war ein Fest, der erste Apfelschnitz, das erste Schälchen rechtsdrehender Joghurt, ich konnte die Scheibe Toastbrot mit Quark und Honig, die für den dritten Tag vorgesehen war, kaum erwarten, sachte kauen, Schritt für Schritt wieder ins Leben finden, in die Auseinandersetzung. Ich war schwach auf den Beinen, reagierte überempfindsam auf äußere Eindrücke, sorgfältig bedacht, mich mit meinem Körper gegen den Rest der Welt zu verbünden, zum ersten Mal einen Sicherheitspakt zu schließen mit dem alten Kriegsgegner, der auch ich war, nicht du, und auch nicht die dritte Person. Mitten in die Friedenstruppenübung an einer gegarten Möhre platzte ihr Telefonanruf. Hallo Kleines, wie geht's dir. Ich verschluckte mich am Gemüse, woher hast du meine Telefonnummer. Von der Mama natürlich. Wieso natürlich, nichts daran war natürlich, ich hatte den Eltern meine Krankenhausnummer unter dem Vorbehalt der Geheimhaltung anvertraut, damit ich nicht von besorgten Theaterkollegen belästigt würde, ich wollte Ruhe, mit einem Anruf der Schwester hatte ich als allerletztes gerechnet. Wie geht's dir, was macht dein Darm. Seit wann interessierst du dich für mein Innenleben, ich versuchte, meiner Stimme einen metallischen Klang zu geben, Eisen, Eis. Was sagen denn die Ärzte, ich wußte ja gar nicht, daß das alles so schlimm ist. Das geht auch keinen was an. Die Mama hat gesagt, du wirst künstlich ernährt. Wurde, Vergangenheit. Mensch, Kleines, du machst Sachen. Die Karotte polterte durch meine Speiseröhre, legte sich kurz vor dem Eingang zum Magen quer, ich wollte das Gespräch beenden, war auf schwesterliche Anteilnahme nicht vorbereitet. Dabei war ich die ganze Zeit versucht, in vertrauliches Geschwistergeplauder zu verfallen, von wegen, rate mal, was ich morgen essen darf, rate mal, Mandarine kalt, Radieschen kühl, Spinat warm, mein erstes Salatblatt, Wahnsinn, und wie affig ich aussah mit den weißen Härchen auf den Ohrläppchen, was man eben unter Schwestern bespricht, wir hätten meine neuen Speisegesetze mit ihren uralten vergleichen können.

Hör mal, die Eltern kommen dich doch am Wochenende besuchen. Ja, Pause, und. Sie schwieg einen Augenblick, kicherte kaum hörbar, also weißt du, wir ziehen um, und, Atempause, ich hab es noch keinem gesagt. Ich ahnte, was das bedeutete, sie hatte es noch keinem gesagt, warum ausgerechnet mir, ich wollte nicht weiter, nicht hören, daß sie weder nach Tiberias noch nach Haifa oder Tel Aviv unterwegs waren, wo es gute Toraschulen gab und massenweise Synagogen, orthodoxe Viertel, in denen Ben hunderte gefunden hätte zum Beten und Diskutieren. Sag nicht, ihr zieht in Besetztes Gebiet. Woher weißt du das. Ich weiß nicht, du spinnst, Mann, Claudia, Sara. Was fühlt man da sinnvollerweise, wenn die Schwester einem sowas auftischt, wie verdaut man das im Gegensatz zu diesem Möhrenschnitz, an dem sich mittlerweile meine Magensäfte vergingen. Wir haben schon gepackt und alles. Pause. Zeit, ich brauche Zeit, viel mehr Zeit, um zu begreifen. Du willst, daß ich es den Eltern beibringe, richtig. Sie wissen schon, daß ich eine Überraschung für sie habe, sie wissen nur nicht, welche. Schöne Bescherung. Der Papa hat bestimmt Angst, daß ich mir die Haare abrasiert habe. Kichern, Knistern in der Leitung. Machst du dir keine Sorgen um deine Kinder. Nein, wieso. Stellte sie sich blöd oder hatte sie wirklich keine Ahnung, wie konnte man das ignorieren. Die Besetzten Gebiete sind hier ungefähr alle zwei Tage in den Nachrichten mit Steinen, Bomben, Toten. Ach was, Kleines, das sind eure Medien, da, wo wir hinziehen, ist es ganz ruhig. Erzähl mir nicht, daß es in der Nähe von Jerusalem ruhig ist. Außerdem haben wir ja noch Ihn. Ach der. Stille. Knistern.

Mir wurde bewußt, daß sie gar nicht angerufen hatte, um sich nach meinem Befinden zu erkundigen, das machte mich plötzlich wütend. Warum regst du mich eigentlich auf, ich bin krank. Ich dachte, du nimmst das lockerer als die Eltern, wenn du ihnen das sagst, reagieren sie nicht so über. Irrtum, ich weiß noch nicht, wie ich das nehme. Ach komm, es ist doch nur ein Umzug, es leben so viele Juden in den Gebieten, es ist einfach viel praktischer für uns mit den Kindern.

Was genau meinte sie mit Gebieten, ich hielt mich ständig in Gebieten auf, zur Zeit in dem Gebiet westlich von Berlin, was war praktisch daran, Araber offen zu provozieren, indem man Land besiedelte, das sie als das ihre beanspruchten, was war daran praktisch, insbesondere für Kinder. Sie können zu Fuß zur Schule gehen. Das hätten sie auch in jeder anderen orthodoxen Siedlung gekonnt, die nicht in den Gebieten liegt, du bringst deine Kinder in Gefahr, und ich weiß, was du jetzt antworten wirst, daß dein lieber Gott schon seine Hand über euch hält, besonders über die Kinder, aber steht irgendwo geschrieben, du sollst den Herrn, deinen Gott, unnötig herausfordern, ich springe auch nicht im tiefsten Winter in die Havel und rufe, Gott wird's schon richten. Das ist was anderes. In der Tat, die Havel ist viel kälter als das Mittelmeer. Es ist nicht gefährlich, glaub mir.

Ich seufzte, ich hab gedacht, ihr entspannt euch mit der Zeit, wenn ihr erst mal da unten seid, aber ihr werdet immer krasser. Wir wollten sowieso weg hier aus dem Dorf, die geraten schon oft aneinander, der Ben und sein Vater. Es wäre cool gewesen, wenn ihr nach Tel Aviv gezogen wärt oder Haifa, im Besetzten Gebiet, wer kommt euch denn da noch besuchen. Dann treffen wir uns eben im Dorf am Fluß, da sind wir immer noch oft, fast jedes zweite Wochenende. Wer redet denn von mir. Ich beschloß, die Geschichte einen Meter neben mich zu schieben, im Schuhkarton neben dem Kleiderschrank würde ich sie aufbewahren und erst zum Besuch der Eltern wieder auspacken.

Sieh mal, wir haben dir etwas mitgebracht, Unterhosen, ich hoffe, sie sind deine Größe, die sind zwar nicht besonders hübsch, aber dafür waren sie günstig, und praktisch sind sie auch bei deinem Verschleiß. Warum redete in dieser Familie dauernd jemand davon, wie praktisch alles war. Zwanzig hautfarbene Unterhosen. Ich packte sie in den Schuhkarton. Die Eltern waren schockiert, wie kann sie nur, hat sie sich auch die Haare abrasiert, Kind, Gott, herrje. Ich zog die Beine an, damit sich jeder getroffen an einer Flanke aufs Bett sinken lassen konnte. Nein, sie hat sich nicht die Haare abrasiert. Plötzlich stellte ich es mir ganz angenehm vor, an diesem Wochenende nicht die Hauptrolle spielen zu müssen in dem Stück, *Kind, was ist nur mit dir los, wie konnte es soweit kommen.* Der Vater sagte gar nichts. Es war dieses unheimliche Schweigen, als wäre in ihm ein Vakuum explodiert. Die Mutter füllte die Leere mit ihrer Fassungslosigkeit, warum tut sie das, wie kann sie das ihren Kindern, will sie Kanonenfutter aus den Kleinen machen, dazu hat sie nicht das Recht, typisch, daß sie uns wieder vor vollendete Tatsachen stellt, aber wieso, wieso, sie können doch sonstwo ihren Glauben ausüben, dazu muß sie doch nicht in diese Gebiete. Im Nu hatte sie sich den Wortschatz der Schwester angeeignet, Gebiete, vielleicht arrangierte sie sich bereits mit dem Gedanken, einer Tochter günstig erstandene Wäsche in einen Teil dieser Welt namens *Gebiete* mitzubringen, Hemden, Strumpfhosen, Socken im Zehnerpack. So sag du doch auch mal was, oder ist dir das egal. Laß ihn.

Der Vater saß reglos, erhob sich, ging ein paar Schritte im Kreis, starrte aus dem Fenster, kippte es, setzte sich wieder. Was soll man dazu sagen. Absolute Ratlosigkeit in seinem Gesicht, tote Frösche. Die Mutter wetterte weiter, und nicht mal einen deutschen Paß hat sie den Kindern besorgt, dabei steht denen die zweite Staatsbürgerschaft von Rechts wegen zu. Ihre verzweifelte Hoffnung, wenn sie einen Großangriff starteten auf das empfindliche Land, die arabischen Nachbarn, wenn sie sich in ihrem Haß verbündeten gegen den Dorn im Auge, daß man in diesem Fall wenigstens die Kleinen einfliegen lassen könnte. Das würde sie sowieso nicht machen, und der Ben schon überhaupt nicht, die würden alle bleiben und zum Streifenland halten, niemals würden die ins Exil gehen nach Deutschland und sich aus der Patsche helfen lassen und eine Rückversicherung in Kauf nehmen von den Exnazis. Ach geh, Kind, aber das kann sie doch nicht über den Kopf ihrer Kinder hinweg entscheiden.

Und ich lachte plötzlich heraus, was Eltern über den Kopf ihrer Kinder hinweg und umgekehrt, sollte die blöde Kuh sich in den Frontalkrieg mit den Palästinensern stürzen, sollte sie ihre Kinder an Stacheldrähten entlang zur Schule begleiten, zu Fuß oder im gepanzerten Schulbus, das war mir egal, ich überließ den Eltern die unverdauliche Episode aus dem Schuhkarton und stürzte mich zurück in die Friedensverhandlungen mit meiner Leber, verschlang ganzheitliche Kochbücher, zauberte dem Mann des Lebens Mahlzeiten auf den Tisch, die ihn seine Fleischeslust vergessen ließen, die meine erwachte, kaum war ich wieder bei Kräften, komm, wir vögeln, und der Platzhirsch sagte, nicht um die Uhrzeit, und ich rief, doch, komm, ich will es jetzt.

Berlin hatte seine Unschuld verloren, in meinen Augen. Ich startete ein paar fruchtlose Versuche in Sachen Freies Theater, versuchte, anzuknüpfen an die unterbrochene Filmkarriere, aber ich war nicht mehr in dem Alter, in dem Schauspielerinnen entdeckt werden, ich ging auf die Dreißig zu. Die Stadt war voll von freischaffenden Künstlern, die ihre Träume zu Grabe trugen und sich an neue klammerten, ich begann, die Cafés zu meiden, die bewölkt waren von ihrer Trauer, ihrem gekränkten Stolz, ihren brachliegenden Talenten und hoffnungslosen Plänen, nur in den Wäldern um Berlin herum wehte frische Luft ohne den Beigeschmack von Kümmernissen, und manchmal beim Mann des Lebens, der mich anfeuerte, das alles sei völlig normal, das habe er auch durchgemacht. Ich dachte mir eine neue Karriere aus: Filmemacherin, Autorenfilm. Arbeitsamt Pankow Nord, die ersten Krähenfüßchen auf dem mühsamen Weg in die Selbständigkeit, keiner kennt mich, keiner will mich kennenlernen. Ich jobbte in der Kneipe untendrunter und fragte mich jeden Tag, wie es weitergehen sollte. Die Kurzfilme verschlangen meine Reserven, zeitlich, nervlich, finanziell, aufwendige No-bugdet-Produktionen landeten in Kisten auf dem Dachboden. Dazu die Grabenkämpfe mit dem Mann des Lebens, der quengelte, laß uns verreisen, ich brauche Inspiration für meinen Don Giovanni, Italien, da kannst du relaxen. Ich wollte nicht relaxen. Da er viele europäische Opern inszenierte, lernte ich den Kontinent besser kennen. Ferien wovon, dachte ich, was leistete ich für das Bruttosolzialprodukt, ich lag dem Staat auf der Tasche, der genug Sorgen hatte, seit die Neunziger den Bach runtergegangen waren, ich kostete die Krankenkasse ein Vermögen, gut möglich, daß ausgerechnet, wenn ich durch Athen spazierte, der Anruf einging für den Drehtag morgen, das Casting, die Freie Theaterproduktion, ich war nervös, das Leben kratzte an mir. Um nicht zu verbittern, betete ich mir täglich vor, du wolltest an Grenzen stoßen, jetzt überschreite. Ich fing an zu schreiben auf gut Glück, Exposés, Drehbuchszenen, Theaterstückfragmente, der Liebste korrigierte erste Entwürfe, lobte, kritisierte, Kerzenständer flogen durch die Wohnung, weil er einzelne Wörter streichen wollte, Eierbecher flogen hinterher, weil ich wütend war auf mich, auf ihn, auf Berlin, auf Gott und die Welt, mehrmals packte ich meinen Koffer, um für immer zu verschwinden aus dieser Sorte Leben, wohin war unklar, dann eben wieder irgendein scheiß Festengagement in der Provinz, aber die Provinz hatte natürlich auch ihren Stolz.

Der Mann des Lebens packte mich am Handgelenk, du bleibst hier, Courage, wir lieben uns, ich brauche dich, du mußt es nur sagen, wenn wir zu wenig vögeln. Was war aus meinen Träumen von der eigenen Theatergruppe geworden, wohin war mein Optimismus flötengegangen, die Anarchie war mir den Buckel runtergerutscht, nach zwei Jahren Arbeitslosigkeit und Weiterbildung in eigener Sache wollte ich auf Teufel komm raus selbst für meinen Unterhalt sorgen, und wenn ich dafür meine Seele in Raten verkaufen mußte. Schließlich ließ ich einen zweiten Telefonanschluß installieren, mein einziger Kunde kam irgendwo auf der Autobahn zwischen Kassel und Fulda.

Ein paar Breitengrade südlicher lebte die Schwester ihren klaren Lebensplan im Sinne des Schöpfers. Ich konnte mich nicht erinnern, sie je so verzweifelt und verirrt gesehen zu haben, wie ich mich fühlte nach wenigen Jahren Freischaffen, sie hatte immer diese gesunde Selbstsicherheit ausgestrahlt. Sie hatte ihre Jaworte gegeben und hielt sie bis zum heutigen Tag. Ob sie auch zweifelte, verzagt war, weinte und schrie gegen das Schicksal. Ob sie nur mir, uns, den Zurückgelassenen, ihre Sorgen verbarg, ihre Wunden vorenthielt, damit wir nicht darin herumwühlten. Wem vertraute sie sich an, wenn ihr der Himmel auf den Kopf fiel. Oder fiel der Himmel nicht im Streifenland? Hatte sie beste Freundinnen gefunden, brauchte sie keine neben Gott, Rabbi und dem Vater ihrer Kinder. Haderte sie je, wenn unter Umständen zu frühe Wehen eine ihrer vielen Schwangerschaften unterbrachen, wenn ihr Mann sie nicht ins Krankenhaus begleitete, da er den Schabbat halten mußte, wenn sie allein in grünlichen Laken zitterte um den nächsten Sohn Israels, wenn sie ihn verlor, noch bevor er Gottes Gebote hatte erlernen können, ihr Körper sich seinem Schicksal ergab und die Hoffnung unerfüllt ausspieh. Wer beantwortete ihre Fragen nach dem Sinn solcher Anstrengungen, wer tröstete sie über den Verlust. Dachte sie nie, daß dieser Vater im Himmel sie mal kreuzweise konnte. Sie hatte ihre Heimat verlassen, ihrem Gott eine neue uralte Geschichte angedichtet, sie war ihrem Mann des Lebens durch den Ziegenstall in sein Land gefolgt, und zur Belohnung wußte sie Morgen für Morgen, wozu sie existierte. Jemand flüsterte ihr ein, welche Hand sie zuerst unters fließende Wasser halten mußte, um sich von der Unzucht der Träume zu reinigen, welche Worte zuerst in den Mund nehmen, welche nie, welche Wege gehen, welche Zeilen lesen, um Teil seiner Schöpfung zu sein. Beneidenswert. Ich dagegen kreiste um mich selbst wie ein fehlgeleiteter Düsenjet, ich wollte hoch hinaus, je heftiger ich am Erdboden der Tatsachen entlangschrammte, desto irrealer wurden die Wünsche und unerreichbar.

Endlich verkaufte sich ein Exposé, Gemeinschaftsidee mit einem routinierten Serienautor, den ich auf einer Party kennengelernt hatte. Als wir tatsächlich den Auftrag für das Drehbuch von einer der interessantesten Produktionsfirmen der Republik auf dem Tisch hatten, tanzte ich durch seine Küche, knackte eine Whiskeyflasche und machte ihn so betrunken, daß er mir wenige Stunden später willig zu Füßen lag, folgende Drehbuchsitzungen verliefen entsprechend unkonzentriert, der Platzhirsch roch Lunte und ersann neue Verkehrsregeln.

Ben und die Schwester verhängten unabhängig davon etwa zeitgleich ein Reiseverbot nach Deutschland für ihre großen Söhne. Der Oberrabbiner hatte dazu geraten. Es traf die Eltern unvorbereitet. Die Mutter verfaßte Briefe der Verzweiflung, Wut, Anklage, Ungläubigkeit, Hilferufe an ihre große Tochter, Fragen an ihren Schwiegersohn, die sie nie abschickte, aus Angst, dadurch alles zu verderben für immer. Der Vater sagte, was soll man dazu sagen, und fällte den Kirschbaum im Garten. Ich nahm die Neuigkeit so gelassen wie möglich, soso, na irgendwie ist das konsequent, und dachte, jetzt sehe ich die Großen nie wieder, nie, und daß das schon schlimm war. Es sind unsere Enkel, wieso tut sie uns das an, warum machen sie es uns so schwer, dabei hat es den Kinder hier immer gefallen, wenn der Opa mit ihnen Bootfahren war auf dem Fluß oder, oder in den Zoo, oder als am ersten Weihnachtstag Schnee gefallen ist, da waren die ganz aus dem Häuschen, das hättest du sehen sollen, der Elieser wollte gar nicht mehr reinkommen ins Haus, obwohl er schon ganz blaue Hände hatte. Vielleicht ist genau das der Grund, denen soll eine andere Welt nicht gefallen als ihre, sonst kommen sie ab vom Weg und sind in Gefahr. Welche

Gefahr denn, Herrgottnochmal, rief die Mutter, was sind denn Großeltern für eine Gefahr. Woher soll ich das wissen. Keine Wahl läßt sie uns, sie zwingt uns alles auf, was ihrem Mann in den Kram paßt, oder diesem, diesem Rabbiner. Wahrscheinlich meinen sie nicht euch persönlich, murmelte ich. Aber sie trifft uns, rief die Mutter, nur uns, die Kinder können das ja noch gar nicht ermessen. Ich konnte es auch lange nicht begreifen. Zeit. Jetzt durften die demnächst geschlechtsreifen Kinder überhaupt nicht mehr nach Deutschland kommen, ihrem Gott zuliebe, dem Allmächtigen, dem Schöpfer des Himmels und der Erde, in Ewigkeit Amen.

Ich war auf der Suche nach einem Kameramann für meinen nächsten Low-Budget-Film, als am elften September im Fernsehen die Zwillingstürme den Geist aufgaben. Wir brauchten eine Weile, bis wir glaubten, was wir immer wieder sahen. Die eine Hälfte der Welt solidarisierte sich mit den Opfern, die andere jubelte für die Märtyrer, ich dachte, das gibt Krieg, heute noch, klemmte mich ans Telefon wegen Paul in den USA und Claudia in Israel, eine Schwester ist eine Schwester ist eine Schwester. Ich bat sie, sofort mit der ganzen Familie einzufliegen, Ausnahmesituation, mit allen, komm, bitte, ich mache Schulden und finanziere die Tickets. Sie war gerührt. Aber Kleines, wir sind hier in Sicherheit. Seht ihr keine Nachrichten. Die Gefahr, die über dem Streifenland schwebte, beeindruckte sie null, Gott habe ein Auge auf sie und die ihren, das übliche, kein Grund zur Sorge, kein Anlaß, davonzulaufen, anderswo auf der Welt sei sie auch nicht sicherer, schau dir mal eure jüdischen Friedhöfe an.

Zwei Jahre später hatte ich den Platzhirschen soweit. Mein letzter Trumpf, zur Hochzeit, das hatte sie mir versprochen, würde sie noch einmal mit der ganzen Mannschaft antanzen, mit allen, Ben und die Großen inklusive, das würde ein Fest werden. Aber deswegen heiratet man doch nicht, Schätzlein. Laß das meine Sorge sein, Mama. Schwesterherz, wir heiraten. Ach schön, Kleines, endlich, wann. Am besten in euren Ferien, oder. Und dann rief sie zwei Tage später zurück mit ihrer Entschuldigungsstimme und sagte, Kleines, ich habe zuviel versprochen, die Großen dürfen nicht mitkommen. Aber wir heiraten auf dem Land, da gibt es nur Kühe und koschere Strommasten, und ich heirate in langen Sachen, extra für euch, und ich sage den Freundinnen und Cousinen, sie sollen auch lange Sachen anziehen. Es geht nicht, wirklich. Ist es, weil auf dem Land keine Synagoge steht, dann heiraten wir in der Stadt Berlin und reservieren euch ein Hotel direkt neben einer ultraorthodoxen Synagoge, in der Hauptstadt gibt es fast alles, also bestimmt auch ein Hotel. Nein, glaub mir, es geht nicht. Aber wir können alles einrichten für euch. Du weißt doch, ich hab mich in Seine Hand gegeben. Aber was hat dein Gott dagegen, daß du zur Hochzeit deiner Schwester kommst, wo sie einmal heiratet, wenn alles gutgeht, ein einziges Mal in ihrem Leben. Ich kann ja kommen, nur der Ben und die Großen nicht. Aber du hast versprochen, daß ihr alle, ein Versprechen ist ein Versprechen, oder gilt deinem Gott ein Wort nichts, ich dachte, der gibt so viel auf Worte, am Anfang war das Wort, und du hast gesagt, wenn du unter die Haube kommst, Kleines, hast du gesagt, dann kommen wir alle, versprochen, und wenn du nicht kommst mit allen meinen Neffen, dann will ich dich gar nicht mehr sehen, nie. Ach Kleines, mach es mir doch nicht so schwer. Ha, dachte ich, schwer, und beendete das Telefonat.

Die Woche drauf rief sie wieder an, die Mama sagt, du bist

beleidigt, ich wollte dir nur sagen, es geht nicht gegen dich. Doch, rief ich. Jungen, also junge Männer sind schwach, weißt du, diese blauen Filme, sagte die Schwester, die blauen Hefte, schon allein, was sie da am Flughafen alles sehen. Ich kannte blaue Briefe an Mitschüler oder die Bundesregierung, blauen Himmel, himmelblaues Meer. Die Schwester aber wollte das Wort nicht aussprechen, kreiste mit blau und duweißtschon ums Wort, bis ich nachhalf, meinst du Pornos. Die Schwester seufzte, weil ich es ausgesprochen hatte, das gottlose Wort. Ich sagte, achso, du meinst, unsere Flughäfen hängen voller nackter Weiber. Da war was dran, Götzendienst, Götterspeise. Nicht nur eure, in Tel Aviv ist das auch nicht viel besser. Du bindest den Jungs einfach Augenbinden um für die Anreise. Ich mußte lachen bei der Vorstellung, wie Elieser und Schimon blind durch den Flughafen irrten, fremden Frauen versehentlich in den Schoß stolperten, erst in unserer Wohnung würden wir ihnen die Augenbinden abnehmen, geblendet würden sie sein von all dem Weiß. Wir werden alle Pornos wegsperren, Sara, und die Mama hat gesagt, sie hilft mir koschern vorher.

Aber die Schwester blieb dabei und erzählte mir zum besseren Verständnis die Geschichte eines Jugendlichem beim Militär. Eines Jungen wie Ben. Vor lauter Kameradschaft war der im Zelt nicht umhingekommen, blaue Filme zu sehen. Pornos zu deutsch. Blaue Kameraden, blaue Hefte, nichts außergewöhnliches. Damals war Ben noch kein Jude gewesen, schon gar kein orthodoxer. Egal. Sosehr der Fromme sich nun wehrte, seither verfolgten ihn diese Bilder. Ich malte mir Ben aus, in der Synagoge, wie er, statt sich auf seinen Einen zu konzentrieren, versehentlich an gottlose Körper im Auf und Ab der göttlichen Fortpflanzungsbewegung dachte. Und genau das wollte er seinen Knaben nicht zumuten, diese für immer gestörte Zwiesprache. Was meine Schwester verstand, wie sie behauptete, ein einziges falsches Bild könne so eine Kinderseele kaputtmachen für immer. Ohnehin, es entschied ihr persönlicher Rabbiner, besser, die Jungen bleiben hier, wie gesagt. Er schien allerhand zu wissen, unter anderem auch, nach der wievielten Fehlgeburt eine Frau ein Jahr aussetzen durfte, künstlich die Fruchtbarkeit herabregeln, ihrem ausgezehrten Körper eine Pause gönnen, bevor sie weiter gebar, in sich eines dieser Wesen heranfütterte, ein Jungelchen, das mit vierzehn heimlich in einem blauen Heft blättern würde, was denn sonst. Ich war sehr wütend. Dieser Rabbi und Ben, abgelenkt von Geistesblitzen in Gestalt von Frauen, ihren waghalsigen Dekolletés, freizügigen Fußfesseln, entfesselten Haarsträhnen, entblößten Knien und Ellbogen und schlimmer, viel schlimmer, verboten meinen Lieblingsneffen nach Deutschland zu reisen zu meiner Hochzeit, zu mir, zu Hugo, zu ihren Großeltern, die alle Reisen sponserten.

Schwesterherz, aber wir werden heiraten, mein Kerl und ich, ist dir das klar. Das ist schön, Kleines, ich freue mich für dich. Ein Versprechen ist ein Versprechen. Was soll ich machen, weißt du, wenn ich an den See Genezareth fahre mit den Kindern, dann laufen da auch Frauen herum in kurzen Hosen und mit offenem Haar so wie du, aber diese Frauen kennen wir nicht, da ist es leichter für mich mit den Kindern, verstehst du, dich aber und euch mögen die Kinder, sollen sie ja auch, sie finden euch toll, da ist es um so schwieriger, ihnen zu erklären, daß wir anders leben, unser Glaube verlangt, daß wir ohne blaue Filme leben und all das. Ich brauste auf, habt ihr noch nie davon gehört, daß die Welt voller Widersprüche ist, daß das die Natur ist von Gottes Werk, welcher Gott auch immer, die Tante läuft rum wie eine Nutte und redet wie ein gottloser Mann, dennoch ist es in Ordnung, mit ihr Fußball zu spielen oder Schach, mit ihr tote Katzen zu finden, ihre Verwesung zu dokumentieren und in den toten Augen nach dem Sinn des Sterbens zu suchen, welches kein Ende nehmen wird, auch nicht in eurem wehrhaften Streifenland, das dem ständigen Bodenkampf ausgesetzt ist, seit Gott in der Ecke mehrmals zu verschiedenen Leuten gesprochen hat. Sie antwortete nicht.

Der Vater und die Mutter und die Brüder rieten, die Wertvorstellungen der jüdischen Schwester um Gottes willen nicht persönlich zu nehmen, das geht nicht gegen dich. Ich wütete durch die Wohnung und zerriß die Hochzeitspapiere. Der Mann des Lebens wurde böse über den Wankelmut seiner Geliebten, daß aus der Verlobung jetzt regelrecht ein Trauerfall wurde. Er klappte unwirsch den Deckel seines Laptops zu und quetschte der Rothaarigen mit den großen Brüsten, die seinen Bildschirmschoner bewohnte und ihn täglich anspornte, die Dinger ein, aua, du blöder Arsch. Morgen würde sie dennoch verläßlich zur Stelle sein, keine Frage, ihren Vorbau präsentieren und streng dreinblicken, bevor der Mann sich an sein Tagwerk machte, zweiter Akt, Cosi fan tutte.

Während der Wartezeit im Standesamt zur Beglaubigung der neuen Papiere verkrachten wir uns über unsere zukünftige wilde Ehe, betreffend Treue, Liebhabereien, bis daß der Tod euch scheidet, fast hätten wir alles hingeschmissen, dann taten wir es dennoch, Sommer, Hochzeit auf dem Lande mit wenigen Freundinnen, Brüdern, Eltern. Die Schwester war überraschend schwanger geworden und wollte in den ersten vier Monaten nichts riskieren, sonst wäre sie natürlich gekommen mit ihrem Jüngsten, ja ja ja natürlich verstand ich das, höhere Gewalt. Tatsächlich wurde sie nicht als Überraschungsgast eingeflogen. Dafür hatte Paul seinen Sohn mitgebracht, einen allerliebsten amerikanischen Juden mit langen schwarzen Wimpern, wir fingen Babyfrösche, gaben ihnen Namen und bestellten ihnen per Telefon Flugtickets für die USA, damit sie den Neffen begleiten konnten auf dem Rückweg. Der Junge sprach amerikanisch, als hätte er den Mund voll Kaugummi oder Babyfrösche, und zaghaftes Deutsch, ganze Sätze mit Subjekt, Prädikat, Objekt, sie schickten ihn auf eine Deutsche Schule, selbst seine Mutter gab sich eine Heidenmühe mit der Vatersprache. In der Nacht vor der Trauung nähte ich mit der besten Freundin aus alten Gardinen einen zwölf Meter langen Schleier, und als ich ihn am nächsten Morgen mutterseelenallein ins Haar steckte, vergoß ich die berüchtigten Tränen der Ungewißheit. Und du warst nicht dabei.

Abschied vom Streifenland

Ich bin richtig aufgeregt, als ich nach einer Woche die Siedlung zum ersten Mal verlassen soll. Wie ist das draußen? Ich bin zur Halbjüdin geworden, flachse ich der Mutter beim Frühstück zu, wie ich streng den Mädels hinterhergucke, ob da nicht ein Rock ein bißchen kurz geraten ist, ob da nicht ein paar zu viele Strähnen unter der Mütze hervorlugen, wie ich schamhaft den Augen der Männer ausweiche, wie ich kleine Schritte mache über die Straßen, wie ich gar nicht mehr auf die Idee komme, mich mit den Neffen von Stange zu Stange zu hangeln auf den Spielplätzen, wie ich nur in der Wohnung laut werde als liebeshungriges Krokodil, von dem die Neffen nicht genug kriegen, wenn wir mit den Handpuppen aus Deutschland spielen.

Dem Engel haben wir die Flügel abgeschnitten, damit Michal damit Prinzessin spielen kann. Engel kennen wir in der Form nicht, hat Sara gesagt. Wie, in der Tora kommen doch Sendboten Gottes vor. Schon, aber die brauchen keine Flügel, damit hat sie mir die Schere gereicht. Mir ist ein bißchen komisch zumute gewesen, als ich dem blonden Wesen die Filzflügelchen abgeschnitten habe, während Michal ungeduldig wartete, daß sie ihm endlich die Wollhaare kämmen konnte. Was weiß ich, ob junge Engel Nerven in den Flügeln haben.

Die Mutter winkt mich zu sich und zeigt mir die Deutschübungshefte, die sie ihrer Tochter vor Jahren geschickt hatte. An einigen Stellen hat Sara Bilder korrigiert, statt nackiger Beinchen tragen Mädchen Strumpfhosen, Jungen lange Hosen, Schweine hat sie komplett überklebt, das Wort Schwein wird nicht zu ihrem Sprachschatz gehören, Schweine sind tabu wie Witze über Moses. Wandkreuze und sogar Fensterkreuze wurden mit Deckweiß überpinselt, das Kreuz hat die Schwester ganz und gar aus dem Heft gelöscht, das Kreuz hat den Juden nur Kummer und Tod gebracht. Halbjuden gibt es nicht, Schwesterherz, korrigiert Sara aus der Küche, das war eine von Hitlers Erfindungen.

Wir haben auf meine Kosten einen Mietwagen bestellt, da Ben die Familienkutsche braucht, um zu seinem Unternehmensseminar nach Jerusalem zu fahren, sie wollen den Handel mit den Mesusot ausbauen. Israel schläft satt auf dem Rücksitz ein, kaum, daß wir die Schranken der Siedlung hinter uns lassen. Ich habe Lust zu singen, von den blauen Bergen kommen wir, fehlt nur Vaters Mundharmonika. Mitten in der ersten Kurve hält Sara an, sagt, warte mal, bevor ich das vergesse, friemelt ein eingeschweißtes Heftchen aus ihrer Handtasche und murmelt ein Gebet. Mitten auf der Straße. Ich schaue durchs Heck, ob uns in der Zwischenzeit jemand hinten reindonnert. Selig sind die Schlafenden. Ich spiele mit dem Gedanken, Israel nach vorne auf meinen Schoß zu nehmen, die Straße ist schlecht einsehbar, strecke die Hände nach dem Unschuldslamm aus, da kommt tatsächlich ein Wagen angeschossen, hupt, schert auf die Gegenspur aus, rast vorbei. Entschuldige, lächelt die Schwester und verstaut ihr Textbuch flink in der Handtasche, ich wollte nur schnell den Segen für unsere Reise erbitten. Nee klar, ich bin so aufgedreht, daß ich heute über all das nur grinsen kann. Ich fahre so selten, deswegen, entschuldigt sie ihr Schneckentempo auf der Landstraße in den Hügeln, die Israelis fahren wie die Henker, eigentlich darf ein Jude nicht schlecht über einen anderen Juden sprechen, aber was die Fahrweise der israelischen Männer angeht, guck dir den an, Mann, du Blödarsch, entfährt es ihr, während sie hart auf die Bremse geht, auf der Autobahn wird es noch schlimmer, wart's ab, da bauen die ihr Ego auf, indem sie konstant auf der Überholspur fahren, auch wenn aus dem Wagen nur achtzig Stundenkilometer rauszuholen sind. Und lacht. Was Töne, hat sie gerade Blödarsch gesagt? Wir sind noch in den Hügeln von Judäa, Gott hört alles, Schwester, vielleicht sollte ich zur Abwechslung mal ein Wörtchen mit ihm reden. Lieber Gott, laß es ihr durchgehen, bitte notier es nicht auf ihrem Kontoauszug, sei nicht so katholisch.

Bin mal gespannt, ob wir das Hotel finden, sprudelt sie weiter. Herr Freymann hat uns von einem orthodoxen Strand in Tel Aviv erzählt, Montag, Mittwoch und Freitag Baden für Frauen, Dienstag, Donnerstag, Sonntag für Männer. Ach warte mal. Diesmal paßt sie eine Haltebucht ab, um sich den Segen für *Den-Weg-finden* abzuholen. Diese Gebete erinnern mich an eine Schauspielkollegin, die gegen die Hoffnungslosigkeit Kontakt aufgenommen hatte mit dem Universum, fast täglich schrieb sie Wünsche und Bestellungen auf hellblaue Zettel, lief damit zum Alexanderplatz und deponierte sie in einem blauen Papiermüllcontainer, ihrer persönlichen Klagemauer, das Recycling sei ihr besonders wichtig, erklärte sie mir, das Universum vergißt nichts, andere stopften ihre Briefe in Baumlöcher uralter Eichen oder warfen sie in die Spree, davon hielt sie gar nichts. Irgendwann wurde es ihr zu anstrengend, und sie begann, die Zettel im Kopf zu beschriften und im Geiste zum Alex zu tragen, das wirke genauso, man muß nur genau formulieren, erklärte sie mit ernster Miene und blieb erfolglos wie eh und je.

Der Ben hatte ein bißchen Angst wegen deiner Garderobe, und weil du so ein Wildfang bist, plaudert die Schwester los, aber das hast du ja toll im Griff. Schwestern sollten öfter gemeinsam Auto fahren, stelle ich fest, wir schauen aus dem Fenster in ähnliche Richtungen, die Gedanken schweifen frei über die karge Landschaft ab und kommen sich nicht dauernd an irgendwelchen Prinzipien ins Gehege. Wir erzählen ohne Sorge, daß die Mutter sich aus dem Wohnzimmer einmischen könnte, oder Ben unser Geblödel aufreizt, ohne Anspruch auf allgemeine Gültigkeit. Als der Kleine erwacht und kräht, klettere ich nach hinten und füttere ihn mit Banane und Salzkeksen. Fehlt dir hier eigentlich gar nichts, frage ich die Schwester, während wir in die Außenbezirke von Tel Aviv einfahren, Wegweiser, Werbeplakate, ambitionierte Architektur, Chaos wild gewachsener Zivilisation, Schilder Richtung Flughafen, Palmen, Spätsommerparks. Die Schwester pezt die Augen zusammen, Moment, hätte ich jetzt da rausgemußt. Hochhäuser recken sich in kuriosen Windungen nach dem Himmel, in dem Möwen kreisen und auf die Vorstadt scheißen, Nicole Kidman schaut vom Brückenpfeiler aus verletzlich in die Gegend. Wir donnern unter Autobahnzubringern durch, an braunen Palmen vorbei, Menschen in T-Shirts warten an Ampeln, heißer September in einer Meermetropole, grauer Schimmer auf einst strahlend weißen Bauhausbauten, Müllberge am Straßenrand, Männer transportieren Getränkekisten in Autos, Frauen tragen Sonnenbrillen und verfolgen unorthodoxe Ziele. Schade ist, daß ich nie mit meinen Söhnen an den Strand darf, gibt die Schwester zu. Das kleine Eingeständnis überfällt mich wie ein Geschenk. Söhne, klangvolles Wort.

Irgendwie funktioniert das mit ihrem Draht zum Universum, wir finden ohne Umschweife das Hotel und den Parkplatz für den orthodoxen Strand, der heute ein Frauenstrand ist. Die Schwester freut sich diebisch über das Wunder. Zwischen verrotteten Lagerhallen glitzert das Mittelmeer. Die Jungs an der Kasse schauen mir schamlos ins Gesicht, während sie sich mit nichts als Badehosen am Leib in ihrem schattigen Büro räkeln und das Strandbad im Auge behalten, in dem um die Mittagszeit nicht viel los ist. Ich halte ihrem Blick keine Sekunde stand, puh, könnten nicht an den Frauentagen Frauen den Job erledigen, so entwöhnt bin ich von unverhohlenem Interesse männlichen Geschlechtes und muskulösen Oberkörpern. Die Schwester ist im Vorteil, sie hat sich von einer ihrer vielen befreundeten Nachbarinnen ein knielanges Gummikleid geliehen. Mein Badeanzug bedeckt gerade das Primäre und Sekundäre. Bis wenige Zentimeter vor dem Wasserrand umschlinge ich mich mit dem Handtuch, dann hole ich tief Luft, werfe es hinter mich, reiße mir das Tuch vom Haupt und stürze kopfüber ins Mittelmeer, Salzwasser, geliebtes Element, die Sonnenbrille rutscht mir von der Nase und sinkt ins Ungewisse.

Israel quietscht, zieht Grimassen, spuckt uns Salziges ins Gesicht und zappelt mit allen Gliedmaßen, er ist wahnsinnig süß, und die Schwester fragt, sag mal, willst du keine Kinder, ich finde, das ist das Schönste auf der Welt. So warst du schon immer, pruste ich zurück, du hättest mit zwölf schon Kinder kriegen können. Das Wasser ist aufgewühlt, Plastikfäden schwimmen zwischen Holzresten und Undefinierbarem, wir sollten ein Stück weiter rausgehen, wo man nicht mehr stehen kann, schlage ich vor. Wir sind tatsächlich ans Meer gefahren, nur wir zwei, die Schwester und ich und der winzige Israel Meir, der alles mitmacht, wozu wir Lust haben, bis es ihm irgendwann zu bunt wird. Mir fällt die Kurzmitteilung ein, die ich vor einem halben Jahr vom Mann des Lebens erhielt, aus heiterem Himmel, *Komm, wir ziehen ans Meer und machen Kind.* Da war er gerade in Italien, vermißte mich und ließ sich von den kinderlieben Italienern hinreißen zu derlei Schwachheiten. Ich fing an zu weinen mit dem Handy in der Hand und wußte gar nicht, wie mir geschah, denn Kinder waren bei uns kein Thema, im Gegenteil. Weißt du, wir reisen viel und brauchen unsere Ruhe, wer kann sagen, was die Zukunft bringt. Warum ziere ich mich eigentlich so, fürchte ich, daß der Platzhirsch und Einsiedlerkrebs mir davonläuft, wenn das kleine Bündel nachts durchplärrt, nachher dazuhocken mit der ganzen Schar auf dem Trokkenen, und der Typ fängt sich einen frischen Fisch, sorge ich mich, daß meine Kinder eines Tages das Weite suchen werden, um dem Bannkreis meiner bis dahin antiquierten Moral und überbordenden Liebe zu entkommen, fürchte ich, daß ich sie nicht werde loslassen können, bleibe ich deshalb lieber um diese Erfahrung ärmer.

Kinder, ja, doch, nein, vielleicht, ach. Die Schwester ahnt nicht, wie oft ich in der langen Zeit, die wir uns nicht gesehen hatten, Trennung geschrien hatte, ich reise ab, zuletzt Scheidung gebrüllt, von dem schwierigen Kerl, der ein Tyrann war, ein Eigenbrötler, Vereinnahmer, der Mann, an dem ich hing und der mich nicht weggehen ließ, wie oft hatte die beste Freundin in letzter Minute Erste Hilfe leisten müssen im Lazarett unserer Ehe. Mein Leben war ein ständiges Aufbrechen und Zusammenraufen gewesen, Zusammenbrechen und Wiederaufbauen. Du hast ganz schön Falten gekriegt, Kleines, hatte die Schwester mich vor ein paar Wochen auf Hugos Hochzeit begrüßt. Danke, wir haben uns vier Jahre nicht gesehen, dachtest du, ich laß mich inzwischen konservieren. Sie hatte recht, das Leben hat Spuren hinterlassen. Paul hatte das zweite Kind in die Welt gesetzt mit seiner jüdischen Frau, ein Mädchen mit schneeblonden Haaren. Wann ist es bei euch soweit, hatte er nach der Hochzeit über den Ozean gemailt, Fragen über Fragen, ja, also, Kinder, also ich weiß nicht, vielleicht.

Die Große übergibt mir den Schwimmreif mit dem kleinen

Menschen drin und läßt sich rückwärts ins Wasser fallen. Sie schwimmt ein paar lange Züge in Richtung Horizont. Als sie sich schnaubend umdreht, glücklich, verspielt, ist ihr Haarschutz abgerutscht, ihre nasses Gesicht von glatt anliegenden braunen Haaren umrahmt, schulterlang sind die geworden, sexy, meine Schwester. Ich mache ihr ein Zeichen, Achtung Achtung, deine Haare. Erschrocken greift sie nach dem Kopf, wuselt mit den Händen durchs Wasser auf der Suche nach der Mütze, findet sie, unendlich erleichtert, stülpt sie über. Ihre großen Handaugen, in den Wimpern haben sich Tropfen verfangen, ihre ausgelassenen Bewegungen, die langen Gliedmaßen im blaugrau. Ich staune, während Israel wie ein Propeller aufs Wasser einboxt, wie sehr sie die alte ist, obwohl sie mit Haut und Haaren eine Neue geworden ist. Wie sehr sie unseren kleinen Ausflug in einen Horizont voller blauer Freiheit genießt.

Nach dem Bad futtern wir Butterbrote, nach den Broten füttern wir Israel, nach dem Füttern spielen wir Strandball im heißen Sand, und Israel wird ungeduldig, nach dem Ballspiel gehen wir wieder baden, nach dem Baden liegen wir im Halbschatten rum, ich lese *Diebe in der Nacht*, und die Große telefoniert mit ihrem Mann wegen Erledigungen beim Baumarkt. Als wir zum dritten Mal trocken sind, stopfen wir alles zu Israel in den Kinderwagen, schleifen ihn zum Ausgang, werfen einen letzten Blick auf das Meer, die jungen Jüdinnen im Bikini, die die Ruhe des orthodoxen Strandes genießen, und die Baywatcher, die sie mit Blicken weiter entkleiden, als sie es ohnehin schon getan haben. Mir rinnt der Schweiß ins Mietauto. Tel Aviv, nächstes Mal bleibe ich ein paar Tage länger, welches nächste Mal. Wann kommst du wieder, wird die Schwester zum Abschied fragen. Mal sehen, nächstes Jahr vielleicht.

Sichverlieben gehört aber doch zu den tollsten Erfahrungen des Lebens. Auf der Rückfahrt sind wir satt, wohlig angefüllt von ein bißchen Glück aus Salzwasser und Saras Apfelkokoskuchen. Ich weiß auch nicht, warum ich ausgerechnet jetzt darauf herumreite. Vielleicht ist es genau der richtige Moment, keiner hat Kraft, ernsthaft in Verteidigungsstellung zu gehen. Wir passieren den sehnsüchtigen Augenaufschlag von Nicole Kidman über ihre zarte Schulter hinweg. Du kennst die, erstaunt sich Sara. Jeder kennt die, nur du nicht. Wir lassen die Stadt hinter uns, die Autobahn ist voll, Feierabend. Du mußt nicht denken, daß unsere Kinder zum Heiraten jemanden vorgesetzt kriegen, den sie überhaupt nicht leiden können, sie dürfen natürlich sagen, ob sie einverstanden sind. Und wenn nicht. Schweigen. Was passiert, wenn sie irgendwann feststellen, daß sie ganz anders leben wollen, als ihr es ihnen beibringt, Nicole Kidman im Kino sehen, Pizza mit Salami und Mozarella futtern. Die Schwester lacht, sie können heute eine Pizza mit Käse und morgen eine mit Fleisch essen, was ist daran so schlimm. Was passiert, wenn einer ausbricht. Sobald er volljährig ist, kann er machen, was er will, er muß nicht aus der Familie verbannt werden, wenn er weggeht, aber vorher, also bis dahin, wird er gezogen von der Gemeinschaft, er bekommt Hilfe, man leitet ihn auf die rechte Bahn. Gezogen, denke ich träge, die Schwester vermeidet das Wort Zwang. Sie fragt nach einem Schluck Leitungswasser, die Plastikflasche hat sich den halben Tag im Auto aufgeheizt, Erfrischung ist nicht zu haben. Es ist schon ein Problem, wenn er jung ist und sich widersetzt, manchmal wird seiner Familie dann nahegelegt, die Siedlung zu verlassen, damit sich der Unglaube nicht ausbreitet wie eine ansteckende Krankheit. Mann, Claudia, Sara, achte mal auf deine Wortwahl, sitzt hier vielleicht eine Pestbeule neben dir oder was. Weißt du, es ist uns schon klar, daß wir extrem leben, aber wenn du dich einmal entschieden hast, gibt es kein Zurück, der Ben war ja früher auch anders, der ist Tauchen gewesen und Motorrad fahren, das werden seine Söhne alles nicht erleben. Plötzlich schwingt sogar Wehmut mit.

Für den Abend ist großes Musizieren verabredet, Trompete, Gitarre, Klavier, und endlich lüfte ich das Geheimnis um den schwarzen Kasten, den die Kinder seit dem ersten Tag neugierig beäugen. Ehrfürchtig beobachten sie, wie ich den Bogen spanne, die Schulterstütze an den Holzkörper klemme, die Saiten auf Saras A einstimme. Das Piano klingt in sich unsauber, vermutlich haben sie sich seit dem Auszug aus dem Elternhaus keinen Klavierstimmer geleistet, Prioritäten. Mit offenem Mund lauscht Elieser zwei Tonleitern, mit denen ich die steifen Finger aufwärme, während die Schwester unsere Noten sucht. Schön, sagt Elieser, und will sofort die Geige anprobieren, auch mal den Bogen über die Saiten führen. Was kostet, fragt er mit Samtfellstimme. Ich sage ihm, was das Instrument in D-Mark gekostet hat, dann die Summe in Euro, dann rechnen wir mit der Oma, wie viele Schekel das wären, und er überlegt fieberhaft, wie lange seine Familie sparen müßte, damit er sich wenigstens ein Fabrikinstrument kaufen könnte. Elieser ist viel mit solchen Rechnungen beschäftigt. Wenn er etwas besonders heftig begehrt, zum Beispiel ein Funkgerät, überzeugt er den Zweitältesten davon, es sich zum Geburtstag zu wünschen. Schimon tut das gerne, er bewundert den großen Bruder, der die Aufmerksamkeit auf sich und seine zahlreichen Fähigkeiten zieht, sie verbringen die meiste Zeit gemeinsam, eilen morgens und abends zur Beit Knesset, lesen auf dem Nachhauseweg streundende Tiere auf, fahren Rollerblades im Park, treffen Freunde am Klettergerüst, rätseln, wer bei der Schultombola den großen Preis gewinnt, sie haben ein Auge auf ihre kleinen Geschwister und sind lieb zur Tante, wenn sie spüren, daß die sich fehl am Platz fühlt.

Nachdem die ganze Bande auf der Geige herumgekratzt hat, fangen wir an, Bach a-moll, vorsorglich fuddele ich mich im Affenzahn durch die schwierigen Stellen, so daß die Schwester schon in Takt achtzehn aus der Kurve fliegt, hey Kleines, nicht so flott, ich hab viel mehr Töne zu spielen als du. Schön, sagt Elieser, obwohl wir dauernd unsauber aus dem Takt geraten. Ja, gell, das machen sie gut, schnieft die Mutter und kaschiert ihre Rührung hinter ihrer Verkühlung, geh, ihr müßt mal langsam Zähneputzen alle miteinander, ab marsch, marsch, wo ist schon wieder der Mosche hin. Wir spielen fast drei Stunden Schubert, Dvorák, nochmal unseren Bach, wir nehmen keine Rücksicht auf die Nachbarschaft, als es längst nach zehn ist, und die Kinder brav im Bett, wagen uns an die Beethovensonate heran, die wir noch nie zusammen probiert haben, die Noten hatte ich der Schwester vor über zehn Jahren zum Geburtstag geschenkt, als sie beide Kalender noch gelten ließ und ich wußte, an welchem Tag sie geboren ist. Mitten in der Nacht kommen die Großen im Pyjama ins Wohnzimmer geschlichen, sie haben eine Leerkassette gefunden und wollen unsere Stücke aufnehmen, was uns ehrt. Die Schwester hat eine Ausrede parat, der Kassettenrecorder ist futsch, beim nächsten Mal vielleicht, geht bitte schlafen. Sie verabschieden sich mit einem zweiten Gutenachtkuß, der mich über Gebühr glücklich macht.

Ihr könnt eigentlich auch gleich hierbleiben heute nacht, schlägt Sara der Mutter vor, der Ben kommt erst morgen mittag von seiner Übung zurück. Also beziehen wir für die Mutter das Sofa im Wohnzimmer, Sara verteilt Leggings und Nachthemden. Während ich im Flur auf ihre Zahnbürste warte, schiebe ich leise die angelehnte Tür zum Kinderzimmer auf. In der Dunkelheit der friedliche Atem von vier kleinen Juden. Ich versuche, die

Kinderkörper zu unterscheiden, die sich teilweise die Laken vom Leib gestrampelt haben, wer schläft oben, wessen Beine liegen quer über dem Kopfkissen des Geschwisterchens, Elieser hat sich neben seiner Matratze auf dem Fußboden ausgestreckt wie früher in der Hitze am Fluß.

Sara legt sich in Bens Bett und überläßt mir ihres, zwischen uns hinter Gittern schmatzt Israel im Schlaf. Ich starre ins Dunkel. Das Elternschlafzimmer hat ein Fenster zum Garten, mit Blick übers Tal zum Nachbardorf, der Fensterladen aus Stahl ist fest verschlossen, könnt ihr euch das überhaupt vorstellen, hier einschlafen ohne dieses Kribbeln, ohne den Haß des Nachbarn, würdet ihr euch das wünschen. Schläfst du schon, fragt Sara in die Stille. Nee, ich sortiere gerade meine Alpträume. Sara grunzt. Ihre Nachbarin hat ein Kind verloren, sagt sie. Bei mir kommt sogleich die Terrormaschinerie in Gang, Achse des Bösen, ich stelle mir ein Massaker im Kindergarten vor, ein Araber mit Sprengstoffgürtel undsoweiter. Den kleinen Zwicki, der war erst elf Monate alt, er hat mitten in der Nacht einfach aufgehört zu atmen. Man vergißt völlig, daß es hier auch sozusagen normale Krankheiten gibt, natürlichen Tod, Unfälle bei der Hausarbeit, neulich wurde Mosche von einer Wespe gestochen, komischer Name, Zwicki, wieso hört der auf zu atmen. Plötzlicher Kindstod heißt das glaub ich, sowas kommt vor. Die Schwester scheint nicht müde zu sein. Vielleicht sind das die Geschichten, von denen immer die Rede ist, wenn über das Fernsehen geschimpft wird, früher, da haben die Leute abends nach getaner Arbeit noch um den Ofen gesessen und sich Geschichten erzählt.

In der ersten Zeit nach so einem Todesfall kommen die engsten Verwandten in der Wohnung zusammen, erklärt sie mir, die Eltern und Geschwister, die betrauern ihren Toten, sie tun nichts außer trauern, Freunde und Nachbarn kommen vorbei und drücken ihr Beileid aus und kümmern sich um alles, kaufen ein, kochen für die Familie, spülen das Geschirr ab, die Trauernden sollen nichts tun außer zusammensitzen und trauern, das geht sieben Tage so. Solche Rituale sind gut, murmele ich, das fehlt uns, als die Oma gestorben ist, hab ich manchmal in ihrer Wohnung vor dem Fernseher gesessen und den dunklen Bildschirm angestarrt, mitten im Winter hat plötzlich eine Nachtigall zu singen angefangen vor dem Fenster, auch eine Art Schiwa, ich, Omas Bonbons und die bekloppte Nachtigall. Wenn die Großmutter uns jetzt sehen könnte, im Besetzten Gebiet, in einem gepanzerten Schlafzimmer, hinter den Röcken im Kleiderschrank ist Bens Gewehr an die Wand montiert. Ich richte mich lautlos auf und wage einen Blick ins Kinderbett, wo sich Israel zum Embryo zusammengerollt hat und schnurrend atmet durch seine verschnupfte Nase.

Die Großmutter hatte nicht ins Krankenhaus gewollt, wir sollten sie Zuhause sterben lassen, das hatte sie allen eingebleut, doch eines Nachts spielte ihr Herz verrückt und jagte ihr eine Todesangst ein, da hat sie telefoniert, man sie abgeholt, Ambulanz, bei der Operation ist etwas schiefgelaufen, die Großmutter wurde in ein künstliches Koma gefällt, aus dem sie nicht mehr erwachte, das letzte, was ich von ihr gesehen habe, war ihre entblößte Schulter, ihr Gesicht, der zerquetschte Arm, alles blau, braun und gelb von den Wiederbelebungsversuchen, Schläuche durch Hals und Nase, Fusionen am Handgelenk, meine würdevolle Jahrhundertgroßmutter halbnackt auf der Intensivstation neben einem ebenfalls weggetretenen Herrn, ihre jahrzehntelang verstrittenen Kinder begannen noch am Totenbett, wieder miteinander zu reden, bevor sie sich über dem Erbe erneut verfeindeten.

Die Schwester erzählt von dreißig Tagen nach der ersten Woche, in denen das Leben der Trauernden laut Gesetz langsam wieder Normalität annehmen soll, diese Zeit ist zwar der Trauer gewidmet, aber allmählich nimmt die Familie wieder teil am Leben und an der Gemeinschaft, dann folgt noch ein ganzes Jahr der Trauer. Als die dreißig Tage um waren, bin ich der Nachbarin begegnet, sagt sie, und ihre Stimme klingt wie Claudias Stimme früher unter dem Regal mit den Ponyromanen, und sie hat mich angelächelt, zum ersten Mal seit dem Unglück, das war genau nach dieser Zeit, sie hat zu mir gesagt, diese dreißig Tage, das war die härteste Zeit ihres Lebens, und danach hat sie plötzlich ganz anders ausgesehen, da konnte sie wieder lächeln. Weißt du, dafür sind unsere Gesetze gut, auch wenn es sich komisch anhört. Ja, ich weiß.

Kurz darauf schläft die Schwester ein und läßt mich mit den Toten allein. Kaum, daß ich einzuschlafen drohe, hört Israel zu atmen auf, davon schrecke ich jedesmal hoch, krabbele neben sein Bett und beobachte ihn solange, bis er wieder anfängt mit seinem Schnupfenkatzenschnurren. Einmal gibt er partout keinen Laut von sich, ich rüttele sanft an seinem Bett, aber es rührt ihn nicht, ich beuge mich tief über seinen Schlafsack, nichts, ich tippe ihn vorsichtig an die Schulter, leblos verharrt er in der Dunkelheit, die nur durch das Luftloch im Fensterladen durchbrochen wird, panisch schubse ich ihn, bis er anfängt zu weinen, wovon die Schwester erwacht, sich wundert, weil der Fratz längst durchschläft, sich sogar entschuldigt bei mir für den Lärm, ihn an sich nimmt und mit ihrer warmen Muttermilch einschläfert. Hoffentlich erdrückt sie ihn nicht mit ihren Armen oder den schweren Milchbrüsten, denke ich noch, dann bin ich für Sekunden weg. Zeit genug für eine palästinensische Rachebrigade, die Wohnung zu stürmen und alle im Schlafzimmer zusammenzurotten, die Schwester fuchtelt mit den Armen und schreit nein nein, die Buben zittern, die Maskierten zerren das Mädchen am Arm, ich bin längst am Kleiderschrank und versuche, das Maschinengewehr aus der Verankerung zu reißen, drehen, ruft die Mutter, du mußt den Hebel drehen, aber meine Finger finden keinen Hebel. Michal kreischt wie am Spieß, dazu das verwirrte Geflatter der Wellensittiche, die in der Dunkelheit die Decke rammen. Was nutzt mir die Waffe ohne Munition bei Männern, die den Tod mehr lieben als das Leben. Nein, die Schwester brüllt den Namen ihrer Tochter mit einer mir unbekannten Stimme, das Brüllen einer Kuh, der die Euter schmerzen, und ich wundere mich über die Seelenruhe ihres Säuglings, der im Schlaf nach ihrer Brust tastet. Die Schwester steht mit Israel auf dem Arm über dem Gitterbett, aus dem Flur fällt schwaches Licht herein, ach, jetzt haben wir dich geweckt, ich war nur kurz auf dem Klo, Israel Meir kann nicht schlafen, entschuldige, die Tür macht so einen Lärm. Benommen watschele ich Richtung Bad, ich geh auch mal eben, murmele ich, wieder das unheimliche Stöhnen der Tür, ich schleiche ins Wohnzimmer, wo die Mutter ungerührt Baumstämme zersägt, die Schiebetür nach draußen steht einen Spalt offen, ein Lufthauch fährt den Wellensittichen ins Gefieder, die Leib an Leib weich auf der Stange ruhen, ich taste mich am Kopf der Mutter vorbei zur Verandatür, überprüfe vorsichtig, ob das Gitter verschlossen ist. Als ich die Klinke betätige, verstummt das Schnarchen, die Mutter schrickt hoch, ach du bist das, Gott, hab ich wirres Zeug geträumt, was machst du denn da. Nichts. Ich lege den Finger auf die Lippen und schleiche zurück zum Flur, an der Kinderzimmertür kann ich nicht widerstehen, schiebe sie lautlos auf, werfe einen Blick hinein. Da ist noch alles wie sonst. Elieser hat sein Laken zu sich auf den Boden gezogen, Schimon schläft in Königsstellung, Michal hat sich an die Wand gerollt, Mosche liegt quer über dem Kissen seines Nachbarn. Auch im Elternschlafzimmer herrscht Frieden, die Schwester ist beim Wiegen eingenickt, ihre Hand hängt schlaff durchs Gitter, Israel schmatzt im Kinderbett. Für den Rest der Nacht werde ich seinen Schlaf bewachen.

Unter uns Europa, schemenhaft grau sind Berghaufen an den Knautschzonen der Kontinentalplatten zu erkennen, die ihre Zacken mit Schnee bepudert haben. Die Sonne macht beim großen Bruder in Kalifornien einen Mittag. Irgendwo rechts müßte Wien liegen, wo der Mann des Lebens verpätet aus seinem Nachmittagsschlaf erwacht, benommen zum Waschbecken taumelt und sich eiskaltes Wasser ins Gesicht spritzt für die Abendprobe, er sehnt sich nach den ruhigen Monaten, in denen er die nächste Oper vorbereitet, den Abenden im Kino, wenn er der Frau seines Lebens eine Tüte Gummibärchen spendiert. Ob der Vater schon unterwegs ist nach Frankfurt, um die verschnupfte Mutter mit dem Wagen abzuholen, ein Hörbuch im Kassettendeck, einen vereinsamten Hund im Heck, dessen Bruder eingeschläfert wurde. Und Hugo, zeugt er gerade das erste Kind mit seiner Frischvermählten, die nichtsahnend vor dem Fernseher ihren Feierabend verzappen wollte. Die Zeitung rutscht mir vom Knie. Die Mutter stößt mich in die Seite, deine Zeitung, und ich sage, ja ja ich weiß, und krümme mich nach ihr und denke, daß wir die zehn Tage ganz gut überstanden haben, Mutter, Tochter, Familie.

Bestimmt hat Sara die Reste vom Vorabend aufgewärmt, Ben futtert seine Portion im Stehen. Pizza mit Thunfisch, Tomaten und Oliven, unser Abschiedsessen, Limonade, Eis am Stil zum Nachtisch. Vor dem Essen gestern fuhren wir ein letztes Mal zum Spielplatz, Sara und die Oma kamen ausnahmsweise mit, wir hatten die Pingpongschläger eingepackt, die Elieser bei der Schultombola gewonnen hatte. Bei den Tischtennisplatten lungerten halbstarke Yeshiva-Schüler um einen Gelehrten herum und diskutierten und gestikulierten auf russisch, ich hatte den Eindruck, daß er ihnen beibrachte, selbständig zu denken, aber ich kann mich natürlich getäuscht haben, sentimental vom Abschiednehmen. Als den Kindern das Tischtennislernen zu anstrengend wurde, forderte Sara mich zum Duell, in unseren bodenlangen Röcken sprangen wir dem Ball hinterher wie früher im Garten der Eltern. Irgendwann unterbrach Mosche das Spiel, er mußte kacken und fand kein geeignetes Gebüsch, Sara klopfte bei einer ihrer vielen Bekannten, die neben dem Spielplatz wohnt, eine übergetretene Deutsche, deren Eltern manchmal aus Berlin zu Besuch kommen.

Lebst du noch Berlin, fragte Elieser beim Abendessen. Ja, ich dachte, kommt mich ruhig mal alle besuchen, aber ich sagte nichts, um Ben nicht zu reizen, wir haben Synagogen, koschere Restaurants, die jüdische Gemeinde schwillt russisch an, es gibt ein neues Museum, seht euch unser Holocaustmahnmal an, in das ich mich eines Nachts verirrt hatte, plötzlich war ich zwischen die Stelen geraten, über meinem Kopf schlenkerten Jugendliche mit den Beinen, tranken Bier, spielten Nachlauf, die Gänge hatten einen Sog, seltsame Stille, unnahbar Schritte und Stimmen, unheimlich, großkotzig, gefährlich.

Vor dem Zubettgehen schlang Schimon seine Arme um meinen Hals und sagte bye bye, er blieb sogar ein paar Sekunden auf meinem Schoß sitzen, obwohl er längst zehn ist. Der Große gab mir einen Kuß auf die Wange und hielt mir dann höflich die seine hin zum Erwidern. Ich zog ihn an mich und schloß ihn in die Arme, zehn, zwölf, was machte das für einen Unterschied, bye bye. Elieser wehrte sich nicht, aber ich merkte, wie er innerlich verkrampfte, schlaff baumelten seine Arme gegen meine Ellbogen. Selbst jetzt im Flieger steigt mir Schamröte ins Gesicht, wieso habe ich mich nicht mit unserem rituellen Küßchen begnügt, das er mir am Schabbatabend angeboten hatte, warum habe ich seine heilige Aura verletzt, seine Sinne verwirrt, pfui Teufel.

Am Flughafen hastiger Abschied im Parkverbot. Jerusalem machen wir nächstes Mal, schlug ich vor. Wann kommst du wieder, fragte Sara und rang dem Parkwächter mit wenigen Sätzen zwei weitere kostenlose Minuten ab. Die Mutter mahnte zur Eile wegen der endlosen Kontrollen, drei Stunden vor Abflug sollte man einchecken, wir hatten uns verspätet. Ach Mutter, das sieht hier keiner so eng, lachte die Schwester. Sie mußte sich gedulden, bis ihre Töchter letzte Heimlichkeiten ausgetauscht hatten, Grüße an die Männer des Lebens, paß auf dich auf undsoweiter, hey, schön, daß du mal mitgekommen bist. Kleines. Mhm, nickte ich, find ich auch, ja. Einsilbig, cool bleiben.

Die Mutterlok bahnte sich mit unserem Gepäckwagen souverän den Weg durch die Menschenmassen in der Abflughalle zur richtigen Schlange. Siehst du, wie voll das hier ist, wenn wir jetzt mal bloß nicht zu spät kommen. Die weltliche Welt. Ich staunte über die Maßen, immer noch im langen Shirt und Schabbatkleid mit Socken, beim Anblick der zur Schau gestellten Haut, anders als am Frauenstrand kam fast Ekel auf, wie schamlos sich hier die trotz Aircondition verschwitzten Leiber aneinanderdrängelten, ich setzte die Sonnenbrille auf zum Schutz. Am Schalter lauter junge Dinger zwischen monströsen Gepäckstücken, erntereife Mädchen, denen der Bauchspeck zwischen Minirock und rückenfreiem Bustier herausquoll, wo nur zwei Schnürchen das Top, das den Busen notfürftig bedeckte, am Rücken hielten, sie beugten sich zu dritt über ihre Handys, tippten mit langen Nägeln Kurznachrichten, grölten über prompte Antworten, fuhren sich durchs Haar, schossen Fotos Arm in Arm, glänzende lange Locken, Echthaar, Schultern zum Anbeißen, Brustwölbungen, keinerlei Geheimnisse, Oberarme, Nagellack, Knie. Eine zog ihre Lippen mit Gloss nach, als sie meinen fassungslosen Blick bemerkte, warf sie den Kopf zurück und wandte sich ab.

Ich mußte mich in einer Sonderschlange einordnen, da ich den höflichen Angestellten von El Al, die sich tausendmal entschuldigten für ihre tausend Fragen, gestanden hatte, daß ich etwas dabeihatte, was mir jemand zugesteckt hatte, es handelte sich um drei Batej Mesusot aus der Fabrikation meiner Schwester, die hatte ich ihr abgekauft, drei hübsche Holzrollen mit Hohlraum für den Segen auf Pergament, die werde ich in Berlin an die jüdische Gemeinde verkaufen, vielleicht kommt ein kleiner Handel in Gang. Der Schwager machte sich wenig Hoffnung, den meisten Juden da draußen sind unsere Rollen zu groß, sagte er, die wollen was Unauffälligeres neben ihrem Türrahmen. Vor mir wartete ein Mann Mitte Dreißig in orangem T-Shirt, groß, bullig, Südländer mit Brille, nicht mein Typ, trotzdem, ich hatte kaum eine andere Wahl, als während des Wartens seine breiten Schultern anzustarren, die sich unter dem engen Shirt abzeichneten und deren Muskeln beim Gewichtsverlagern vom Standbein aufs Spielbein in Bewegung gerieten, was für Schulterblätter, der Anblick raste mir direkt in den Schritt, unwillkürlich süßer Schmerz, willkommen im einundzwanzigsten Jahrhundert.

Im Flieger wird Abendessen serviert. Putenirgendwas mit Reis, zum Nachtisch Schokosahnepudding, den ich weglasse, weil mir Milch so knapp auf Fleisch noch nicht wieder geheuer ist. Ich verfolge den ausladenden Hintern der Stewardess durch den Gang. Das orangefarbene T-Shirt sitzt vier Reihen vor uns, ich könnte eben mal mit ihm auf der Bordtoilette verschwinden und die Phantasie auf ihren Realwert hin überprüfen, kaum verschwende ich einen Gedanken daran, wird schon wieder der

Beckenboden geflutet. Wie empfänglich ich geworden bin, wie empfindlich. Liegt an der Prüderie der letzten zehn Tage.

Ich hatte die Rolle der orthodoxen Jüdin beinahe widerstandslos inhaliert, auf die Schnelle war mir vieles lieb geworden, der Respekt vor dem anderen Geschlecht, die seltenen Berührungen, Unantastbarkeit der Körper, die Bedeutung einer Umarmung, bei aufrechtem Gang der gesenkte Blick, der irgendwann automatisch nach innen zu schauen beginnt. Ich hatte mich frei gefühlt auf den Straßen, wo mich kaum jemand beachtete, wo ich gar nicht erst auf die Idee kam, ich müßte ein Ereignis sein, und dennoch eine federleichte Aura mit mir herumtrug. Die Erotik, die bisweilen in der Luft gelegen hatte trotz der Verkleidung, wurde nicht leichtfertig aufs Spiel gesetzt und umgehend verspielt, sie blieb beherrscht, gezähmt durch die Gebote. Meine Neugier auf Handgelenke und Hälse, zaghaftes Erahnen eines Körpers unter der Verhüllung, die Phantasie hat ganz andere Möglichkeiten in Sachen Körperbau als die Natur. Wie verheißungsvoll eine bestrumpfte Fessel sich biegen konnte, wie entzückend eine von der Hausarbeit verschwitzte Nackenpartie im Vergleich zum Überangebot der Körper vorhin beim Check in. Kein Fernsehprogramm, keine Frauenzeitschriften, auf öffentlichen Werbetafeln an den Siedlungsmauern nur Schriftzeichen, die ich nicht zu deuten vermochte, Gott in allen Dingen, seine ständige Anwesenheit in Bewegungen, Gesten, Buchstaben, Speisen, Ritualen, auf allen Wegen.

Die Mutter beugt sich über meinen Sitz und zeigt aus dem Fenster, das ist bestimmt schon Frankfurt da unten. In der Ferne funkelt die Skyline, Lichterketten aus Autoscheinwerfern winden sich über die Autobahnen. Wir sollen uns anschnallen und die Tische hochklappen. Vielleicht ist diese Regelung gar nicht so übel, während der Regel für ein paar Tage die Finger voneinander zu lassen, mal abgesehen davon, daß sich in der Regel

Männer so was ausdenken. In den zwei Wochen schwillt die Lust auf den anderen an, die Neugier ist viel größer, hatte die Schwester mir erklärt, sie findet das schön. Dem Mann des Lebens würde das auch gut in den Kram passen, grinse ich, während der Copilot uns den letzten Stand der Dinge durchgibt, in Frankfurt sind es vierzehn Grad Celsius weniger als in Tel Aviv, ich werde meine Jeansjacke brauchen, vielleicht sogar den dünnen Pullover. Plötzlich freue ich mich darauf, mitten in der Nacht drei Stunden im Frankfurter Hauptbahnhof auf meinen Nachtzug zu warten.

Bei der Einfahrt nach Berlin schießen mir Tränen in die Augen, es fühlt sich an wie vor Jahren, als ich zur Aufnahmeprüfung anreiste, Unschuld vom Lande. Wie damals weiß ich auch jetzt auf unerklärliche Weise sofort, logisch, das ist meine Stadt, na logisch. Die kalte Sonne blitzt zwischen den Häuserfronten auf, Savignyplatz, Zoo, Endstation. Die Hauptstadt liegt noch im Bett, blinzelt übellaunig dem Tag entgegen. Mit der U2 könnte ich durchfahren bis vor die Haustür, aber ich verspüre keine Lust auf die kühl verwaiste Wohnung oder ein Bett zum Ausschlafen. Ich nehme die S-Bahn mitten durch den Größenwahn, in den Kanzlerpalast wird demnächst eine Ostdeutsche einziehen, in der Spree haben sie gebadet diesen Sommer, eine Frau mit riesigen Tränensäcken und Männerstimme bietet mir eine Obdachlosenzeitung an, oder ist sie ein Mann, auf der Titelseite Karikaturen der Mächtigen, die am Wahlergebniskuchen zerren. Wahlen müssen festlich sein, nicht so ein Affenzirkus, wettert ein uralter Mann hinter mir. Hackescher Markt steige ich aus und führe mein Gepäck durch die Touristenmeile im ehemaligen jüdischen Viertel spazieren, bis der erste Coffeeshop öffnet. Ich fühle mich angeglotzt wegen des langen Kleides und dem Hut, Leute drehen sich um, milde Blicke, als hätte sich ein kleines Mädchen verirrt, in den Schaufenstern spiegelt sich meine Erscheinung, keusch, beinah anmutig.

Judentum steht dir, aber mach keinen Scheiß, hatte der Vater mir zur Begrüßung zugeraunt, nachdem er seine Frau mit Rose und Umarmung empfangen hatte und sie sich über ihr Wiedersehen gefreut hatten wie die Kinder. Ich habe Lust, übermorgen gleich wieder loszuziehen zum Eintauchen in eine fremde Kultur. Kurz spiele ich mit dem Gedanken, den Coautor aus dem Bett zu klingeln, der wohnt hier um die Ecke, ein bißchen plaudern, einfach so, seine Espressomaschine anschmeißen. Einen Cappuccino bitte, ein Croissant und ein großes Glas Leitungswasser, strahle ich dem Mann hinterm Tresen ins Gesicht. Und bitte einen Kugelschreiber. Der Kellner reicht mir den Stift und brummt, daß er mir den Kaffee an den Tisch bringt.

Selig sitze ich am äußersten Rand der Außenbestuhlung, reibe mir die kalten Hände, blinzele der Sonne entgegen, die sich ihren Weg um die Ecke bahnt, schaue Menschen hinterher, Blondinen, Brünetten, Rothaarigen, die schicke Kostüme tragen und auf hohen Schuhen übers Pflaster stöckeln, Radfahrer, die sich beinahe in den Tramschienen verhaken, im Hauseingang links gegenüber richten sie Scheinwerfer ein, eine Regisseurin in meinem Alter tuschelt mit dem Mann hinter der Kamera, kriecht zu ihm unter den Molton, und bitte. Am Nebentisch diskutieren zwei Bossanzüge über ein gewagtes Großprojekt, eines der Hochhäuser an der Leipziger Straße wollen sie zum High-Society-Hotel umgestalten, der eine findet das den letzten Schrei, der andere hat seine Zweifel, ob Berlin schon soweit ist, cashflowmäßig, auf einem Elektrokasten wirbt ein Plakat für eine Kunstausstellung im Scheunenviertel mit Fotos von wahnsinnig fetten nackten Menschen. Allmählich werde ich neugierig auf meine Straße, ob der Sushi mit seinen Happy Hours rund um die Uhr noch existiert, ob die Tapetenfabrik mittlerweile eine Rolle Rauhfaser an den Mann gebracht hat. Nein, achso, den Stift brauche ich noch, geht das, danke. Ich zücke die Postkarte, die ich im Wandständer vor dem Damen-WC gefunden habe. Was will ich ihr sagen. Sara. Claudia. Eine Schwester ist eine Schwester. Eigentlich ist alles beim alten. Und auch wieder nicht.

Berlin, September, der Soundsovielte.

Schalom Schwesterherz …

Ich danke

… Michael Wallner und Theresa Berlage für die Ermutigung zu schreiben, Diana Stübs für ihren Beistand, Ursula G. für ihr Telefon.

… den besten Freundinnen, den besten Eltern der Welt, den Lieblingsbrüdern für Neugier, Bestärkung und Rat.

… der großen Schwester für unsere Geschichte und den Humor, mit dem du sie dir angehört hast.

PIPER

Margret Greiner

»Miss, wie buchstabiert man Zukunft?«

Als deutsche Lehrerin in Jerusalem. 256 Seiten mit 8 Seiten Farbbildteil. Serie Piper

Den ersten unverzeihlichen Fehler macht Margret Greiner, als sie ihren Schülerinnen erzählt, wie sehr sie Israel liebe.
»Miss, du bist hier in Palästina, nicht in Israel«, antwortet ihr Khoulud, die Augenbrauen steil wie ein Minarett, »liebst du Palästina? Wenn nicht, kannst du wieder gehen. Du kannst ja nach Israel gehen.«
Es dauert eine Weile bis Margret Greiner versteht, auf welche Gratwanderung sie sich eingelassen hat: Die deutsche Lehrerin wohnt im israelischen Teil von Jerusalem und unterrichtet an einer palästinensischen Schule, wo Juden als Feinde gelten, als Besatzer. Jeden Tag geht sie über die Grenze von der westlichen in die arabische Welt und wieder zurück.
Wie lebt man in diesem Dazwischen? Wie sieht der Alltag aus in einer Stadt, in der sich Israelis und Palästinenser erbarmungsloser denn je bekriegen? Margret Greiner ist zerrissen wie die Stadt, in der sie immer leben wollte. Gerade deshalb kann sie so eindringlich erzählen – von den vielen Widersprüchen zwischen dem Sehnsuchtsbild der mythischen Stadt und der ausweglosen Situation im gegenwärtigen Jerusalem.

01/1619/01/L